平成29年改訂
中学校 教育課程実践講座

保健体育

今関 豊一 編著

ぎょうせい

はじめに

　今次改訂の学習指導要領は，2030年の社会と，そして更にその先の豊かな未来において，一人一人の子供たちが，自分の価値を認識するとともに，相手の価値を尊重し，多様な人々と協働しながら様々な社会的変化を乗り越え，よりよい人生とよりよい社会を築いていくために，教育課程を通じて初等中等教育が果たすべき役割を示すことを意図している（中央教育審議会答申，平成28年12月）とされている。学校教育法が昭和22年に制定され，参考資料としての学習指導要領が示されてから第8次となる。

　今次は，資質・能力に焦点が当たり，主体的・対話的で深い学びの実現に向けた授業改善がその方向性として考えられる。学習指導要領第1章総則第3の1の(1)では次のように示されている。

(1)　第1の3の(1)から(3)までに示すことが偏りなく実現されるよう，単元や題材など内容や時間のまとまりを見通しながら，生徒の主体的・対話的で深い学びの実現に向けた授業改善を行うこと。
　　特に，各教科等において身に付けた知識及び技能を活用したり，思考力，判断力，表現力等や学びに向かう力，人間性等を発揮させたりして，学習の対象となる物事を捉え思考することにより，各教科等の特質に応じた物事を捉える視点や考え方（以下「見方・考え方」という。）が鍛えられていくことに留意し，生徒が各教科等の特質に応じた見方・考え方を働かせながら，知識を相互に関連付けてより深く理解したり，情報を精査して考えを形成したり，問題を見いだして解決策を考えたり，思いや考えを基に創造したりすることに向かう過程を重視した学習の充実を図ること。

この項では、「主体的・対話的で深い学び」「授業改善」「見方・考え方」が挙げられている。授業改善をするに当たり、特に注意深く取り組みたいことには、「学習の対象となる物事」を明確に押さえておくことを挙げることができる。学習指導要領総則において「学習の対象となる物事」を「捉え思考する」と示していることの意味を読み取りたい。なぜなら、資質・能力に焦点が当たり、学習過程の構築に取り組む際に、学習活動や学習方法の過程に授業者の注意が奪われて、教科の「学習の対象となる物事」が曖昧になったり、欠落したりすることがあり得るからである。「学習の対象となる物事」とは、教科内容、指導内容（学習内容）であり、保健体育科で学ぶことのできる固有の内容である。その上で、主体的・対話的で深い学びについて、「見方・考え方」を踏まえながら授業改善に向かいたい。

　本書においては、このような立ち位置で、改訂の背景、趣旨について、さらには具体的な改善の要点等についてQ＆A方式も取り入れながら分かりやすく解説を試みるとともに、授業づくりに役立つような内容構成に努めている。そのための、新旧対照表や図表も適宜示している。

　保健体育科の目標は、義務教育段階で育成を目指す資質・能力を踏まえつつ、引き続き、体育と保健を関連させていく考え方が強調して示された。これからの保健体育科における授業改善された学習の展開に、本書が少しでも資することができれば幸甚である。

　終わりに、本書の刊行に当たり、株式会社ぎょうせいに大変お世話になったことに対し厚くお礼を申し上げる。

編著者　今関豊一

目　次

第1章　学習指導要領改訂の背景と基本的な考え方

第1節　現行学習指導要領の成果と課題 …… 2
- Q　今回の学習指導要領改訂は，どのような背景のもと行われましたか。現行学習指導要領における，体育科，保健体育科の成果と課題という観点から教えてください。　2

第2節　中学校保健体育科の指導を通して育てたい資質・能力 …… 6
- Q　中学校保健体育科で育成を目指す資質・能力とはどのようなものですか。ポイントを教えてください。　6

第3節　中学校保健体育科における「主体的・対話的で深い学び」 …… 12
- Q　中学校保健体育科における「主体的・対話的で深い学び」とはどのようなものですか。ポイントを教えてください。　12

第4節　中学校保健体育科における「見方・考え方」 …… 17
- Q　中学校保健体育科における「見方・考え方」とはどのようなものですか。ポイントを教えてください。　17

第2章　中学校保健体育科の目標の改善

第1節　教科の目標の改善 …… 22
- Q　保健体育科の目標は，どのように改善されましたか。現行学習指導要領と比較して，ポイントを示してください。　22

第2節　各学年の目標の改善 …… 25

Q 保健体育科における各学年の目標は，どのように改善されましたか。現行学習指導要領と比較して，ポイントを示してください。　25

第3章　各学年の内容

第1節　内容の構成及び各領域の概観 …… 30

Q 各領域の構成は，どのようになりましたか。現行学習指導要領と比較して，内容構成の全体像を分かりやすく示してください。　30

1　内容の構成　30
2　体育分野の各領域の概観　31
3　保健分野の各領域の概観　36

第2節　体育分野（第1・2学年）…… 42

A　体つくり運動　42
B　器械運動　47
C　陸上競技　54
D　水　　泳　59
E　球　　技　64
F　武　　道　71
G　ダンス　78
H　体育理論　83

第3節　体育分野（第3学年）…… 89

A　体つくり運動　89
B　器械運動　93
C　陸上競技　101
D　水　　泳　105
E　球　　技　110
F　武　　道　117

  G ダンス 124
  H 体育理論 128

第4節 保健分野 ———————————————— 131
 1 健康な生活と疾病の予防 131
 2 心身の機能の発達と心の健康 133
 3 傷害の防止 136
 4 健康と環境 138

第5節 保健体育科における学習過程 ————————— 140
第6節 指導計画の作成と内容の取扱い ———————— 143

第4章　「主体的・対話的で深い学び」を実現する授業づくり

第1節 資質・能力を育む単元計画づくり ——————— 150
第2節 資質・能力を見取る評価 —————————— 154

第5章　事例：新教育課程を生かす授業

第1節 体育分野 ————————————————— 160
  A 体つくり運動　中学校第1学年　体ほぐしの運動　160
  A 体つくり運動　中学校第3学年　体の動きを高める運動
    164
  B 器械運動　中学校第1学年　マット運動　168
  B 器械運動　中学校第3学年　マット運動　171
  C 陸上競技　中学校第1学年　短距離走・リレー　174
  C 陸上競技　中学校第3学年　ハードル走　179
  D 水　　泳　中学校第1学年　水泳　183

v

E　球　　技　中学校第2学年　バスケットボール　188

　　E　球　　技　中学校第3学年　バスケットボール　191

　　E　球　　技　中学校第2学年　バレーボール　194

　　E　球　　技　中学校第3学年　バレーボール　197

　　E　球　　技　中学校第1学年　ソフトボール　200

　　E　球　　技　中学校第3学年　ソフトボール　203

　　F　武　　道　中学校第1学年　剣道　206

　　F　武　　道　中学校第3学年　柔道　209

　　G　ダンス　中学校第1学年　様々なダンスの魅力に触れよう　212

　　G　ダンス　中学校第3学年　イメージを深めて交流や発表をしよう　217

　　H　体育理論　中学校第1学年　運動やスポーツの多様性　221

　　H　体育理論　中学校第3学年　文化としてのスポーツの意義　224

第2節　保健分野 227

　(1)　健康な生活と疾病の予防　中学校第1学年　生活習慣と健康（食生活と健康）　227

　(2)　心身の発達と心の健康　中学校第1学年　ストレスへの対処　231

　(3)　傷害の防止　中学校第2学年　応急手当（実習）　235

　(4)　健康と環境　中学校第3学年　環境の変化と適応能力　237

第6章　指導に向けて検討すべき事項

第1節　教科等間・学校段階間のつながり …………………………… 242
第2節　中学校保健体育科と「社会に開かれた教育課程」 ………… 247

資料：中学校学習指導要領（平成29年3月）〔抜粋〕　253
編者・執筆者一覧

第1章

学習指導要領改訂の背景と基本的な考え方

第1章 学習指導要領改訂の背景と基本的な考え方

第1節 現行学習指導要領の成果と課題

Q 今回の学習指導要領改訂は，どのような背景のもと行われましたか。現行学習指導要領における，体育科，保健体育科の成果と課題という観点から教えてください。

　平成28（2016）年12月21日，中央教育審議会は「幼稚園，小学校，中学校，高等学校及び特別支援学校の学習指導要領等の改善及び必要な方策等について（答申）」（以下，本節では「28年答申」という）の中で，現行学習指導要領における，体育・保健体育科の成果と課題をまとめている。

　まず，「体育科，保健体育科については，生涯にわたって健康を保持増進し，豊かなスポーツライフを実現することを重視し，体育と保健との一層の関連や発達の段階に応じた指導内容の明確化・体系化を図りつつ，指導と評価の充実を進めてきた」とし，現行の学習指導要領が改善された際の基本方針に立ち返り，成果と課題について言及している。改めて，その点からの確認を進めたい。

　平成20（2008）年1月17日，「幼稚園，小学校，中学校，高等学校及び特別支援学校の学習指導要領等の改善について（答申）」（以下，本節では「20年答申」という）においては，体育科・保健体育科の「(i)改善の基本方針」が次のように掲げられ，現行学習指導要領は改訂された。

> 体育科,保健体育科については,その課題を踏まえ,生涯にわたって健康を保持増進し,豊かなスポーツライフを実現することを重視し改善を図る。その際,心と体をより一体としてとらえ,健全な成長を促すことが重要であることから,引き続き保健と体育を関連させて指導することとする。
>
> また,学習したことを実生活,実社会において生かすことを重視し,学校段階の接続及び発達の段階に応じて指導内容を整理し,明確に示すことで体系化を図る。

　この,20年答申では,指導と評価の充実にも触れている。現行の学習指導要領の下での学習評価については,平成22（2010）年3月,中央教育審議会初等中等教育分科会教育課程部会報告「児童生徒の学習評価の在り方について」がとりまとめられ,学習評価の大枠が示された。具体的には,生徒の「生きる力」の育成を目指し,生徒一人一人の資質や能力をより確かに育むようにするため,学習指導要領に示す目標に照らしてその実現状況を見る評価を着実に実施することや,生徒一人一人の進歩の状況や教科の目標の実現状況を的確に把握し,学習指導の改善に生かすこと,学習指導要領に示す内容が確実に身に付いたかどうかの評価を行うこと,などである。

　また,平成22（2010）年5月11月付け,文部科学省初等中等教育局長通知「小学校,中学校,高等学校及び特別支援学校等における児童生徒の学習評価及び指導要録の改善等について」においては,

> ① きめの細かな指導の充実や児童生徒一人一人の学習の確実な定着を図るため,学習指導要領に示す目標に照らしてその実現状況を評価する,目標に準拠した評価を引き続き着実に実施す

ること。
② 新しい学習指導要領の趣旨や改善事項等を学習評価において適切に反映すること。

などが示され,各学校で,組織的な取組を推進し,学習評価の妥当性,信頼性等を高めることが求められてきたのである。

以上を踏まえ,現行の学習指導要領の成果と課題について述べる。

各学校では,学習指導要領等に則り,教育課程を編成,教員の創意工夫を加えながら個々の授業を通じて,あるいは,教科書をはじめとする教材を通じて,学習指導要領等の理念を具体化し,子供たちの学びを支える教育活動を展開してきた。そうした取組の状況を,スポーツ庁の「全国体力・運動能力,運動習慣等調査」や文部科学省の「平成27年度　文部科学白書」のデータ等を基に,現行学習指導要領における体育科・保健体育科の成果と課題が,28年答申において示されたのである。

まず,成果として,

運動やスポーツが好きな児童生徒の割合が高まったこと,体力の低下傾向に歯止めが掛かったこと,『する,みる,支える』のスポーツとの多様な関わりの必要性や公正,責任,健康・安全等,態度の内容が身に付いていること,子供たちの健康の大切さへの認識や健康・安全に関する基礎的な内容が身に付いていることなど,一定の成果が見られる。

としている。

一方,課題としては,

> 習得した知識や技能を活用して課題解決することや，学習したことを相手に分かりやすく伝えること等に課題があること，運動する子供とそうでない子供の二極化傾向が見られること，子供の体力について，低下傾向には歯止めが掛かっているものの，体力水準が高かった昭和60年ごろと比較すると，依然として低い状況が見られることなどの指摘がある。また，健康課題を発見し，主体的に課題解決に取り組む学習が不十分であり，社会の変化に伴う新たな健康課題に対応した教育が必要との指摘がある。

と整理した。

　今次改訂は，現行学習指導要領の成果や課題を踏まえつつ，新しい時代に求められる資質・能力を子供たちに育む「社会に開かれた教育課程」の実現を目指し，学習指導要領等が，学校，家庭，地域の関係者が幅広く共有し活用できる「学びの地図」としての役割を果たすことができるようになることも含めて検討されたことに留意したい。改めて，今次改訂の経緯や背景，目指したものを基に，これまでの取組の問い直しによって，さらなる改善が進められることを期待したい。

第2節
中学校保健体育科の指導を通して育てたい資質・能力

Q 中学校保健体育科で育成を目指す資質・能力とはどのようなものですか。ポイントを教えてください。

　今次改訂の教育課程は，各学校において教育課程を軸に学校教育の改善・充実の好循環を生み出す「カリキュラム・マネジメント」の実現を目指すとともに，次の6点にわたってその枠組みを改善することとしている。

　① 「何ができるようになるか」（育成を目指す資質・能力）
　② 「何を学ぶか」（教科等を学ぶ意義と，教科等間・学校段階間のつながりを踏まえた教育課程の編成）
　③ 「どのように学ぶか」（各教科等の指導計画の作成と実施，学習・指導の改善・充実）
　④ 「子供一人一人の発達をどのように支援するか」（子供の発達を踏まえた指導）
　⑤ 「何が身に付いたか」（学習評価の充実）
　⑥ 「実施するために何が必要か」（学習指導要領等の理念を実現するために必要な方策）

　とりわけ，①の「資質・能力」は，育成を目指す資質・能力の明確化において，次の三つの柱として整理された。

　ア 「何を理解しているか，何ができるか（生きて働く「知識・技能」の習得）」
　イ 「理解していること・できることをどう使うか（未知の状況に

も対応できる「思考力・判断力・表現力等」の育成)」
ウ 「どのように社会・世界と関わり,よりよい人生を送るか(学びを人生や社会に生かそうとする「学びに向かう力・人間性等」の涵養)」

この整理は,保健体育科における内容構成で,これまでの枠組みを大きく変えることとなった。分野,内容によって違いがあるものの,次のようになっている。

〈体育分野〉
(1) 知識及び技能
　○「各運動領域」は,「知識」と「技能」(「体つくり運動」は「知識」と「運動」)。
　○「体育理論」は,「知識」。
(2) 思考力,判断力,表現力等
　○全ての領域に示された。
(3) 学びに向かう力,人間性等
　○全ての領域に示された。

〈保健分野〉
(1) 知識及び技能
　○「(1)健康な生活と疾病の予防」は「知識」。
　○「(2)心身の機能の発達と心の健康」は「知識及び技能」。
　○「(3)傷害の防止」は「知識及び技能」。
　○「(4)健康と環境」は「知識」。
(2) 思考力,判断力,表現力等
　○全ての領域に示された。
(3) 学びに向かう力,人間性等
　○保健分野には示されていない。

今次改訂では，どの教科においても「知識及び技能」「思考力，判断力，表現力等」「学びに向かう力，人間性等」を踏まえて構成されている（ただし，「学びに向かう力，人間性等」について全領域で示しているのは保健体育科の体育分野のみである）。

このような構成となったのは，資質・能力に対応させたとみることができる。この背景としては，資質・能力に関わるものをコンピテンシーと定義して，それを基に目標を設定し，政策をデザインする動きが，世界的な広がりをみせながら進行していることが明らかになったこと[1]を挙げることができる（図１）。諸外国の教育改革における資質・能力目標に示すものでは，「言語」「数量」「情報」等に関わるものとして「基礎的なリテラシー」を，「思考力」「批判的・創造的思考力」「問題解決力」等に関わるものとして「認知スキル」を，「自己管理力」「人間関係力」「シティズンシップ」等に関わるものとして「社会スキル」というカテゴリーが整理されている[2]。

この資質・能力の目標は，さらに検討が進められ，21世紀に求められる資質・能力の構造（一例）（図２），21世紀に求められる資質・能

OECD(DeSeCo) キーコンピテンシー		EU キーコンピテンシー	イギリス キースキルと思考スキル	オーストラリア 汎用的能力	ニュージーランド キーコンピテンシー	(アメリカほか) 21世紀スキル	
相互作用的道具活用力	言語、記号の活用	第1言語 外国語	コミュニケーション	リテラシー	言語・記号・テキストを使用する能力		基礎的なリテラシー
	知識や情報の活用	数学と科学技術のコンピテンス	数字の応用	ニューメラシー			
	技術の活用	デジタル・コンピテンス	情報テクノロジー	ICT技術		情報リテラシー ICTリテラシー	
反省性（考える力）（協働する力）（問題解決力）		学び方の学習	思考スキル（問題解決）〈協働する〉	批判的・創造的思考力	思考力	創造とイノベーション 批判的思考と問題解決 学び方の学習 コミュニケーション コラボレーション	認知スキル
自律的活動力	大きな展望 人生設計と個人的プロジェクト	進取の精神と起業精神		倫理的理解	自己管理力	キャリアと生活	社会スキル
	権利・利害・限界や要求の表明	社会的・市民的コンピテンス 文化的気づきと表現	問題解決 協働する	個人的・社会的能力	他者との関わり 参加と貢献	個人的・社会的責任	
異質な集団での交流力	人間関係力 協働する力 問題解決力			異文化間理解		シティズンシップ	

図１　諸外国の教育改革における資質・能力目標

第2節　中学校保健体育科の指導を通して育てたい資質・能力

力の内容（イメージ）（表1）に示すような整理が試みられている[3]。

保健体育科に関わる「身体」については、21世紀に求められる資質・能力の内容（イメージ）に示されている。そこには、「道具や身体を使う（基礎力）」として、「言語や数量、情報などの記号や自らの身体を用いて、世界を理解し、表現する力」とされている。「身体」は「道具」であるとともに、「心身一如」、心と体が一体となったものとして捉えられている。

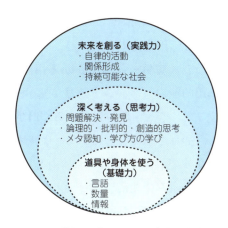

図2　21世紀に求められる資質・能力の構造（一例）

そこでの説明には、「世界にアクセスし社会参画していくためには、言語、数、ICT、絵、形、音などの道具や道具としての身体を心身の働きによって双方向的に使いこなして、世界の情報を収集し処理する力（聞く力、読む力、見る力、感じる力）、及び、世界に向けて表現

表1　21世紀に求められる資質・能力の内容（イメージ）

求められる力	具体像（イメージ）	構成要素
未来を創る（実践力）	生活や社会、環境の中に問題を見いだし、多様な他者と関係を築きながら答えを導き、自分の人生と社会を切り開いて、健やかで豊かな未来を創る力	自立的活動 関係形成 持続可能な社会づくり
深く考える（思考力）	一人一人が自分の考えを持って他者と対話し、考えを比較吟味して統合し、よりより答えや知識を創り出す力、さらに次の問いを見つけ、学び続ける力	・問題解決・発見 ・論理的・批判的・創造的思考 ・メタ認知・学び方の学び
道具や身体を使う（基礎力）	言語や数量、情報などの記号や自らの身体を用いて、世界を理解し、表現する力	言語 数量 情報（デジタル、絵、形、音等）

する力(話す力,書く力,作る力),つまり,基本的な媒介手段(メディア)の活用能力の育成が鍵となっている」[4]としている。

なお,資質・能力にかかる用語の中で,キースキル(イギリス),汎用的能力(オーストラリア),キー・コンピテンシー(ニュージーランド)など,呼称は異なるが21世紀に求められる資質・能力を定義し,それを基礎にしたナショナルカリキュラムを開発する取組が潮流となっている[5]ことから,身体的リテラシーについても,資質・能力の枠組みで捉えて差し支えないものと考えられる。

中学校保健体育科の指導を通して育てたい資質・能力は,「体育科,保健体育科の指導内容については,『知識・技能』『思考力・判断力・表現力等』『学びに向かう力・人間性等』の育成を目指す資質・能力の三つの柱に沿って示す」とされた。体育については,「児童生徒の発達の段階を踏まえて,学習したことを実生活や実社会に生かし,豊かなスポーツライフを継続することができるよう,小学校,中学校,高等学校を通じて系統性のある指導ができるように示す必要がある」とされている。保健については,「健康な生活と疾病の予防,心身の発育・発達と心の健康,健康と環境,傷害の防止,社会生活と健康等の保健の基礎的な内容について,小学校,中学校,高等学校を通じて系統性のある指導ができるように示す必要がある」とされている。

以上のことから,今次改訂の中学校保健体育科は,「何を学ぶか」を明確にしつつ,「どのように学ぶか」を踏まえながら授業改善することが求められよう。これによって「何が身に付いたか」が問われることになるのではないか。注意しておきたいことは,授業改善で,「何を学ぶか」を明確にする際に,「何が身に付くのか」を視野に入れておくことであろう。資質・能力の焦点が当たり,学習過程を重視する方向性にあって,学習活動に話合いや発表,ICT機器等の利用などに目を奪われてはならない。これらは,方法論であり,何を学ぶかの過程に過ぎない。したがって,そもそも保健体育科とは何を学ぶ教科な

のか,その固有性とは何かといったことを注視しながら授業改善に取り組むことが肝要となろう。

【注】
1)「社会の変化に対応する資質や能力を育成する教育課程の基本原理」教育課程の編成に関する基礎的報告書5,国立教育政策研究所,2013年,p.56
2) 前掲1),p.13
3)『資質・能力[理論編]』国研ライブラリー,国立教育政策研究所,東洋館出版社,2016年,p.191
4) 前掲3),p.193
5) 前掲1),p.13

第3節
中学校保健体育科における「主体的・対話的で深い学び」

Q 中学校保健体育科における「主体的・対話的で深い学び」とはどのようなものですか。ポイントを教えてください。

　今次改訂では,「主体的・対話的で深い学び」の実現に向けた授業改善を進める際の指導上の配慮事項が総則に示されるとともに,各教科等の「第3 指導計画の作成と内容の取扱い」において,単元や題材など内容や時間のまとまりを見通して,その中で育む資質・能力の育成に向けて,「主体的・対話的で深い学び」の実現に向けた授業改善を進めることが示された。

　その際,以下の6点に留意して取り組むことが重要であるとしている（「中学校学習指導要領解説　総則編」他）。

　ア　児童生徒に求められる資質・能力を育成することを目指した授業改善の取組は,既に小・中学校を中心に多くの実践が積み重ねられており,特に義務教育段階はこれまで地道に取り組まれ蓄積されてきた実践を否定し,全く異なる指導方法を導入しなければならないと捉える必要はないこと。

　イ　授業の方法や技術の改善のみを意図するものではなく,児童生徒に目指す資質・能力を育むために「主体的な学び」,「対話的な学び」,「深い学び」の視点で,授業改善を進めるものであること。

ウ 各教科等において通常行われている学習活動（言語活動，観察・実験，問題解決的な学習など）の質を向上させることを主眼とするものであること。
エ １回１回の授業で全ての学びが実現されるものではなく，単元や題材など内容や時間のまとまりの中で，学習を見通し振り返る場面をどこに設定するか，グループなどで対話する場面をどこに設定するか，児童生徒が考える場面と教員が教える場面をどのように組み立てるかを考え，実現を図っていくものであること。
オ 深い学びの鍵として「見方・考え方」を働かせることが重要になること。各教科等の「見方・考え方」は，「どのような視点で物事を捉え，どのような考え方で思考していくのか」というその教科等ならではの物事を捉える視点や考え方である。各教科等を学ぶ本質的な意義の中核をなすものであり，教科等の学習と社会をつなぐものであることから，児童生徒が学習や人生において「見方・考え方」を自在に働かせることができるようにすることにこそ，教師の専門性が発揮されることが求められること。
カ 基礎的・基本的な知識及び技能の習得に課題がある場合には，その確実な習得を図ることを重視すること。

「主体的・対話的で深い学び」については，中央教育審議会答申（平成28年12月21日，以下「中教審答申」）では次のように示している（pp.49-50）。

○ 「主体的・対話的で深い学び」の具体的な内容については，以下のように整理することができる。

「主体的・対話的で深い学び」の実現とは，以下の視点に立った授業改善を行うことで，学校教育における質の高い学びを実現し，学習内容を深く理解し，資質・能力を身に付け，生涯にわたって能動的（アクティブ）に学び続けるようにすることである。

① 学ぶことに興味や関心を持ち，自己のキャリア形成の方向性と関連付けながら，見通しを持って粘り強く取り組み，自己の学習活動を振り返って次につなげる「主体的な学び」が実現できているか。

　子供自身が興味を持って積極的に取り組むとともに，学習活動を自ら振り返り意味付けたり，身に付いた資質・能力を自覚したり，共有したりすることが重要である。

② 子供同士の協働，教職員や地域の人との対話，先哲の考え方を手掛かりに考えること等を通じ，自己の考えを広げ深める「対話的な学び」が実現できているか。

　身に付けた知識や技能を定着させるとともに，物事の多面的で深い理解に至るためには，多様な表現を通じて，教職員と子供や，子供同士が対話し，それによって思考を広げ深めていくことが求められる。

③ 習得・活用・探究という学びの過程の中で，各教科等の特質に応じた「見方・考え方」を働かせながら，知識を相互に関連付けてより深く理解したり，情報を精査して考えを形成したり，問題を見いだして解決策を考えたり，思いや考えを基に創造したりすることに向かう「深い学び」が実現できているか。

ここで，「主体的・対話的で深い学び」の捉えを次のように整理し

ておきたい。

「主体的」とは，「自分の意志・判断に基づいて行動するさま」とされる。自分の意志や判断をするには，場面の把握，自分とのつながりを捉えることができる，自分に求められる役割や責任がはっきりする，役割や責任を遂行する自分の力と比べ，自己決定するといったことが条件として考えられる。このことからすると，学びが主体的になるかどうかは，目の前の学習場面に対して，自分の役割と責任を自覚できるかどうかが一つのポイントになるのではないかと考えられる。

「対話的」とは，中教審答申では「子供同士の協働，教職員や地域の人との対話，先哲の考え方」(p.50)と示している。対話の対象は，仲間，教職員・地域の人，先哲の考え方（書物等）を挙げることができる。ここで重視しておきたいのは，対話の対象としての「自分自身」である。しかも，周囲から返ってくるフィードバックされる自己像である。なぜなら，自己概念の成立に関与するのは，「他者が投げかける本人のイメージの集合」「自己を映すのは鏡そのものではなく，他者という鏡である」[1]という指摘があるからである。対話となる対象は，他者が投げかける（自分への）イメージの集合であることが重視される必要があろう。

「深い学び」とは，子供自身の中での学びの深まりとして捉えることができる。ここでは「深い学びのありよう」（図3）として捉えておきたい。

一つは，「深い学び①」として，保健体育科の学びを授業時間内に限定して捉えるものである。体育の授業，保健の授業において，「何を」「どのように」学んでいくかである。まずは，教科内容が重要となろう。体育分野，保健分野それぞれについて，「知識及び技能」「思考力，判断力，表現力等」「学びに向かう力，人間性（体育分野のみ）」についての学びがこれに当たると考えられる。

二つは，「深い学び②」として，保健体育科の見方・考え方を学校生活に広げる学びとして捉えるものである。体育の授業，保健の授業

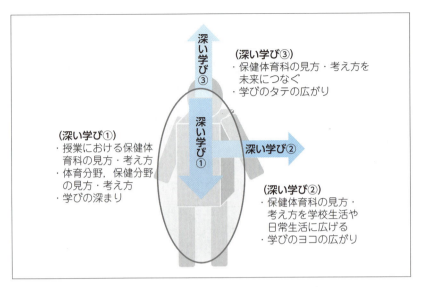

図3　保健体育科における深い学びのありよう（今関，2017）

をきっかけとして，そこから広がって，学校生活や日常生活に広げていく学びである。

　三つは，「深い学び③」として，保健体育科の見方・考え方を未来につなぐ学びとして捉えるものである。体育の授業，保健の授業をきっかけとして，そこから広がって，学校生活や日常生活に広げていく学びであることは「深い学び②」と同様である。

　最初の，「深い学び①」は，「深い学び②」と「深い学び③」につながるような内容と方法の授業が求められる。そのためには，「深い学び①」の授業時間内において，保健体育科という教科固有の内容を確実に学ぶことを最低条件と置き，次に，教科の学びが学校生活や日常生活につながる資質・能力とは何があるのかを絞り込み，さらに広がっていくために必要な条件や手順の学習も含めた授業の構築が求められよう。

【注】
1）町沢静夫『ボーダーラインの心の病理－自己不確実に悩む人々』創元社，1990年，p.106

第4節
中学校保健体育科における「見方・考え方」

Q 中学校保健体育科における「見方・考え方」とはどのようなものですか。ポイントを教えてください。

　保健体育科における物事を捉える視点や考え方を「見方・考え方」として示しているもの（中教審答申, p.187）を体育分野と保健分野で並べてみると表２のようになる。項目名，番号数字，文末表記，アンダーラインは筆者による。

　これを見ると，「各種の運動がもたらす体の健康への効果はもとより，心の健康も運動と密接に関連していること」を冒頭に掲げていることから，保健体育科における「見方・考え方」においても，教科として，これまでよりも一層の体育分野と保健分野の関連を図った内容等についての改善が図られようとしていることがうかがえる。具体的には，体育分野と保健分野におけるそれぞれの枠組みが，主として運動・スポーツに関連したものと，疾病や傷害の防止・生活の質や生きがいといった健康に関連したものという違いはあっても，表２の項目の「内容」にある体育分野の「価値や特性」と保健分野の「原則や概念」が，いわゆる指導内容（子供から見れば学習内容）として位置付いており保健体育科としての固有性を打ち出しているといえよう。

　次に，学習指導要領解説に示された見方・考え方を見ていくと，体育分野は表３のようになる。

　体育分野は，「内容」の部分で，答申では「価値や特性」とされていたものが解説では「特性や魅力」という表記になっている点が注目

表2　保健体育科の体育分野と保健分野
注）「項目」の名前，項目の「番号」は，筆者が付けている。

項　目	保健体育科の見方・考え方	
全　般	（1－1）保健体育科においては，各種の運動がもたらす体の健康への効果はもとより，心の健康も運動と密接に関連していることを踏まえる （1－2）生涯にわたる豊かなスポーツライフを実現する資質・能力の育成や健康の保持増進のための実践力の育成及び体力の向上について考察することが重要	
分　野	体育分野	保健分野
方向性	（2－1）生涯にわたる豊かなスポーツライフを実現する観点を踏まえる	（3－1）疾病や傷害を防止するとともに，生活の質や生きがいを重視した健康に関する観点を踏まえる
内　容	（2－2）運動やスポーツを，その価値や特性に着目して，	（3－2）個人及び社会生活における課題や情報を，健康や安全に関する原則や概念に着目して
立　場	楽しさや喜びとともに体力の向上に果たす役割の視点から捉える	捉える
過　程	（2－3）自己の適性等に応じた『する・みる・支える・知る』の多様な関わり方と関連付ける	（3－3）疾病等のリスク軽減や生活の質の向上，健康を支える環境づくりと関連付ける

表3　体育分野の中教審答申と解説
注）「項目」の名前，項目「番号」は筆者が付けている。（表1と同じ）

項　目	中教審答申	平成29年版学習指導要領解説
方向性	（2－1）生涯にわたる豊かなスポーツライフを実現する観点を踏まえる	運動する子供とそうでない子供の二極化傾向が見られることや，様々な人々と協働し自らの生き方を育んでいくことの重要性などが指摘されている中で，体力や技能の程度，年齢や性別，障害の有無等にかかわらず，
内　容	（2－2）運動やスポーツを，その価値や特性に着目して，	運動やスポーツの特性や魅力を実感したり，運動やスポーツが多様な人々を結び付けたり豊かな人生を送ったりする上で重要であることを認識したりする
立　場	楽しさや喜びとともに体力の向上に果たす役割の視点から捉える	各種の運動やスポーツが有する楽しさや喜び及び関連して高まる体力などの視点から
過　程	（2－3）自己の適性等に応じた『する・みる・支える・知る』の多様な関わり方と関連付ける	自己の適性等に応じた多様な関わり方を見いだすことができるようになることが，体育分野での学習と社会をつなぐ

される。このことを,学習対象となるものはいかなるものかという点で捉えると,曖昧さが持ち込まれているように見える。

今次改訂の枠組みの改善の一つに「何ができるようになるか(育成を目指す資質・能力)」がある。授業者としては,教科の学習として「何を学ぶか(教科等を学ぶ意義と,教科等間・学校段階間のつながりを踏まえた教育課程の編成)」を行い,授業として取り組む際の学習対象を明確に捉えておきたい。それは,「価値や特性」であり「内容」としている。解説の「内容」で「運動やスポーツの特性や魅力を実感したり,運動やスポーツが多様な人々を結び付けたり豊かな人生を送ったりする上で重要であることを認識したりする」と示されていることは何を指しているのであろうか。それは,運動やスポーツについて,「特性や魅力を実感すること」「重要であることを認識すること」が,見方・考え方として示されているといえよう。

表4は,保健分野についてである。

保健分野は,「内容」の部分が,答申と解説で「原則や概念」で統一されている。学習対象となるものは「原則や概念」であることを明確に宣言しており,その中味が何であるのかに注目したい。具体的に

表4 保健分野の中教審と解説
注)「項目」の名前,項目「番号」は筆者が付けている。(表1と同じ)

項　目	中教審答申	平成29年版学習指導要領解説
方向性	(3-1) 疾病や傷害を防止するとともに,生活の質や生きがいを重視した健康に関する観点を踏まえる	社会の変化に伴う現代的な健康に関する課題の出現や,情報化社会の進展により
内　容（立場）	(3-2) 個人及び社会生活における課題や情報を,健康や安全に関する原則や概念に着目して捉える	様々な健康情報の入手が容易になるなど,環境が大きく変化している中で,保健に関わる原則や概念を根拠としたり活用したりして
過　程	(3-3) 疾病等のリスク軽減や生活の質の向上,健康を支える環境づくりと関連付ける	疾病等のリスクの軽減や生活の質の向上,さらには健康を支える環境づくりを目指して,情報選択や課題解決に主体的に取り組むこと

は、「何ができるようになるか（育成を目指す資質・能力）」を模索する際に、「何を学ぶか（教科等を学ぶ意義と、教科等間・学校段階間のつながりを踏まえた教育課程の編成）」の学習対象を明確にしておくことであろう。

　今次改訂では、これまでよりも一層の体育分野と保健分野の関連を図った内容の改善が図られていることから、これを踏まえた授業づくり、授業実践の過程で明らかにしていくことが求められよう。その上で、体育分野・保健分野の固有性を踏まえながら、それぞれの関連、さらには教科等横断的な学習を、「どのように学ぶか（各教科等の指導計画の作成と実施、学習・指導の改善・充実）」に取り組みたい。

　このような改善の方向性に対しては、先んじて、方向性としての「資質・能力」「学習過程」を踏まえた授業改善に取り組んでおきたい。そのためには、一つは、「何を」学ぶのかを事実的な知識（中教審答申、p.28）や各教科の主要な概念（中教審答申、p.29脚注）の視点で絞り込むことが考えられる。とりわけ、体育分野の実技では動きとしての知識を、保健分野の応急手当などの実技では行う手法の意味としての知識（「何を学ぶのか」）を明確にすることが重要となろう。二つは、未知の状況にも対応できる「思考力・判断力・表現力等」の育成が可能となりそうな授業過程を構築することである。少なくとも、授業過程において「どのように」学ぶのかというときに、「活動がうまく流れる」ことに重点が置かれ、学習内容が曖昧になったり、欠落したりしてしまい、表面上の形式や活動により刺激と経験に留まる授業過程となってしまうことは乗り越えたい。

　今後の授業改善は、授業過程を仕組み、ダイナミックな展開のある授業を模索し、「何を」と「どのように」の双方を明確にすることが肝要であろう。現状の問い直しによる今後の授業改善が重要となろう。

第2章

中学校保健体育科の目標の改善

第1節 教科の目標の改善

Q 保健体育科の目標は、どのように改善されましたか。現行学習指導要領と比較して、ポイントを示してください。

　平成20（2008）年版学習指導要領に示された教科の目標は、①「心と体を一体としてとらえ」（保健体育科のとらえ方），②「運動や健康・安全についての理解と運動の合理的な実践を通して」（学習活動），③「生涯にわたって運動に親しむ資質や能力を育てるとともに健康の保持増進のための実践力の育成と体力の向上を図り」（具体的な目標），④「明るく豊かな生活を営む態度を育てる」（究極的な目標）の四つが、一文で示されていた。しかしながら、平成29（2017）年版学習指導要領は、四つの文によって構成されている。

　一つ目は、①働かせる見方・考え方，②実践する学習過程，③育成を目指す資質・能力の方向が示される。その後、二つ目は中学校保健体育科で育成を目指す「知識及び技能」の目標を、三つ目は同様に「思考力，判断力，表現力等」の目標を、また四つ目は「学びに向かう力，人間性等」の目標を示している。

　特に平成29（2017）年度の同時期に示された小学校学習指導要領における体育科と比較してみると、小学校体育科や中学校保健体育科とは次のような教科であると理解することができる。

① 「生涯にわたって心身の健康を保持増進し豊かなスポーツライフを実現するための資質・能力」を育成する教科であること。
② 特性に応じた運動や技能及び健康・安全について理解したり，

基本的な動きや技能を身に付けようとしたりする教科であること。
③　課題を発見し，解決に向けて思考・判断し，他者に伝える力を養う教科であること。
④　運動に親しみ，健康の保持増進と体力の向上を目指し，明るい生活を営む態度を養う教科であること。

ちなみに，平成29（2017）年に改訂された学習指導要領の大きな特徴の一つは，学力としての資質・能力の枠組みが統一的に示された点にある。学力としての資質・能力の枠組みとは，「知識及び技能」「思考力，判断力，表現力等」と「学びに向かう力，人間性等」のことであり，各教科等において共通した目標の示し方が試みられている。

保健体育科で育成を目指す資質・能力の方向性は，現行の保健体育科の内容が「知識及び技能」「思考力，判断力，表現力等」「学びに向かう力，人間性等」の枠組みで整理されたとみることができる。

「知識及び技能」という枠組みは，「分かること」と「できること」を示そうとしていると考えられる。このことは，単に特定の知識を記憶するだけにとどまらず，また単にできるだけにとどまらず，それらの技術を理解したり，理解したことをできるようにして，それをさらに修正するなどして理解を深めていく，といった，「分かること」と「できること」を往還する授業の在り方が求められることになるであろう。また，学習した知識や技能を活用して考える力，他者に伝える力の育成が求められたり，「学びに向かう力，人間性等」のバランスの取れた指導の在り方が問われたりすることにもなるであろう。

資質・能力の枠組みは，今回の整理の仕方で変更されたものの，各々の枠組みに位置付く具体的な内容は大きな変更はない。重視しておきたい点は，「思考力，判断力，表現力等」や「学びに向かう力，人間性等」の指導を充実させたりするなど，示された三つの学力をバランスよく指導することが求められていることである。

平成29（2017）年版 中学校学習指導要領	平成20（2008）年版 中学校学習指導要領
第1　目　標 　<u>体育や保健の見方・考え方を働かせ</u>，<u>課題を発見し，合理的な解決に向けた学習過程を通して</u>，心と体を一体として捉え，生涯にわたって<u>心身の健康を保持増進し豊かなスポーツライフを実現する</u>ための<u>資質・能力</u>を次のとおり育成することを目指す。 (1)　<u>各種の運動の特性に応じた技能等及び個人生活における健康・安全について理解するとともに，基本的な技能を身に付けるようにする。</u> (2)　<u>運動や健康についての自他の課題を発見し，合理的な解決に向けて思考し判断するとともに，他者に伝える力を養う。</u> (3)　<u>生涯にわたって運動に親しむとともに健康の保持増進と体力の向上を目指し，明るく豊かな生活を営む態度を養う。</u>	第1　目　標 　心と体を一体としてとらえ，運動や健康・安全についての理解と運動の合理的な実践を通して，生涯にわたって運動に親しむ資質や能力を育てるとともに健康の保持増進のための実践力の育成と体力の向上を図り，明るく豊かな生活を営む態度を育てる。

平成29（2017）年版 中学校学習指導要領	平成29（2017）年版 小学校学習指導要領
第1　目　標 　体育や保健の見方・考え方を働かせ，課題を発見し，<u>合理的な解決</u>に向けた学習過程を通して，心と体を一体として捉え，生涯にわたって心身の健康を保持増進し豊かなスポーツライフを実現するための資質・能力を次のとおり育成することを目指す。 (1)　<u>各種の運動の特性に応じた技能等及び個人生活における健康・安全について理解するとともに，基本的な技能を身に付けるようにする。</u> (2)　運動や健康についての<u>自他の課題を発見し，合理的な解決に向けて思考し判断するとともに，他者に伝える力を養う。</u> (3)　<u>生涯にわたって運動に親しむとともに健康の保持増進と体力の向上を目指し，明るく豊かな生活を営む態度を養う。</u>	第1　目　標 　体育や保健の見方・考え方を働かせ，課題を見付け，その解決に向けた学習過程を通して，心と体を一体として捉え，生涯にわたって心身の健康を保持増進し豊かなスポーツライフを実現するための資質・能力を次のとおり育成することを目指す。 (1)　その特性に応じた各種の運動の行い方及び身近な生活における健康・安全について理解するとともに，基本的な動きや技能を身に付けるようにする。 (2)　運動や健康についての自己の課題を見付け，その解決に向けて思考し判断するとともに，他者に伝える力を養う。 (3)　運動に親しむとともに健康の保持増進と体力の向上を目指し，楽しく明るい生活を営む態度を養う。

第2節 各学年の目標の改善

Q 保健体育科における各学年の目標は，どのように改善されましたか。現行学習指導要領と比較して，ポイントを示してください。

　平成20（2008）年版学習指導要領における体育分野の目標は，①「運動の楽しさや喜びを味わい，知識や技能を身に付け，運動を豊かに実践すること」や②「体力を高め，調和的発達を図る」ことが示されるとともに，これら二つの体育分野の目標に共通して育成を目指す態度として③「公正に取り組む，互いに協力する，自己の役割を果たすなどの意欲を育てる，健康・安全に留意し，最善を尽くして運動する」などが示されている。保健分野においても，「自らの健康を適切に管理し，改善していく資質や能力を育てる」というように，学習の内容的な側面から括った目標を示している。

　体育分野においては，運動領域において2学年ごとのまとまりで学習内容が設定されて，中学1・2年生と中学3年生に分けて目標を示したり，保健分野においては中学校3学年のまとまりで目標を示したりしていることは，平成29（2017）年版学習指導要領においても同様である。異なるのは，教科目標と学年ごとの目標が「知識及び技能」「思考力，判断力，表現力等」「学びに向かう力，人間性等」の三つの資質・能力の枠組みで示されている点である。

　具体的には，体育分野の目標で知識及び技能は「運動，体力の必要性について理解すること」と「基本的な技能を身に付けること」，思

考力，判断力，表現力等は「課題を発見し，合理的な解決に向けて思考・判断し，他者に伝えること」，学びに向かう力，人間性等は「公正に取り組む」「互いに協力する」「一人一人の違いを認めようとする」「健康・安全に留意する」などとされている。保健分野の目標で知識及び技能は，個人生活における「健康・安全について理解すること」「基本的な技能を身に付けること」，思考力，判断力，表現力等が「健康についての課題を発見し，解決に向けて思考し判断し，他者に伝える」，学びに向かう力，人間性等が「生涯を通じて心身の健康の保持増進を目指し，明るく豊かな生活を営む態度を養う」とされている。

　ここでは，これまで態度に位置付けられていて，平成29（2017）年版学習指導要領における資質・能力の枠組みでは，学びに向かう力，人間性等に新たに位置付けられている内容について触れておきたい。それは，「一人一人の違いを認めようとする（中学1・2年生）」「一人一人の違いを大切にしようとする（中学3年生）」と示されている。

　いわゆる共生社会の実現に向けて，今回の学習指導要領の改訂で全ての教科においても配慮すべき事項として位置付けられている内容であり，体育科，保健体育科においても一貫してこの内容が取り扱われることとなった。中教審答申では，「体力や技能の程度，年齢や性別及び障害の有無等にかかわらず，運動やスポーツの多様な楽しみ方を共有することができるよう配慮する」と説明されている。平成29（2017）年版学習指導要領は誰とでも運動やスポーツを楽しむことのできる資質・能力を高めるなどの授業の在り方が求められていると考えられる。

第2節　各学年の目標の改善

平成29（2017）年版 中学校学習指導要領	平成20（2008）年版 中学校学習指導要領
〔体育分野　第1学年及び第2学年〕 1　目標 (1)　運動の合理的な実践を通して，運動の楽しさや喜びを味わい，運動を豊かに実践することができるようにするため，運動，体力の必要性について理解するとともに，基本的な技能を身に付けるようにする。 (2)　運動についての自己の課題を発見し，合理的な解決に向けて思考し判断するとともに，自己や仲間の考えたことを他者に伝える力を養う。 (3)　運動における競争や協働の経験を通して，公正に取り組む，互いに協力する，自己の役割を果たす，一人一人の違いを認めようとするなどの意欲を育てるとともに，健康・安全に留意し，自己の最善を尽くして運動をする態度を養う。 〔体育分野　第3学年〕 1　目標 (1)　運動の合理的な実践を通して，運動の楽しさや喜びを味わい，生涯にわたって運動を豊かに実践することができるようにするため，運動，体力の必要性について理解するとともに，基本的な技能を身に付けるようにする。 (2)　運動についての自己や仲間の課題を発見し，合理的な解決に向けて思考し判断するとともに，自己や仲間の考えたことを他者に伝える力を養う。 (3)　運動における競争や協働の経験を通して，公正に取り組む，互いに協力する，自己の責任を果たす，参画する，一人一人の違いを大切にしようとするなどの意欲を育てるとともに，健康・安全を確保して，生涯にわたって運動に親しむ態度を養う。 〔保健分野〕 1　目標 (1)　個人生活における健康・安全について理解するとともに，基本的な技能を身に付けるようにする。 (2)　健康についての自他の課題を発見し，よりよい解決に向けて思考し判断するとともに，他者に伝える力を養う。 (3)　生涯を通じて心身の健康の保持増進を目指し，明るく豊かな生活を営む態度を養う。	〔体育分野　第1学年及び第2学年〕 1　目標 (1)　運動の合理的な実践を通して，運動の楽しさや喜びを味わうことができるようにするとともに，知識や技能を身に付け，運動を豊かに実践することができるようにする。 (2)　運動を適切に行うことによって，体力を高め，心身の調和的発達を図る。 (3)　運動における競争や協同の経験を通して，公正に取り組む，互いに協力する，自己の役割を果たすなどの意欲を育てるとともに，健康・安全に留意し，自己の最善を尽くして運動をする態度を育てる。 〔体育分野　第3学年〕 1　目標 (1)　運動の合理的な実践を通して，運動の楽しさや喜びを味わうとともに，知識や技能を高め，生涯にわたって運動を豊かに実践することができるようにする。 (2)　運動を適切に行うことによって，自己の状況に応じて体力の向上を図る能力を育て，心身の調和的発達を図る。 (3)　運動における競争や協同の経験を通して，公正に取り組む，互いに協力する，自己の責任を果たす，参画するなどの意欲を育てるとともに，健康・安全を確保して，生涯にわたって運動に親しむ態度を育てる。 〔保健分野〕 1　目標 　個人生活における健康・安全に関する理解を通して，生涯を通じて自らの健康を適切に管理し，改善していく資質や能力を育てる。

第3章

各学年の内容

第1節 内容の構成及び各領域の概観

Q 各領域の構成は，どのようになりましたか。現行学習指導要領と比較して，内容構成の全体像を分かりやすく示してください。

1 内容の構成

　体育分野の内容構成については，従前，(1)技能（「体つくり運動」は運動），(2)態度，(3)知識，思考・判断としていたものが，(1)知識及び技能（「体つくり運動」は知識及び運動），(2)思考力，判断力，表現力等，(3)学びに向かう力，人間性等として変更されている。

　今次改訂では，各教科等の内容の構成における「学びに向かう力，人間性等」については，目標において全体としてまとめて示し，内容のまとまりごとに指導内容を示さないことが基本とされた。しかし，体育分野においては，豊かなスポーツライフを実現することを重視し，従前より「態度」を内容として示していることから，内容のまとまりごとに「学びに向かう力，人間性等」に対応した指導内容を示すこととなったとされている。

　学年の内容の示し方については，従前どおり，第1学年及び第2学年と第3学年に分けて示されている。

　保健分野の内容構成については，中教審答申において，

> 保健については,「保健の見方・考え方」を働かせて,三つの資質・能力を育成する観点から,健康に関する「知識・技能」,健康課題の発見・解決のための「思考力・判断力・表現力等」,主体的に健康の保持増進や回復に取り組む態度等の「学びに向かう力・人間性等」に対応した目標,内容に改善する。その際,健康な生活と疾病の予防,心身の発育・発達と心の健康,健康と環境,傷害の防止,社会生活と健康等の保健の基礎的な内容について,小学校,中学校,高等学校を通じて系統性のある指導ができるように示す必要がある。

としていることを踏まえ,「知識及び技能」「思考力,判断力,表現力等」として変更されている。

2 体育分野の各領域の概観

体育分野は,内容構成を,「知識及び技能」「思考力,判断力,表現力等」「学びに向かう力,人間性等」としている。それぞれの内容は,平成20年版の一部改善が行われている。

(1) 「知識及び技能」について

まず始めに,「知識及び技能」について取り上げる。各領域の内容の構成を,「E 球技」(第1・第2学年)を例に概観すると次のようになる。

平成29年版学習指導要領	説　明
(例) E 球 技 　球技について,次の事項を身に付けることができるよう指導する。	←領域名。 ←各運動領域共通に示す指導内容の前のリード文。「○○について,◇◇ができるよう指導する」の文体。
(1) 次の運動について,勝敗を競う楽しさや喜びを味わい,球技の特性や成り立	←「知識及び技能」の内容。「○○について(体つくり運動は『次の運動を通

第3章　各学年の内容

ち，技術の名称や行い方，その運動に関連して高まる体力などを理解するとともに，基本的な技能や仲間と連携した動きでゲームを展開すること。 　ア　ゴール型では，ボール操作と空間に走り込むなどの動きによってゴール前での攻防をすること。 　イ　ネット型では，ボールや用具の操作と定位置に戻るなどの動きによって空いた場所をめぐる攻防をすること。 　ウ　ベースボール型では，基本的なバット操作と走塁での攻撃，ボール操作と定位置での守備などによって攻防をすること。	←　して』），……味わい」が全ての運動領域の出だしに示された。続いて「知識に関する項目の名称」を示し，「を理解するとともに」として，次に技能を「◇◇すること」の文体で示している。 ←　「ア」「イ」などのカタカナの符号。従前の「内容」の表記。
(2)　<u>攻防</u>などの自己の課題を発見し，合理的な解決に向けて運動の取り組み方を工夫するとともに，自己や仲間の考えたことを他者に伝えること。	←　「思考力，判断力，表現力等」の内容。「○○などの，……の課題を発見し」の部分が領域ごとに異なる文体。
(3)　球技に<u>積極的</u>に取り組むとともに，フェアなプレイを守ろうとすること，作戦などについての話合いに参加しようとすること，一人一人の違いに応じたプレイなどを認めようとすること，仲間の学習を援助しようとすることなどや，健康・安全に気を配ること。	←　「学びに向かう力，人間性等」の内容。「○○に△△に取り組むとともに，◇◇すること，◇◇することなどや，◇◇に気を配ること」の文体。◇◇には，フェアなプレイ，参加する，健康・安全などがある。

　なお，各領域における内容の改善についての具体については，第2節／体育分野（第1・第2学年），第3節／体育分野（第3学年），第4節／保健分野において，各運動領域等の学習指導要領と学習指導要領解説に示された「例示」を中心に，平成20年版と平成29年版を対比させて示し，今次改訂の概観をしていく。

(2)　各領域ごとの「知識及び技能」について

　「知識」に関するものについては，体つくり運動の第1・第2学年を例にすると，「次の運動を通して，体を動かす楽しさや心地よさを味わい，体つくり運動の意義と行い方，体の動きを高める方法などを理解し」となっている。この出だしは，どの運動領域にも共通の構文となっており，文の前段で「理解し」（または「理解するとともに」）

と用いて「知識」について示している。文の後段で「技能」について示されている。

前段の「理解し」については,体つくり運動の第1・第2学年のみに用いており,第3学年,他の領域は「理解するとともに」となっている。「理解し」は,「目的に適した運動を身に付ける」ことと「組み合わせる」ことの前提として「理解する」ことの指導を行うことと解釈できる。また,「理解するとともに」は,「理解する」ことが「健康の保持増進や体力の向上を目指し,目的に適した運動の計画を立て取り組む」ことと並列であり,「理解する」と「取り組む」ことが双方向に指導を行うこと(「取り組む」ことから「理解する」ことの方向も含むもの)と解釈できる。

各運動領域の「知識」部分を見てみると,第1・第2学年は「特性や成り立ち,技術の名称や行い方,その運動に関連して高まる体力」が,第3学年は「名称や行い方,運動観察の方法,体力の高め方」が共通に示された。特に,「運動観察の方法」は,今次改訂で,「A 体つくり運動」と「H 体育理論」を除く,第3学年の全ての運動領域で示された。このことは,資質・能力としての「思考力,判断力,表現力等」に対応したものと考えられる。今後の授業実践において学習過程にどのように取り入れていくか注目したい。

「技能」部分を見てみると,それぞれの運動領域,学年に特徴的な技能にかかることがらが示されている。平成20年版ほどの大きな再構成は行われていないが,「動き」の視点で改善が行われている。例えば,器械運動は「基本的な技」と「条件を変えた技,発展技,組合せ」が区別して示された。また,水泳は「カエル足」の表記を止める,武道は例示の動きを削除ないし学年の配列を変更するなど,示し方に変更がなされている。

(3) 「H 体育理論」について

体育理論については,内容が実技を主とするものではないものの,

内容構成を「知識」「思考力，判断力，表現力等」「学びに向かう力，人間性等」としている。さらに内容によって，「運動やスポーツの多様性」「運動やスポーツの意義や効果と学び方や安全な行い方」「文化としてのスポーツの意義」となっている。

示し方は，「○○について，課題を発見し，その解決を目指した活動を通して，次の事項を身に付けることができるよう指導する」の文体であり，保健分野と同様になっている。「○○について」は，「内容を示す項目の名称」の事項であり，学習対象である。「を通して」は，その前の「課題を発見し，その解決を目指した活動」が手段となることを示している。学習の対象としている「内容を示す項目の名称」で示されている「次の事項」を学ぶ手段となることに留意しておきたい。文末の「身に付けることができるよう指導する」は，指導内容（体育理論は(ｱ)(ｲ)などで示されている）となる。

体育理論の場合，リード文は，次のように読み取っておくことが求められよう。例えば，第1学年の「ア　運動やスポーツが多様であることについて理解すること」という文は，まず，「運動やスポーツが多様であること」は，内容の「ア」の名称であると捉える。次に，指導内容の一つには，「(ｱ)　運動やスポーツは，体を動かしたり健康を維持したりするなどの必要性及び競い合うことや課題を達成することなどの楽しさから生みだされ発展してきたこと」を捉える。このような表記の読み取りは，学習内容を明確にするには，重要な手続きとなる。ここでは，(ｱ)の指導内容は，「運動やスポーツは」という主部に対し，述部が「必要性」と「楽しさ」の二つから「生みだされ発展してきたこと」という表記になっていることを捉えることである。一つ目の「必要性」とは「体を動かしたり健康を維持したりするなどの必要性」である。二つ目の「楽しさ」とは「競い合うことや課題を達成すること」である。

さらに，学習指導要領解説の文を読み取り，指導内容（学習者から

見た場合は学習内容)を明確にした授業展開が求められよう。

(4) 「思考力,判断力,表現力等」について

次に,「思考力,判断力,表現力等」について取り上げる。今次改訂では,体育分野においては,資質・能力の育成に向けて改善が図られている。

例えば,第1・第2学年では,「自己の課題を発見し,合理的な解決に向けて運動の取り組み方を工夫するとともに,自己や仲間の考えたことを他者に伝えること」(体つくり運動)ことが示された。「課題を発見し」と「合理的な解決に向けて運動の取り組み方を工夫するとともに,自己や仲間の考えたことを他者に伝える」はどの運動領域にも共通事項となっている。出だしの「自己」は第1・第2学年で共通である。第3学年では「自己や仲間」(体つくり運動,器械運動,陸上競技,水泳,武道,ダンス),「自己やチーム」(球技)となっている。従前,思考・判断の内容で,「課題に応じた運動の取り組み方を工夫できるようにする」としていた「発見する」「工夫する」に加えて,「他者に伝える」が「表現力」に対応して加えられた。

各運動領域の学習において,自己の「課題を発見する」とは,また,「合理的な解決に向けて運動の取り組み方を工夫する」とはどのようなことであろうか。さらに,第3学年の学習において,「自己や仲間・チームで考えたことを伝える」とは,いかなる学習過程となるのか。今後の授業づくりが重要となるであろう。

体育理論については,例示が示されていないが,自己の課題を発見すること,思考し判断すること,それらを他者に伝えることの事項を身に付けることができるように指導することである。

(5) 「学びに向かう力,人間性等」について

最後に,「学びに向かう力,人間性等」についてである。今次改訂では,体育分野においては,「学びに向かう力,人間性等」に対応した,公正,協力,責任,参画,共生及び健康・安全の具体的な指導内容を

示すこととしている。また，障害の有無等にかかわらず運動やスポーツに親しむ資質・能力を育成するため，特別な配慮を要する生徒への手立て，共生の視点に基づく各領域における指導の充実，男女共習の推進などを踏まえて改善が行われている。第１・第２学年の体つくり運動と器械運動を例に挙げる。

例えば，「一人一人の違いに応じた動きなどを認めようとする」（体つくり運動）ことが示された。「一人一人の違いに応じた」は共通事項である。続く「認める」対象として，「動き」（体つくり運動），「課題や挑戦」（器械運動，陸上競技，水泳，武道），「プレイ」（球技），「表現や役割」（ダンス）となっている。第３学年では，「一人一人の違いに応じた動きなどを大切にしようとする」（体つくり運動）というように，対象となる各運動領域の特徴はそのままで，「大切にする」となっている。

各運動領域の学習において，「勝敗などを認める」ことや「仲間の学習を援助する」こと，自己の「責任を果たす」とは，また，「課題や挑戦を認める」とはどのようなことであろうか。さらに，第３学年の学習において，「課題や挑戦を大切にする」とは，それが実現する授業展開とはいかなる学習過程となるのか。今後の授業づくりが重要となるであろう。

体育理論については，例示が示されていないが，第１・第２学年は「学習に積極的に取り組む」，第３学年は「学習に自主的に取り組む」と示された事項を身に付けることができるように指導することである。

3　保健分野の各領域の概観

保健分野は，内容構成を「知識及び技能」「思考力，判断力，表現力等」としている。さらに内容によって，「心身の機能の発達と心の

健康」と「傷害の防止」は「知識及び技能」,「健康な生活と疾病の予防」と「健康と環境」は「知識」というように使い分けた示し方（構造）になっている。

　基本的な示し方は,「○○について,課題を発見し,その解決を目指した活動を通して,次の事項を身に付けることができるよう指導する」の文体である。「を通して」は,その前の「課題を発見し,その解決を目指した活動」が手段となることを示している。「身に付けることができるよう指導する」は,各内容に示す指導内容の前のリード文として用いられている。保健分野の場合,「○○について」という内容を前段で示し,中段で「……を通して」というように「活動」を手段として示し,後段で「身に付けることができるよう指導する」という文の構成としている。この一文で,各内容の全体の方向性を示すリード文として示している。続いて,「ア　健康な生活と疾病の予防について理解を深めること」というように,項目名で挙げた「健康な生活と疾病の予防」という内容について,「理解を深める」という事項を,「身に付けることができるよう指導する」という示し方（構造）になっている。

(1)　「知識」「知識及び技能」について

　保健分野の示し方は,項目によって「知識」と「知識及び技能」とされている。また,内容の学年への配列は,従前と異なるものとなっている。第3学年となっていた「(1)健康な生活と疾病の予防」は,内容の項目ごとに各学年に配列された。第1学年となっていた「(2)心身の機能の発達と心の健康」は,そのまま第1学年である。第2学年となっていた「(3)傷害の防止」も,そのまま第2学年である。また,第2学年となっていた「(4)健康と環境」は,第3学年に配列された。これらを概観すると次のようになる。

第3章　各学年の内容

平成29年版学習指導要領	説　明
(1) 健康な生活と疾病の予防について，課題を発見し，その解決を目指した活動を通して，次の事項を身に付けることができるよう指導する。 　ア　健康な生活と疾病の予防について理解を深めること。 ※以下，内容を略して示す。 　(ｱ)　主体と環境の相互作用，主体の要因と環境の要因の関わり合い 　(ｲ)　年齢，生活環境等に応じた運動，食事，休養及び睡眠の調和のとれた生活を続けること 　(ｳ)　生活習慣の乱れが主な要因となって起こる生活習慣病とその予防 　(ｴ)　健康を損なう原因となる喫煙，飲酒，薬物乱用などの行為，個人の心理状態や人間関係，社会環境への対処 　(ｵ)　病原体が主な要因となって発生する感染症，発生源，感染経路，主体の抵抗力 　(ｶ)　保健・医療機関の有効利用，医薬品の正しい使用	←指導内容の項目名を○○で示す指導内容の前のリード文。「○○について，……発見し，……を通して，◇◇ができるよう指導する」の文体。 ←「知識」の内容。「○○について，理解を深める」が基本文型。 ←(ｱ)，(ｲ)などの半角カタカナの符号。従前のア，イで示されていた内容。 ←(ｱ)及び(ｲ)は第1学年 ←(ｳ)及び(ｴ)は第2学年 ←(ｵ)及び(ｶ)は第3学年
(2) 心身の機能の発達と心の健康について，課題を発見し，その解決を目指した活動を通して，次の事項を身に付けることができるよう指導する。 　ア　心身の機能の発達と心の健康について理解を深めるとともに，ストレスへの対処をすること。 ※以下，内容を略して示す。 　(ｱ)　身体器官の発育，発達，個人差 　(ｲ)　生殖に関わる機能の成熟，適切な行動 　(ｳ)　精神機能の発達，自己形成 　(ｴ)　精神と身体の関わり，欲求やストレスへの対処	←指導内容の項目名を○○で示す指導内容の前のリード文。「○○について，……発見し，……を通して，◇◇ができるよう指導する」の文体。 ←「知識及び技能」の内容。基本文型の「○○について理解を深める」に続けて「とともに」とし，「ストレスへの対処をすること」という技能にかかる事柄が示されている。 ←全て第1学年
(3) 傷害の防止について，課題を発見し，その解決を目指した活動を通して，次の事項を身に付けることができるよう指導する。 　ア　傷害の防止について理解を深めるとともに，応急手当をすること。	←指導内容の項目名を○○で示す指導内容の前のリード文。「○○について，……発見し，……を通して，◇◇ができるよう指導する」の文体。 ←「知識及び技能」の内容。基本文型の「○○について理解を深める」に続けて「とともに」とし，「応急手当をす

※以下，内容を略して示す。 　(ア) 人的要因や環境要因などが関わる交通事故や自然災害 　(イ) 安全な行動，環境の改善による防止 　(ウ) 二次災害によっても生じる傷害，災害に備える，安全な避難 　(エ) 傷害の悪化を防止する応急手当，心肺蘇生法	ること」という技能にかかる事柄が示されている。 ←全て第2学年
(4) 健康と環境について，課題を発見し，その解決を目指した活動を通して，次の事項を身に付けることができるよう指導する。 　ア　健康と環境について<u>理解を深める</u>こと。 ※以下，内容を略して示す。 　(ア) 身体の適応能力，一定の範囲 　(イ) 飲料水や空気と健康，衛生的な管理 　(ウ) 廃棄物の衛生的な処理	←指導内容の項目名を○○で示す指導内容の前のリード文。「○○について，……発見し，……を通して，◇◇ができるよう指導する」の文体。 ←「知識」の内容。「○○について理解を深める」が基本文型。 ←全て第3学年

(2) 「思考力，判断力，表現力等」について

　次に，「思考力，判断力，表現力等」について取り上げる。今次改訂では，保健分野においては，資質・能力の育成に向けて改善が図られている。例えば，「(1)健康な生活と疾病の予防」では，「イ　健康な生活と疾病の予防について，課題を発見し，その解決に向けて思考し判断するとともに，それらを表現すること」と示された。その解説では，「健康な生活と疾病の予防に関わる事象や情報から課題を<u>発見し</u>，疾病等のリスクを軽減したり，生活の質を高めたりする視点から解決方法を<u>考え</u>，適切な方法を<u>選択し</u>，それらを<u>伝え合う</u>ことができるようにする」とされた。アンダーラインの部分の「発見する」「考える」「選択する」が思考・判断であり，「伝え合う」が表現に相当する。

　保健の学習において，「課題を発見する」とは，また，「解決方法を考える」「選択する」「伝え合う」とは，いかなる学習過程となるのか。今後の授業づくりが重要となろう。

(3) 「学びに向かう力，人間性等」について

　保健分野では，「学びに向かう力，人間性等」が示されていない。

体育分野の領域及び内容の取扱い（平成20年版）

領域及び領域の内容	1年	2年	内容の取扱い	領域及び領域の内容	3年	内容の取扱い
【A体つくり運動】 ア　体ほぐしの運動 イ　体力を高める運動	必修	必修	ア，イ　必修 （各学年7単位時間以上）	【A体つくり運動】 ア　体ほぐしの運動 イ　体力を高める運動	必修	ア，イ　必修 （7単位時間以上）
【B器械運動】 ア　マット運動 イ　鉄棒運動 ウ　平均台運動 エ　跳び箱運動	必修		2年間でアを含む②選択	【B器械運動】 ア　マット運動 イ　鉄棒運動 ウ　平均台運動 エ　跳び箱運動	B，C，D，G，から①以上選択	ア〜エから選択
【C陸上競技】 ア　短距離走・リレー，長距離走又はハードル走 イ　走り幅跳び又は走り高跳び	必修		2年間でア及びイのそれぞれから選択	【C陸上競技】 ア　短距離走・リレー，長距離走又はハードル走 イ　走り幅跳び又は走り高跳び		ア及びイのそれぞれから選択
【D水泳】 ア　クロール イ　平泳ぎ ウ　背泳ぎ エ　バタフライ	必修		2年間でア又はイを含む②選択	【D水泳】 ア　クロール イ　平泳ぎ ウ　背泳ぎ エ　バタフライ オ　複数の泳法で泳ぐ又はリレー		ア〜オから選択
【E球技】 ア　ゴール型 イ　ネット型 ウ　ベースボール型	必修		2年間でア〜ウのすべてを選択	【E球技】 ア　ゴール型 イ　ネット型 ウ　ベースボール型	E，F，から①以上選択	ア〜ウから②選択
【F武道】 ア　柔道 イ　剣道 ウ　相撲	必修		2年間でア〜ウから①選択	【F武道】 ア　柔道 イ　剣道 ウ　相撲		ア〜ウから①選択
【Gダンス】 ア　創作ダンス イ　フォークダンス ウ　現代的なリズムのダンス	必修		2年間でア〜ウから選択	【Gダンス】 ア　創作ダンス イ　フォークダンス ウ　現代的なリズムのダンス	B，C，D，G，から①以上選択	ア〜ウから選択
【H体育理論】 (1)　運動やスポーツの多様性 (2)　運動やスポーツが心身の発達に与える効果と安全	必修	必修	(1)　第1学年必修 (2)　第2学年必修 （各学年3単位時間以上）	【H体育理論】 (1)　文化としてのスポーツの意義	必修	(1)　第3学年必修 （3単位時間以上）

体育分野の領域及び内容の取扱い（平成29年版）

領域及び領域の内容	1年	2年	内容の取扱い	領域及び領域の内容	3年	内容の取扱い
【A体つくり運動】 ア　体ほぐしの運動 イ　体の動きを高める運動	必修	必修	ア，イ　必修 （各学年7単位時間以上）	【A体つくり運動】 ア　体ほぐしの運動 イ　実生活に生かす運動の計画	必修	ア，イ　必修 （7単位時間以上）
【B器械運動】 ア　マット運動 イ　鉄棒運動 ウ　平均台運動 エ　跳び箱運動	必修		2年間でアを含む②選択	【B器械運動】 ア　マット運動 イ　鉄棒運動 ウ　平均台運動 エ　跳び箱運動	B，C，D，Gから①以上選択	ア〜エから選択
【C陸上競技】 ア　短距離走・リレー，長距離走又はハードル走 イ　走り幅跳び又は走り高跳び	必修		2年間でア及びイのそれぞれの中から選択	【C陸上競技】 ア　短距離走・リレー，長距離走又はハードル走 イ　走り幅跳び又は走り高跳び		ア及びイのそれぞれの中から選択
【D水泳】 ア　クロール イ　平泳ぎ ウ　背泳ぎ エ　バタフライ	必修		2年間でア又はイを含む②選択	【D水泳】 ア　クロール イ　平泳ぎ ウ　背泳ぎ エ　バタフライ オ　複数の泳法で泳ぐ又はリレー		ア〜オから選択
【E球技】 ア　ゴール型 イ　ネット型 ウ　ベースボール型	必修		2年間でア〜ウの全てを選択	【E球技】 ア　ゴール型 イ　ネット型 ウ　ベースボール型	E，Fから①以上選択	ア〜ウから②選択
【F武道】 ア　柔道 イ　剣道 ウ　相撲	必修		2年間でア〜ウから①選択	【F武道】 ア　柔道 イ　剣道 ウ　相撲		ア〜ウから①選択
【Gダンス】 ア　創作ダンス イ　フォークダンス ウ　現代的なリズムのダンス	必修		2年間でア〜ウから選択	【Gダンス】 ア　創作ダンス イ　フォークダンス ウ　現代的なリズムのダンス	B，C，D，Gから①以上選択	ア〜ウから選択
【H体育理論】 (1) 運動やスポーツの多様性 (2) 運動やスポーツの意義や効果と学び方や安全な行い方	必修	必修	(1) 第1学年必修 (2) 第2学年必修 （各学年3単位時間以上）	【H体育理論】 (1) 文化としてのスポーツの意義	必修	(1) 第3学年必修 （3単位時間以上）

第2節 体育分野（第1・2学年）

A 体つくり運動

(1) 知識及び運動

●知　識

　知識については，体つくり運動の意義，体つくり運動の行い方，体の動きを高める方法などで改善が図られている。「体つくり運動」の知識の内容は，「体ほぐしの運動」の「ねらい」が「手軽な運動」「心や体との関係や心身の状態に気付く」「仲間と積極的に関わり合う」と再構成された。また，解説の例示には，「体の動きを高める運動」で新たに取り入れた「動き」を重視した記述があるものの，「行い方」「方法」「組合せ」が「あること」を包括的に示している。この他に強調されているものには，「ストレスへの対処」など保健分野の指導との関連を図った指導を行うものとするものがある。

　なお，「体つくり運動」を全ての学年で履修させること，授業時数を各学年で7単位時間以上を配当することは従前どおりである。

平成29（2017）年版	平成20（2008）年版
【学習指導要領】 ・次の運動を通して，体を動かす楽しさや心地よさを味わい，体つくり運動の意義と行い方，<u>体の動きを高める方法</u>などを理解する。 【学習指導要領解説の例示】 ・体つくり運動の意義には，心と体をほぐし，体を動かす楽しさや心地よさを味わう意義があること。	【学習指導要領】 ・体つくり運動の意義と行い方，運動の計画の立て方などを理解する。 【学習指導要領解説の例示】 ・「体つくり運動の意義」では，<u>自他の心と体に向き合って心と体をほぐし，体を動かす楽しさや心地よさを味わい，進ん</u>

・体つくり運動の意義には，体の柔らかさ，巧みな動き，力強い動き，動きを持続する能力を高める意義があること。 ・「体ほぐしの運動」には，「心と体の関係や心身の状態に気付く」，「仲間と積極的に関わり合う」というねらいに応じた行い方があること。 ・体の動きを高めるには，安全で合理的に高める行い方があること。 （「調整」「交流」の削除）	で運動に取り組む気持ちを高めたり，体の柔らかさ，巧みな動き，力強い動き，動きを持続する能力を高めたりするといった意義があること。 ・「体つくり運動の行い方」では，「体ほぐしの運動」においては，「心と体の関係に気付く」，「体の調子を整える」，「仲間と交流する」といったねらいに応じた行い方があること。 ・一つの行い方においても，複数のねらいが関連していること。 ・「体力を高める運動」においては，体の柔らかさ，巧みな動き，力強い動き，動きを持続する能力などを，それぞれ安全で合理的に高めることのできる適切な運動の行い方があること。
・体の動きを高めるには，適切な強度，時間，回数，頻度などを考慮して組み合わせる方法があること。 ・運動の組合せ方には，効率のよい組合せとバランスのよい組合せがあること。	・ねらいや体力の程度に応じて，適切な強度，時間，反復回数，頻度などで組み合わせることが大切であること。 ・「運動の計画の立て方」では，自己の健康や体力の状態に応じて，体の柔らかさ，巧みな動き，力強い動き，動きを持続する能力を，それぞれ効率よく高めることができる組み合わせ方や，これらの能力をバランスよく高めることができる組み合わせ方があること。

●運　動

　「体ほぐしの運動」においては，従前の「心と体の関係に気付き，体の調子を整え，仲間と交流するための手軽な運動や律動的な運動を行うこと」を改め，「手軽な運動を行い，心と体との関係や心身の状態に気付き，仲間と積極的に関わり合うこと」とされた。「体の調子を整え」が削除され，「仲間と交流」が「仲間と積極的に関わり合う」と変更された。また，これまで「体力を高める運動」としていたものが，第１学年及び第２学年で「体の動きを高める運動」と変更された。「動き」に焦点を当てて改善が図られたことは，平成20年版の運動領域の改善にそろえて見直しされたと捉えることができ，注目に値する。具体的には，動きをより具体的に示したり，動きのまとまりで例示したりしていること，運動を通して「気付いたり，関わったり」と示さ

れていることを挙げることができる。

平成29（2017）年版	平成20（2008）年版
【学習指導要領】 ア　体ほぐしの運動では，手軽な運動を行い，心と体との関係や心身の状態に気付き，仲間と積極的に関わり合うこと。 イ　体の動きを高める運動では，ねらいに応じて，体の柔らかさ，巧みな動き，力強い動き，動きを持続する能力を高めるための運動を行うとともに，それらを組み合わせること。	【学習指導要領】 ア　体ほぐしの運動では，心と体の関係に気付き，体の調子を整え，仲間と交流するための手軽な運動や律動的な運動を行うこと。 イ　体力を高める運動では，ねらいに応じて，体の柔らかさ，巧みな動き，力強い動き，動きを持続する能力を高めるための運動を行うとともに，それらを組み合わせて運動の計画に取り組むこと。
【学習指導要領解説の行い方の例】 ア　体ほぐしの運動 ・のびのびとした動作で用具などを用いた運動を行うことを通して，気付いたり関わり合ったりすること。 ・リズムに乗って心が弾むような運動を行うことを通して，気付いたり関わり合ったりすること。 ・緊張したり緊張を解いて脱力したりする運動を行うことを通して，気付いたり関わり合ったりすること。 ・いろいろな条件で，歩いたり走ったり跳びはねたりする運動を行うことを通して，気付いたり関わり合ったりすること。 ・仲間と動きを合わせたり，対応したりする運動を行うことを通して，気付いたり関わり合ったりすること。 ・仲間と協力して課題を達成するなど，集団で挑戦するような運動を行うことを通して，気付いたり関わり合ったりすること。 イ　体の動きを高める運動 〈体の柔らかさを高めるための運動の行い方の例〉 ・大きくリズミカルに全身や体の各部位を振ったり，回したり，ねじったり，曲げ伸ばしたりすること。 ・体の各部位をゆっくり伸展し，そのままの状態で約10秒間維持すること。 〈巧みな動きを高めるための運動の行い方の例〉 ・いろいろなフォームで様々な用具を用い	【学習指導要領解説の行い方の例】 ア　体ほぐしの運動 ・のびのびとした動作で用具などを用いた運動を行うこと。 ・リズムに乗って心が弾むような運動を行うこと。 ・ペアでストレッチングをしたり，緊張を解いて脱力したりする運動を行うこと。 ・いろいろな条件で，歩いたり走ったり跳びはねたりする運動を行うこと。 ・仲間と動きを合わせたり，対応したりする運動を行うこと。 イ　体を高める運動 〈体の柔らかさを高めるための運動の行い方の例〉 ・大きくリズミカルに全身や体の各部位を振ったり，回したり，ねじったり，曲げ伸ばしたりすること。 ・体の各部位をゆっくり伸展し，そのままの状態で約10秒間維持すること。 〈巧みな動きを高めるための運動の行い方の例〉 ・人と組んだり，用具を利用したりしてバ

て，タイミングよく跳んだり転がしたりすること。 ・大きな動作で，ボールなどの用具を，力を調整して投げたり受けたりすること。 ・人と組んだり，用具を利用したりしてバランスを保持すること。 ・床やグラウンドに設定した様々な空間をリズミカルに歩いたり，走ったり，跳んだり，素早く移動したりすること。	ランスを保持すること。 ・様々なフォームで様々な用具を投げたり，受けたり，持って跳んだり，転がしたりすること。 ・床やグラウンドに設定した様々な空間を歩いたり，走ったり，跳んだりして移動すること。
〈力強い動きを高めるための運動の行い方の例〉 ・自己の体重を利用して腕や脚を屈伸したり，腕や脚を上げたり下ろしたり，同じ姿勢を維持したりすること。 ・二人組で上体を起こしたり，脚を上げたり，背負って移動したりすること。 ・重い物を押したり，引いたり，投げたり，受けたり，振ったり，回したりすること。	〈力強い動きを高めるための運動の行い方の例〉 ・自己の体重を利用して腕や脚を屈伸したり，腕や脚を上げたり下ろしたりすること。 ・二人組で上体を起こしたり，脚を上げたり，背負って移動したりすること。 ・重い物を押したり，引いたり，投げたり，受けたり，振ったり，回したりすること。
〈動きを持続する能力を高めるための運動の行い方の例〉 ・走や縄跳びなどを，一定の時間や回数，又は，自己で決めた時間や回数を持続して行うこと。 ・ステップやジャンプなど複数の異なる運動を組み合わせて，時間や回数を決めて，エアロビクスなどの有酸素運動を持続して行うこと。	〈動きを持続する能力を高めるための運動の行い方の例〉 ・走やなわ跳びなどを，一定の時間や回数，又は，自己で決めた時間や回数を持続して行うこと。 ・動きを持続するねらいをもった複数の異なる運動例を組み合わせて，時間や回数を決めて持続して行うこと。
〈運動の組合せ方の例〉 ・体の柔らかさ，巧みな動き，力強い動き，動きを持続する能力を高めるための運動の中から，一つのねらいを取り上げ，それを高めるための運動を効率よく組み合わせて行うこと。 ・体の柔らかさ，巧みな動き，力強い動き，動きを持続する能力を高めるための運動の中から，ねらいが異なる運動をバランスよく組み合わせて行うこと。	〈運動の計画の行い方の例〉 ・体の柔らかさ，巧みな動き，力強い動き，動きを持続する能力を高めるための運動の中から，一つのねらいを取り上げ，運動例を組み合わせて行うこと。 ・体の柔らかさ，巧みな動き，力強い動き，動きを持続する能力を高めるための運動の中から，ねらいが異なる運動例を組み合わせて行うこと。

(2) 思考力，判断力，表現力等

「思考力，判断力，表現力等」については，「自己の課題を発見すること」「合理的な解決に向けて取り組み方を工夫すること」「自己や仲間の考えたことを他者に伝えること」について改善が図られた。これ

らは,「心身の状態に気付いて,ねらいに応じた運動を選ぶこと」「提示された参加の仕方に当てはめ,仲間との関わり方を見付けること」「仲間とともに楽しむための運動を見付け,仲間に伝えること」「仲間の課題や出来栄えを伝えること」などの学習活動が求められよう。

平成29（2017）年版	平成20（2008）年版
【学習指導要領】 ・自己の課題を発見し,合理的な解決に向けて運動の取り組み方を工夫するとともに,自己や仲間の考えたことを他者に伝えること。	【学習指導要領】 ・課題に応じた運動の取り組み方を工夫すること。
【学習指導要領解説の例示】 ・体ほぐしの運動で,「心と体の関係や心身の状態に気付く」,「仲間と積極的に関わり合う」ことを踏まえてねらいに応じた運動を選ぶこと。 ・体の動きを高めるために,自己の課題に応じた運動を選ぶこと。 ・学習した安全上の留意点を,他の学習場面に当てはめ,仲間に伝えること。 ・仲間と話し合う場面で,提示された参加の仕方に当てはめ,仲間との関わり方を見付けること。 ・体力の程度や性別等の違いを踏まえて,仲間とともに楽しむための運動を見付け,仲間に伝えること。	【学習指導要領解説の例示】 ・体ほぐしのねらいである「心と体の関係に気付く」,「体の調子を整える」,「仲間と交流する」ことを踏まえて,課題に応じた活動を選ぶこと。 ・関節や筋肉の働きに合った合理的な運動の行い方を選ぶこと。 ・ねらいや体力に応じて効率よく高める運動例やバランスよく高める運動例の組み合わせ方を見付けること。 ・仲間と協力する場面で,分担した役割に応じた活動の仕方を見付けること。 ・仲間と学習する場面で,学習した安全上の留意点を当てはめること。

(3) 学びに向かう力,人間性等

「学びに向かう力,人間性等」については,従前の「態度」の示し方と比べて,包括的な示し方となった。今次改訂では,学習指導要領に「仲間の学習を援助すること」「一人一人の違いに応じた動きなどを認めること」「話合いに参加する」といった共生や参画の視点で「取り組むことから」が示されている。

例示には,「仲間の補助をしたり助言したりして,仲間の学習を援助しようとすること」「一人一人の違いに応じた動きなどを認めよう

とすること」「ねらいに応じた行い方などについての話合いに参加しようとすること」が示された。学習をともに行う仲間として、お互いを認め、援助しながら活動することにつながる学習に取り組むことが求められよう。

平成29（2017）年版	平成20（2008）年版
【学習指導要領】 ・体つくり運動に積極的に取り組むとともに、仲間の学習を援助しようとすること、一人一人の違いに応じた動きなどを認めようとすること、話合いに参加しようとすることなどや、健康・安全に気を配ること。	【学習指導要領】 ・体つくり運動に積極的に取り組むとともに、分担した役割を果たそうとすることなどや、健康・安全に気を配ることができるようにする。
【学習指導要領解説の例示】 ・体つくり運動の学習に積極的に取り組もうとすること。 ・仲間の補助をしたり助言したりして、仲間の学習を援助しようとすること。 ・一人一人の違いに応じた動きなどを認めようとすること。 ・ねらいに応じた行い方などについての話合いに参加しようとすること。 ・健康・安全に留意すること。	【学習指導要領解説の例示】 ・体を動かす楽しさや心地よさを味わい、体力を高め、目的に適した運動を身に付け、組み合わせることに積極的に取り組めるようにする。 ・分担した役割を果たすことは、体つくり運動の授業を円滑に進めることにつながることや、さらには、社会生活を過ごす上で必要な責任感を育てることにつながること。 ・仲間の学習を援助することは、仲間との連帯感を高めて気持ちよく活動することにつながること。 ・体調不良時は無理をしないこと、用具の使い方のポイントや運動に応じて起きやすいけが（があること（筆者追記））。

B　器械運動

(1)　知識及び技能

●知　識

　知識については、器械運動の特性や成り立ち、技の名称や行い方、関連して高まる体力などで改善が図られている。例示には、新たに加

えられたものとして,「技に挑戦し,その技ができる楽しさや喜びを味わうことができること」「発表会には,学習の段階に応じたねらいや行い方があること」がある。また,「系,技群,グループ」という分類は包括的に「運動の基本形態を示す名称」「運動の経過における課題を示す名称」と示された。名称に関わって「技術的なポイントがある」とされたものは,「技の課題を解決するための合理的な動き方のポイントがある」とされ「動き」を重視して改善が図られている。

平成29（2017）年版	平成20（2008）年版
【学習指導要領】 ・次の運動について,技ができる楽しさや喜びを味わい,器械運動の特性や成り立ち,技の名称や行い方,その運動に関連して高まる体力などを理解する。	【学習指導要領】 ・器械運動の特性や成り立ち,技の名称や行い方,関連して高まる体力などを理解する。
【学習指導要領解説の例示】 ・器械運動には多くの「技」があり,これらの技に挑戦し,その技ができる楽しさや喜びを味わうことができること。 ・器械運動は,種目に応じて多くの「技」があり,技の出来映えを競うことを楽しむ運動として多くの人々に親しまれてきた成り立ちがあること。 ・技の名称は,運動の基本形態を示す名称と,運動の経過における課題を示す名称によって名づけられていること。 ・技の行い方は技の課題を解決するための合理的な動き方のポイントがあること。 ・器械運動は,それぞれの種目や系などにより主として高まる体力要素が異なること。 ・発表会には,学習の段階に応じたねらいや行い方があること。	【学習指導要領解説の例示】 ・器械運動は,マット運動,鉄棒運動,平均台運動,跳び箱運動で構成され,種目に応じて多くの「技」があり,技の出来映えを競うことを楽しむ運動として多くの人々に親しまれてきた成り立ちがあること。 ・器械運動の技は,系,技群,グループの視点によって分類されていること。 ・技には名称が付けられており,それぞれの技の局面で技術的なポイントがあること。 ・器械運動は,それぞれの種目や系,技群,グループにより主として高まる体力要素が異なること。

● 技　能

「器械運動」においては,「マット運動では,回転系や巧技系の基本的な技を滑らかに行うこと」と「条件を変えた技や発展技を行うこと及びそれらを組み合わせること」が区別され,「基本的な技を滑らか

に行うこと」と「条件を変えた技，発展技，それらの組合せ」の二つが独立して示された。なお，跳び箱運動には組合せがないことから，「基本的な技を滑らかに行うこと」と「条件を変えた技や発展技を行うこと」とされた。例示においては，変更がなされなかったが，学習指導要領上，「基本的な技」と「条件を変えた技，発展技，組合せ」が区別して示されたことは授業展開上，重視しておきたい。

平成29（2017）年版	平成20（2008）年版
【学習指導要領】 ・技をよりよく行うこと。 ア　マット運動では，回転系や巧技系の基本的な技を滑らかに行うこと，条件を変えた技や発展技を行うこと及びそれらを組み合わせること。 イ　鉄棒運動では，支持系や懸垂系の基本的な技を滑らかに行うこと，条件を変えた技や発展技を行うこと及びそれらを組み合わせること。 ウ　平均台運動では，体操系やバランス系の基本的な技を滑らかに行うこと，条件を変えた技や発展技を行うこと及びそれらを組み合わせること。 エ　跳び箱運動では，切り返し系や回転系の基本的な技を滑らかに行うこと，条件を変えた技や発展技を行うこと。 【学習指導要領解説の例示】 ア　マット運動 〈回転系の例示〉 ○接転技群（背中をマットに接して回転する） ・体をマットに順々に接触させて回転するための動き方や回転力を高めるための動き方で，基本的な技の一連の動きを滑らかにして回ること。 ・開始姿勢や終末姿勢，組合せの動きや手の着き方などの条件を変えて回ること。 ・学習した基本的な技を発展させて，一連の動きで回ること。 ○ほん転技群（手や足の支えで回転する） ・全身を支えたり突き放したりするための着手の仕方，回転力を高めるための動き方，起き上がりやすくするための動き方	【学習指導要領】 ・その技がよりよくできるようにする。 ア　マット運動では，回転系や巧技系の基本的な技を滑らかに行うこと，条件を変えた技，発展技を行うこと，それらを組み合わせること。 イ　鉄棒運動では，支持系や懸垂系の基本的な技を滑らかに行うこと，条件を変えた技，発展技を行うこと，それらを組み合わせること。 ウ　平均台運動では，体操系やバランス系の基本的な技を滑らかに行うこと，条件を変えた技，発展技を行うこと，それらを組み合わせること。 エ　跳び箱運動では，切り返し系や回転系の基本的な技を滑らかに行うこと，条件を変えた技，発展技を行うこと。 【学習指導要領解説の例示】 ア　マット運動 〈回転系の例示〉 ○接転技群（背中をマットに接して回転する） ・体をマットに順々に接触させて回転するための動き方，回転力を高めるための動き方で，基本的な技の一連の動きを滑らかにして回ること。 ・開始姿勢や終末姿勢，組合せの動きや手の着き方などの条件を変えて回ること。 ・学習した基本的な技を発展させて，一連の動きで回ること。 ○ほん転技群（手や足の支えで回転する） ・全身を支えたり，突き放したりするための着手の仕方，回転力を高めるための動き方，起き上がりやすくするための動き

で，基本的な技の一連の動きを滑らかにして回転すること。
・開始姿勢や終末姿勢，手の着き方や組合せの動きなどの条件を変えて回転すること。
・学習した基本的な技を発展させて，一連の動きで回転すること。
〈巧技系の例示〉
○平均立ち技群（バランスをとりながら静止する）
・バランスよく姿勢を保つための力の入れ方，バランスの崩れを復元させるための動き方で，基本的な技の一連の動きを滑らかにして静止すること。
・姿勢，体の向きなどの条件を変えて静止すること。
・学習した基本的な技を発展させて，バランスをとり静止すること。

イ　鉄棒運動
〈支持系の例示〉
○前方支持回転技群（支持体勢から前方に回転する）
・回転の勢いをつくるための動き方，再び支持体勢に戻るために必要な鉄棒の握り直しの仕方で，基本的な技の一連の動きを滑らかにして前方に回転すること。
・開始姿勢や終末姿勢，組合せの動きや鉄棒の握り方などの条件を変えて前方に回転すること。
・学習した基本的な技を発展させて，一連の動きで前方に回転すること。
○後方支持回転技群（支持体勢から後方に回転する）
・回転の勢いをつくるための動き方，バランスよく支持体勢になるための動き方で，基本的な技の一連の動きを滑らかにして後方に回転すること。
・開始姿勢や終末姿勢，組合せの動きなどの条件を変えて後方に回転すること。
・学習した基本的な技を発展させて，一連の動きで後方に回転すること。
〈懸垂系の例示〉
○懸垂技群（懸垂体勢で行う）
・振動の幅を大きくするための動き方，安定した振動を行うための鉄棒の握り方で，基本的な技の一連の動きを滑らかに

して体を前後に振ること。 ・組合せの動きや握り方などの条件を変えて体を前後に振ること。 ・学習した基本的な技を発展させて，ひねったり跳び下りたりすること。	体を前後に振ること。 ・組合せの動きや握り方などの条件を変えて体を前後に振ること。 ・学習した基本的な技を発展させて，ひねったり跳び下りたりすること。

ウ　平均台運動

〈体操系の例示〉

○歩走グループ（台上を歩いたり走ったりして移動する）

・台の位置を確認しながら振り出す足の動かし方や重心を乗せバランスよく移動する動き方で，基本的な技の一連の動きを滑らかにして台上を移動すること。 ・姿勢，動きのリズムなどの条件を変えて台上を移動すること。 ・学習した基本的な技を発展させて，台上を移動すること。	・台の位置を確認しながら振り出す足の動かし方，重心を乗せバランスよく移動する動き方で，基本的な技の一連の動きを滑らかにして台上を移動すること。 ・姿勢，動きのリズムなどの条件を変えて台上を移動すること。 ・学習した基本的な技を発展させて，台上を移動すること。

○跳躍グループ（台上へ跳び上がる，台上で跳躍する，台上から跳び下りるなど）

・跳び上がるための踏み切りの仕方，空中で姿勢や動きを変化させて安定した着地を行うための動き方で，基本的な技の一連の動きを滑らかにして跳躍すること。 ・姿勢や組合せの動きなどの条件を変えて跳躍すること。 ・学習した基本的な技を発展させて，跳躍すること。	・跳び上がるための踏み切りの仕方，空中で姿勢や動きを変化させて安定した着地を行うための動き方で，基本的な技の一連の動きを滑らかにして跳躍すること。 ・姿勢，組合せの動きなどの条件を変えて跳躍すること。 ・学習した基本的な技を発展させて，跳躍すること。

〈バランス系の例示〉

○ポーズグループ（台上でいろいろな姿勢でポーズをとる）

・バランスよく姿勢を保つための力の入れ方，バランスの崩れを復元させるための動き方で，台上でポーズをとること。 ・姿勢などの条件を変えて台上でポーズをとること。 ・学習した基本的な技を発展させて，台上でポーズをとること。	・バランスよく姿勢を保つための力の入れ方とバランスの崩れを復元させるための動き方で，台上でポーズをとること。 ・姿勢などの条件を変えて台上でポーズをとること。 ・学習した基本的な技を発展させて，台上でポーズをとること。

○ターングループ（台上で方向転換する）

・バランスよく姿勢を保つための力の入れ方，回転をコントロールするための動き方で，台上で方向転換すること。 ・姿勢などの条件を変えて，台上で方向転換すること。 ・学習した基本的な技を発展させて，一連の動きで，台上で方向転換すること。	・バランスよく姿勢を保つための力の入れ方，回転をコントロールするための動き方で，台上で方向転換すること。 ・姿勢などの条件を変えて，台上で方向転換すること。 ・学習した基本的な技を発展させて，一連の動きで台上で方向転換すること。

エ　跳び箱運動 〈切り返し系の例示〉 ○切り返し跳びグループ（跳び箱上に支持して回転方向を切り替えて跳び越す） ・踏み切りから上体を前方に振り込みながら着手する動き方，突き放しによって直立体勢に戻して着地するための動き方で，基本的な技の一連の動きを滑らかにして跳び越すこと。 ・着手位置，姿勢などの条件を変えて跳び越すこと。 ・学習した基本的な技を発展させて，一連の動きで跳び越すこと。 〈回転系の例示〉 ○回転跳びグループ（跳び箱上を回転しながら跳び越す） ・着手後も前方に回転するための勢いを生み出す踏み切りの動き方，突き放しによって空中に飛び出して着地するための動き方で，基本的な技の一連の動きを滑らかにして跳び越すこと。 ・着手位置，姿勢などの条件を変えて跳び越すこと。 ・学習した基本的な技を発展させて，一連の動きで跳び越すこと。	**エ　跳び箱運動** 〈切り返し系の例示〉 ○切り返し跳びグループ（跳び箱上に支持して回転方向を切り替えて跳び越す） ・踏み切りから上体を前方に振り込みながら着手する動き方，突き放しによって直立体勢に戻して着地するための動き方で，基本的な技の一連の動きを滑らかにして跳び越すこと。 ・着手位置，姿勢などの条件を変えて跳び越すこと。 ・学習した基本的な技を発展させて，一連の動きで跳び越すこと。 〈回転系の例示〉 ○回転跳びグループ（跳び箱上を回転しながら跳び越す） ・着手後も前方に回転するための勢いを生み出す踏み切りの動き方，突き放しによって空中に飛び出して着地するための動き方で，基本的な技の一連の動きを滑らかにして跳び越すこと。 ・着手位置，姿勢などの条件を変えて跳び越すこと。 ・学習した基本的な技を発展させて，一連の動きで跳び越すこと。

(2)　思考力，判断力，表現力等

　「思考力，判断力，表現力等」については，「技などの自己の課題を発見すること」「合理的な解決に向けて運動の取り組み方を工夫すること」「自己の考えたことを他者に伝えること」について改善が図られた。これらは，提示されたり提供されたりした動きのポイントやつまずきの事例を参考に，仲間に伝えたり，練習方法を選んだりするなどの学習活動が求められよう。また，体力や技能の程度，性別等の違いを踏まえて，仲間とともに楽しむための練習や発表を行う方法を見付け，仲間に伝えることも加えられている。

　学習に当たっては，自己の課題を発見し，合理的な解決に向けての運動の取り組み方をする際に，周囲からの提示や提供による情報をどのように受け止めていくかといった学習過程が求められよう。

平成29（2017）年版	平成20（2008）年版
【学習指導要領】 ・技などの自己の課題を発見し，合理的な解決に向けて運動の取り組み方を工夫するとともに，自己の考えたことを他者に伝えること。 【学習指導要領解説の例示】 ・提示された動きのポイントやつまずきの事例を参考に，仲間の課題や出来映えを伝えること。 ・提供された練習方法から，自己の課題に応じて，技の習得に適した練習方法を選ぶこと。 ・学習した安全上の留意点を，他の学習場面に当てはめ，仲間に伝えること。 ・仲間と協力する場面で，分担した役割に応じた活動の仕方を見付けること。 ・体力や技能の程度，性別等の違いを踏まえて，仲間とともに楽しむための練習や発表を行う方法を見付け，仲間に伝えること。	【学習指導要領】 ・課題に応じた運動の取り組み方を工夫できるようにする。 【学習指導要領解説の例示】 ・学習する技の合理的な動き方のポイントを見付けること。 ・課題に応じて，技の習得に適した練習方法を選ぶこと。 ・学習した技から，「はじめ－なか－おわり」などの構成に適した技の組み合わせ方を見付けること。 ・仲間と学習する場面で，仲間のよい動きなどを指摘すること。 ・仲間と学習する場面で，学習した安全上の留意点を当てはめること。

(3) 学びに向かう力，人間性等

「学びに向かう力，人間性等」については，従前の「態度」の示し方に対し，包括的な示し方となった。今次改訂では，学習指導要領に「仲間の学習を援助しようとすること」「一人一人の違いに応じた課題や挑戦を認めようとすること」が新たに示された。器械運動の学習において，一人一人の違い，体力や技能の程度，性別や障害の有無等に応じて，自己の状況に合った実現可能な課題の設定や挑戦を認めようとする学習ができるようにすることが求められよう。

例示には，「よい技や演技に称賛の声をかけるなど，仲間の努力を認めようとすること」「練習の補助をしたり仲間に助言したりして，仲間の学習を援助しようとすること」「一人一人の違いに応じた課題や挑戦を認めようとすること」が示された。学習をともに行う仲間と

して，お互いを認め，援助しながら活動することにつながる学習に取り組むことが求められよう。

平成29（2017）年版	平成20（2008）年版
【学習指導要領】 ・器械運動に積極的に取り組むとともに，よい演技を認めようとすること，仲間の学習を援助しようとすること，一人一人の違いに応じた課題や挑戦を認めようとすることなどや，健康・安全に気を配ること。	【学習指導要領】 ・器械運動に積極的に取り組むとともに，よい演技を認めようとすること，分担した役割を果たそうとすることなどや，健康・安全に気を配ることができるようにする。
【学習指導要領解説の例示】 ・器械運動の学習に積極的に取り組もうとすること。 ・よい技や演技に称賛の声をかけるなど，仲間の努力を認めようとすること。 ・練習の補助をしたり仲間に助言したりして，仲間の学習を援助しようとすること。 ・一人一人の違いに応じた課題や挑戦を認めようとすること。 ・健康・安全に留意すること。	【学習指導要領解説の例示】 ・技ができる楽しさや喜びを味わい，その技がよりよくできるようにすることに積極的に取り組めるようにする。 ・課題となる動き方がよりよくできた際に声をかけるなど，繰り返し練習している仲間の努力やよい演技を認めようとすること。 ・体調の変化などに気を配ること，器械・器具や練習場所などの自己や仲間の安全に留意して練習や演技を行うこと，技の難易度や技能・体力の程度に応じた技を選んで挑戦することが大切であることなど。

C 陸上競技

(1) 知識及び技能

●知　識

　知識については，陸上競技の特性や成り立ち，技術の名称や行い方，関連して高まる体力などで改善が図られている。例示には，障害の有無等にかかわらず運動やスポーツに親しむ視点から，パラリンピック競技大会において主要な競技として発展したことが加えられている。また，解説文中には「速くスタートするための技術」として，従前は「短距離走」のみであったものが「短距離走やハードル走など」と示されている。

平成29（2017）年版	平成20（2008）年版
【学習指導要領】 ・次の運動について，記録の向上や競争の<u>楽しさや喜びを味わい</u>，陸上競技の特性や成り立ち，技術の名称や行い方，その運動に関連して高まる体力などを理解する。	【学習指導要領】 ・陸上競技の特性や成り立ち，技術の名称や行い方，関連して高まる体力などを理解する。
【学習指導要領解説の例示】 ・陸上競技は，自己の記録に挑戦したり，競争したりする楽しさや喜びを味わうことができること。 ・陸上競技は，古代ギリシアのオリンピア競技や<u>オリンピック・パラリンピック競技大会</u>において主要な競技として発展した成り立ちがあること。 ・陸上競技の各種目において用いられる技術の名称があり，それぞれの技術で動きのポイントがあること。 ・陸上競技は，それぞれの種目で主として高まる体力要素が異なること。	【学習指導要領解説の例示】 ・陸上競技は，自己の記録に挑戦したり，競争したりする楽しさや喜びを味わうことのできる<u>運動であること</u>。 ・陸上競技は，古代ギリシアのオリンピア競技，近代オリンピック競技大会において主要な競技として発展した成り立ちがあること。 ・陸上競技の各種目において用いられる技術の名称があり，それぞれの技術で動きのポイントがあること。 ・陸上競技は，それぞれの種目で主として高まる体力要素が異なること。

● 技　能

　「陸上競技」においては，今次改訂で動きの例示が改善されているものがある。リレーのバトンパスでは，「次走者がスタートやバトンを受け渡すタイミングを合わせること」とされ，従前の「前走者の渡す前の合図」は削除された。長距離走では，「ペースを一定にして走ること」が加えられた。ハードル走では「インターバルを３又は５歩でリズミカルに走ること」と歩数が限定された。従前の「３～５歩」という「４歩」もあり得るものから変更された。ハードル走では，「抜き脚の膝を折りたたんで前に運ぶ」とされ，従前の「横に寝かせて」は削除された。

平成29（2017）年版	平成20（2008）年版
【学習指導要領】 ア　短距離走・リレーでは，滑らかな動きで速く走ることやバトンの受渡しでタイミングを合わせること，長距離走では，ペースを守って走ること，ハードル走では，リズミカルな走りから滑らかにハー	【学習指導要領】 ア　短距離走・リレーでは，滑らかな動きで速く走ること，長距離走では，ペースを守り一定の距離を走ること，ハードル走では，リズミカルな走りから滑らかにハードルを越すこと。

ドルを越すこと。 イ　走り幅跳びでは，スピードに乗った助走から素早く踏み切って跳ぶこと，走り高跳びでは，リズミカルな助走から力強く踏み切って大きな動作で跳ぶこと。	イ　走り幅跳びでは，スピードに乗った助走から素早く踏み切って跳ぶこと，走り高跳びでは，リズミカルな助走から力強く踏み切って大きな動作で跳ぶこと。
【学習指導要領解説の例示】 ●短距離走・リレー ・クラウチングスタートから徐々に上体を起こしていき加速すること。 ・自己に合ったピッチとストライドで速く走ること。 ・リレーでは，<u>次走者がスタートするタイミングやバトンを受け渡すタイミングを合わせること</u>。 ●長距離走 ・腕に余分な力を入れないで，リラックスして走ること。 ・自己に合ったピッチとストライドで，上下動の少ない動きで走ること。 ・ペースを<u>一定にして</u>走ること。 ●ハードル走 ・遠くから踏み切り，勢いよくハードルを走り越すこと。 ・抜き脚の膝を<u>折りたたんで前に運ぶ</u>などの動作でハードルを越すこと。 ・インターバルを<u>3又は5歩</u>でリズミカルに走ること。 ●走り幅跳び ・自己に適した距離，又は歩数の助走をすること。 ・踏切線に足を合わせて踏み切ること。 ・かがみ跳びなどの空間動作からの流れの中で着地すること。 ●走り高跳び ・リズミカルな助走から力強い踏み切りに移ること。 ・跳躍の頂点とバーの位置が合うように，自己に合った踏切位置で踏み切ること。 ・脚と腕のタイミングを合わせて踏み切り，大きなはさみ動作で跳ぶこと。	【学習指導要領解説の例示】 ●短距離走・リレー ・クラウチングスタートから徐々に上体を起こしていき加速すること。 ・自己に合ったピッチとストライドで速く走ること。 ・リレーでは，前走者の渡す前の合図と，次走者のスタートのタイミングを合わせて，バトンの受け渡しをすること。 ●長距離走 ・腕に余分な力を入れないで，リラックスして走ること。 ・自己に合ったピッチとストライドで，上下動の少ない動きで走ること。 ●ハードル走 ・遠くから踏み切り，勢いよくハードルを走り越すこと。 ・抜き脚の膝を折りたたんで横に寝かせて前に運ぶなどの動作でハードルを越すこと。 ・インターバルを3～5歩でリズミカルに走ること。 ●走り幅跳び ・自己に適した距離，または歩数の助走をすること。 ・踏切線に足を合わせて踏み切ること。 ・かがみ跳びなどの空間動作からの流れの中で着地すること。 ●走り高跳び ・リズミカルな助走から力強い踏み切りに移ること。 ・跳躍の頂点とバーの位置が合うように，自己に合った踏切位置で踏み切ること。 ・脚と腕のタイミングを合わせて踏み切り，大きなはさみ動作で跳ぶこと。

(2)　思考力，判断力，表現力等

「思考力，判断力，表現力等」については，「動きなどの自己の課題を発見すること」「合理的な解決に向けて運動の取り組み方を工夫する

こと」「自分の考えたことを他者に伝えること」について改善が図られた。これらは，動きの習得に適した練習方法を見付けたり選んだりすること，動きのポイントやつまずきの事例を参考に仲間の課題や出来栄えを伝えること，理由を添えて他者に伝えることなどの学習活動が求められよう。また，体力や技能の程度，性別等の違いを配慮して，仲間と楽しむための方法を見付け，仲間に伝えることも加えられている。

平成29（2017）年版	平成20（2008）年版
【学習指導要領】 ・動きなどの自己の課題を発見し，合理的な解決に向けて運動の取り組み方を工夫するとともに，自己の考えたことを他者に伝えること。	【学習指導要領】 ・課題に応じた運動の取り組み方を工夫できるようにする。
【学習指導要領解説の例示】 ・提示された動きのポイントやつまずきの事例を参考に，仲間の課題や出来栄えを伝えること。 ・提供された練習方法から，自己の課題に応じて，動きの習得に適した練習方法を選ぶこと。 ・練習や競争する場面で，最善を尽くす，勝敗を受け入れるなどのよい取り組みを見付け，理由を添えて他者に伝えること。 ・学習した安全上の留意点を，他の学習場面に当てはめ，仲間に伝えること。 ・体力や技能の程度，性別等の違いを踏まえて，仲間とともに楽しむための練習や競争を行う方法を見付け，仲間に伝えること。	【学習指導要領解説の例示】 ・技術を身に付けるため運動の行い方のポイントを見付けること。 ・課題に応じた練習方法を選ぶこと。 ・仲間と協力する場面で，分担した役割に応じた活動の仕方を見付けること。 ・学習した安全上の留意点を他の練習や競争場面に当てはめること。

(3) 学びに向かう力，人間性等

「学びに向かう力，人間性等」については，従前の「態度」の示し方に対し，包括的な示し方となった。今次改訂では，学習指導要領に「一人一人の違いに応じた課題や挑戦を認めようとすること」が新たに示された。陸上競技の学習において，一人一人の違い，体力，技能，性別や障害の有無など様々な違いを受け入れ，それぞれの違いを認めた上で生かし合い，それぞれの課題や挑戦を認めようとする学習ができるようにすることが求められよう。また，仲間の学習を援助するこ

ととしては，用具等の準備や片付け，記録などの分担する役割を果たすことがある。参加者全員が楽しんだり達成感を味わったりしながら，学習に取り組むことができるようにすることが求められよう。

平成29（2017）年版	平成20（2008）年版
【学習指導要領】 ・陸上競技に積極的に取り組むとともに，勝敗などを認め，ルールやマナーを守ろうとすること，分担した役割を果たそうとすること，<u>一人一人の違いに応じた課題や挑戦を認めようとすること</u>などや，健康・安全に気を配ること。 【学習指導要領解説の例示】 ・陸上競技の学習に積極的に取り組もうとすること。 ・<u>勝敗などを認め，ルールやマナーを守ろうとすること。</u> ・<u>用具等の準備や後片付け，記録などの分担した役割を果たそうとすること。</u> ・<u>一人一人の違いに応じた課題や挑戦を認めようとすること。</u> ・健康・安全に留意すること。	【学習指導要領】 ・陸上競技に積極的に取り組むとともに，勝敗などを認め，ルールやマナーを守ろうとすること，分担した役割を果たそうとすることなどや，健康・安全に気を配ることができるようにする。 【学習指導要領解説の例示】 ・「勝敗などを認め」とは，勝敗や個人の記録などの良し悪しにかかわらず全力を尽くした結果を受け入れ，相手の健闘を認めようとすること。 ・「ルールやマナーを守ろうとする」とは，陸上競技は相手と距離やタイムなどを競い合う特徴があるので，規定の範囲で勝敗を競うといったルールや，相手を尊重するといったマナーを守り，フェアに競うことに取り組もうとすること。 ・「分担した役割を果たそうとする」とは，練習や競争を行う際に，用具の準備や後片付け，測定結果の記録などの分担した役割に積極的に取り組もうとすること。 ・「など」の例には，仲間の学習を援助しようとすることがある。（このことは）自己の能力を高めたり，仲間との連帯感を高めて気持ちよく活動することにつながったりすること。 ・「健康・安全に気を配る」とは，体調の変化などに気を配ること，ハードルや走り高跳びの安全マットなどの用具や走路や砂場などの練習場所に関する安全に留意して練習や競争を行うこと，体力に見合った運動量で練習することが大切であること。

D 水 泳

(1) 知識及び技能

● 知　識

　知識については,「水泳の特性や成り立ち」「技術の名称や行い方」「関連して高まる体力」などで改善が図られている。例示には，水泳の歴史に関連付けてオリンピック・パラリンピック競技大会において主要な競技として発展したことが加えられている。

平成29（2017）年版	平成20（2008）年版
【学習指導要領】 ・次の運動について，記録の向上や競争の楽しさや喜びを味わい，水泳の特性や成り立ち，技術の名称や行い方，その運動に関連して高まる体力などを理解する。 【学習指導要領解説の例示】 ・水泳は，泳法を身に付け，続けて長く泳いだり，速く泳いだり，競い合ったりする楽しさや喜びを味わうことのできる運動であること。 ・水泳は，近代オリンピック・パラリンピック競技大会において主要な競技として発展した成り立ちがあること。 ・水泳の各種目において用いられる技術の名称や運動局面の名称があり，それぞれの技術や局面で，動きを高めるための技術的なポイントがあること。 ・水泳は，それぞれの種目で主として高まる体力要素が異なること。	【学習指導要領】 ・水泳の特性や成り立ち，技術の名称や行い方，関連して高まる体力などを理解する。 【学習指導要領解説の例示】 ・水泳は，浮く，進む，呼吸をするというそれぞれの技術の組合せによって成立している運動であり，泳法を身に付け，続けて長く泳いだり，速く泳いだり，競い合ったりする楽しさや喜びを味わうことのできる運動であること。 ・各種目において用いられる技術の名称や運動局面の名称があり，それぞれの技術や局面で，動きを高めるための技術的なポイントがあること。 ・水泳は，それぞれの種目で主として高まる体力要素が異なること。

● 技　能

　「水泳」においては，従前どおり，「泳法」と「スタート及びターン」で改善が図られている。泳法は，伏し浮きの姿勢で泳ぐクロール，平泳ぎ，バタフライ及び背浮きの姿勢で泳ぐ背泳の4種目を取り上げている。スタートは，安全の確保が重要となることから，「水中からの

スタート」を取り上げることとしている。

　泳法を身に付けるためには，泳法に応じた，手のかき（プル）や足のけり（キック）と呼吸動作を合わせた一連の動き（コンビネーション）ができるようにする。また，水泳では，続けて長く泳ぐことや速く泳ぐことに学習のねらいがあるため，相互の関連を図りながら学習を進めていくことができるようにすることとされている。スタート及びターンは，続けて長く泳いだり，速く泳いだりする上で，重要な技能の一部であることから，内容の取扱いにおいて，「泳法との関連において水中からのスタート及びターンを取り上げること」とされている。

　水泳の今次改訂においては，腕のかき，呼吸のタイミング，キックの仕方において，例えば平泳ぎで「カエル足」という表現がなくなるなど，動きを視点とした改善が他の運動領域と比べて多く見られるのは特徴の一つといえよう。

平成29（2017）年版	平成20（2008）年版
[泳法] 【学習指導要領】 泳法を身に付けること。 ア　クロールでは，手と足の動き，呼吸のバランスをとり泳ぐこと。 イ　平泳ぎでは，手と足の動き，呼吸のバランスをとり泳ぐこと。 ウ　背泳ぎでは，手と足の動き，呼吸のバランスをとり泳ぐこと。 エ　バタフライでは，手と足の動き，呼吸のバランスをとり泳ぐこと。 【学習指導要領解説の例示】 ア　クロール ・一定のリズムで強いキックを打つこと。 ・水中で肘を曲げて腕全体で水をキャッチし，S字やI字を描くようにして水をかくこと。 ・プルとキック，ローリングの動作に合わせて横向きで呼吸をすること。 イ　平泳ぎ ・蹴り終わりで長く伸びるキックをすること。 ・肩より前で，両手で逆ハート型を描くよ	[泳法] 【学習指導要領】 泳法を身に付けることができるようにする。 ア　クロールでは，手と足，呼吸のバランスをとり泳ぐこと。 イ　平泳ぎでは，手と足，呼吸のバランスをとり泳ぐこと。 ウ　背泳ぎでは，手と足，呼吸のバランスをとり泳ぐこと。 エ　バタフライでは，手と足，呼吸のバランスをとり泳ぐこと。 【学習指導要領解説の例示】 ア　クロール ・一定のリズムで強いキックを打つこと。 ・水中で肘を60〜90度程度に曲げて，S字を描くように水をかくこと。 ・プルとキックの動作に合わせて，ローリングをしながら横向きで呼吸のタイミングを取ること。 イ　平泳ぎ ・カエル足で長く伸びたキックをすること。 ・水中で手のひらが肩より前で，両手で逆

うに水をかくこと。 ・プルのかき終わりに合わせて顔を<u>水面上</u><u>に出して息を吸い</u>，キックの蹴り終わりに合わせて伸び（グライド）をとり進むこと。 ウ 背泳ぎ ・両手を頭上で組んで，腰が「く」の字に曲がらないように背中を伸ばし，水平に浮いてキックをすること。 ・水中では，肘が肩の横で60〜90度程度曲がるようにしてかくこと。 ・<u>水面上の腕は，手と肘を高く伸ばした直線的な動きをすること。</u> ・呼吸は，プルとキックの動作に合わせて行うこと。 エ バタフライ ・気をつけの姿勢やビート板を用いて，ドルフィンキックをすること。 ・<u>両手を前方に伸ばした状態から</u>，鍵穴（キーホール）の形を描くように水をかくこと。 ・<u>手の入水時</u>とかき終わりのときに，<u>それぞれキックをすること。</u> ・プルのかき終わり<u>と同時にキックを打つタイミングで，顔を水面上に出して呼吸をすること。</u> [スタート及びターン] ●スタート ・クロール，平泳ぎ，バタフライでは，水中で両足あるいは左右どちらかの足をプールの壁につけた姿勢から，スタートの合図と同時に顔を水中に沈め，抵抗の少ない<u>流線型</u>の姿勢をとって壁を蹴り泳ぎだすこと。 ・背泳ぎでは，両手でプールの縁やスターティンググリップをつかんだ<u>姿勢</u>から，スタートの合図と同時に両手を前方に伸ばし，抵抗の少ない仰向けの姿勢をとって壁を蹴り泳ぎだすこと。 ●ターン ・クロールと背泳ぎでは，片手でプールの壁にタッチし，<u>膝を抱えるようにして体を反転し蹴りだすこと。</u> ・平泳ぎとバタフライでは，両手で同時に壁にタッチし，膝を抱えるようにして体を反転し蹴り出すこと。	ハート型を描くように水をかくこと。 ・プルのかき終わりと同時に<u>口を水面上に出し息を吸い</u>，キックの蹴り終わりに合わせて伸び（グライド）をとり進むこと。 ウ 背泳ぎ ・両手を頭上で組んで，腰が「く」の字に曲がらないように背中を伸ばし，水平に浮いてキックをすること。 ・水中では，肘が肩の横で60〜90度程度曲がるようにしてかくこと。 ・<u>空中</u>では，手・肘を高く伸ばした直線的なリカバリーの動きをすること。 ・呼吸は，プルとキックの動作に合わせて行うこと。 エ バタフライ ・ビート板を用いて，ドルフィンキックをすること。 ・<u>水中で手のひらが肩より前で</u>，鍵穴（キーホール）の形を描くように水をかくこと。 ・呼吸とプルのかき終わりのタイミングを<u>とる2キック目に口を水面上に出し息を吸うこと。</u> [スタート及びターン] ●スタート ・クロール，平泳ぎ，バタフライでは，水中で両足あるいは左右どちらかの足をプールの壁につけた姿勢から，スタートの合図と同時に顔を水中に沈めながら壁を蹴った後，水中で抵抗の少ない姿勢にして，泳ぎだすこと。 ・背泳ぎでは，両手でスターティンググリップをつかんだ姿勢から，スタートの合図と同時に顔を<u>水中に沈めながら壁を蹴った後</u>，水中で抵抗の少ない仰向けの姿勢にして，泳ぎだすこと。 ●ターン ・クロールと背泳ぎでは，片手でプールの壁にタッチし，<u>膝を胸のほうに横向きに抱え込み蹴り出すこと。</u> ・平泳ぎとバタフライでは，両手で同時に壁にタッチし，膝を胸のほうに抱え込み蹴り出すこと。

(2) 思考力，判断力，表現力等

「思考力，判断力，表現力等」については，「泳法などの自己の課題を発見すること」「合理的な解決に向けて運動の取り組み方を工夫すること」「自分の考えたことを他者に伝えること」について改善が図られた。これらは，動きの習得に適した練習方法を見付けたり選んだりすること，動きのポイントやつまずきの事例を参考に仲間の課題や出来栄えを伝えること，理由を添えて他者に伝えることなどの学習活動が求められよう。また，体力や技能の程度，性別などの違いを配慮して，仲間とともに楽しむための練習や競争を行う方法を見付け，仲間に伝えることも加えられている。

学習に当たっては，課題の発見に向けて自らの泳ぎを仲間とともに分析し，解決に向けての取組のための具体的な道筋が見通せるような学習過程が求められよう。

平成29（2017）年版	平成20（2008）年版
【学習指導要領】 ・泳法などの自己の課題を発見し，合理的な解決に向けて運動の取り組み方を工夫するとともに，自己の考えたことを他者に伝えること。	【学習指導要領】 ・課題に応じた運動の取り組み方を工夫できるようにする。
【学習指導要領解説の例示】 ・提示された動きのポイントやつまずきの事例を参考に，仲間の課題や出来映えを伝えること。 ・提供された練習方法から，自己の課題に応じて，泳法の習得に適した練習方法を選ぶこと。 ・仲間と協力する場面で，分担した役割に応じた協力の仕方を見付けること。 ・学習した安全上の留意点を，他の学習場面に当てはめ，仲間に伝えること。 ・体力や技能の程度，性別などの違いを配慮して，仲間とともに楽しむための練習や競争を行う方法を見付け，仲間に伝えること。	【学習指導要領解説の例示】 ・泳法を身に付けるための運動の行い方のポイントを見付けること。 ・課題に応じた練習方法を選ぶこと。 ・仲間と協力する場面で，分担した役割に応じた協力の仕方を見付けること。 ・学習した安全上の留意点を他の練習場面に当てはめること。

(3) 学びに向かう力，人間性等

「学びに向かう力，人間性等」については，従前の「態度」の示し方に対し，包括的な示し方となった。今次改訂では，学習指導要領に「一人一人の違いに応じた課題や挑戦を認めようとすること」が新たに示された。水泳の学習において，一人一人の違い，体力や技能の程度，性別や障害の有無等に応じて，自己の状況に合った実現可能な課題の設定や挑戦を認めようとする学習ができるようにすることが求められよう。また，仲間の学習を援助することとしては，練習の際に，水中での姿勢を補助するなど仲間の学習を援助したり，泳法の行い方などの学習課題の解決に向けて仲間に助言したりしようとすることなどがある。自己の能力を高めたり，仲間との連帯感を高めて気持ちよく活動したりすることにつながる学習に取り組むことができるようにすることが求められよう。

平成29（2017）年版	平成20（2008）年版
【学習指導要領】 ・水泳に積極的に取り組むとともに，勝敗などを認め，ルールやマナーを守ろうとすること，分担した役割を果たそうとすること，一人一人の違いに応じた課題や挑戦を認めようとすることなどや，水泳の事故防止に関する心得を遵守するなど健康・安全に気を配ること。	【学習指導要領】 ・水泳に積極的に取り組むとともに，勝敗などを認め，ルールやマナーを守ろうとすること，分担した役割を果たそうとすることなどや，水泳の事故防止に関する心得など健康・安全に気を配ることができるようにする。
【学習指導要領解説の例示】 ・水泳の学習に積極的に取り組もうとすること。 ・勝敗などを認め，ルールやマナーを守ろうとすること。 ・用具等の準備や後片付け，計測などの分担した役割を果たそうとすること。 ・一人一人の違いに応じた課題や挑戦を認めようとすること。 ・水の安全に関する事故防止の心得を遵守するなど，健康・安全に留意すること。	【学習指導要領解説の例示】 ・泳法を身に付けることに積極的に取り組めるようにする。 ・規定の泳法で勝敗を競うといったルールや，相手を尊重するといったマナーを守り，フェアに競うことに取り組もうとすること。 ・用具の準備や後片付けをしたり，タイムを記録したりするなどの分担した役割に積極的に取り組もうとすること。 ・体の調子を確かめてから泳ぐ，プールなど水泳場での注意事項を守って泳ぐなどの健康・安全の心得を示している。

E 球 技

(1) 知識及び技能

●知　識

　知識については，球技の特性や成り立ち，技術の名称や行い方，その運動に関連して高まる体力などで改善が図られている。その例示は以下のとおりである。平成20（2008）年版の学習指導要領解説の列は，解説に示された文中の解説と例示を整理して示している。特筆できるのは，「対戦相手との競争において，技能の程度に応じた作戦や戦術を選ぶことが有効であること」と示されたことである。「技能の程度に応じた作戦や戦術」を「選ぶこと」が「有効である」と言えるのかどうか，今後の実践等によって検証していく必要があろう。

平成29（2017）年版	平成20（2008）年版
【学習指導要領】 ・次の運動について，勝敗を競う楽しさや喜びを味わい，球技の特性や成り立ち，技術の名称や行い方，その運動に関連して高まる体力などを理解する。	【学習指導要領】 ・球技の特性や成り立ち，技術の名称や行い方，体力の高め方，関連して高まる体力などを理解する。
【学習指導要領解説の例示】 ・球技には，集団対集団，個人対個人で攻防を展開し，勝敗を競う楽しさや喜びを味わえる特性があること。	【学習指導要領解説の例示】 ・球技は，ゴール型，ネット型及びベースボール型などから構成され，個人やチームの能力に応じた作戦を立て，集団対集団，個人対個人で勝敗を競うことに楽しさや喜びを味わうことのできる運動である。
・学校で行う球技は近代になって開発され，今日では，オリンピック・パラリンピック競技大会においても主要な競技として行われていること。	・今日ではオリンピック競技大会においても主要な競技として行われているといった成り立ちがあること。
・球技の各型の各種目において用いられる技術には名称があり，それらを身に付けるためのポイントがあること。	・球技の各型の各種目において用いられる技術や戦術，作戦の名称があり，それらをゲーム中に適切に発揮することが攻防のポイントであること。（第3学年）
・対戦相手との競争において，技能の程度に応じた作戦や戦術を選ぶことが有効であること。	・対戦相手を踏まえて，自己の課題に応じた運動の取り組み方を工夫すること。（第3学年）

| ・球技は,それぞれの型や運動種目によって主として高まる体力要素が異なること。 | ・球技は,それぞれの型や運動種目で主として高まる体力要素が異なること。 |

● **技　能**

　「球技」においては,従前どおり,攻防を展開する際に共通して見られる「ボール操作などに関する動き」と「ボールを持たないときの動き」についての課題に着目して改善が図られている。球技の特性や魅力に応じて,相手コートに侵入して攻防を楽しむ「ゴール型」,ネットを挟んで攻防を楽しむ「ネット型」,攻守を交代して攻防を楽しむ「ベースボール型」に分類して示されている。「内容の取扱い」で,第1学年及び第2学年においては,これらの型の全てを履修させることとしている。また,取り扱う種目については,従前から示されている種目の中から取り上げること,「ベースボール型」の実施に当たり十分な広さの運動場の確保が難しい場合は,指導方法を工夫して行うことが示されている。

ア　ゴール型

　「ゴール型」においては,従前,「攻防を展開すること」とされていたものが「攻防をすること」と内容の示し方が簡潔になった。「攻防」すること自体に攻めと守りが展開されることを含めていると考えられる。第1学年及び第2学年では,攻撃を重視し,空間に仲間と連携して走り込み,マークをかわしてゴール前での攻防ができるようにするとしている。内容の取扱いでは,バスケットボール,ハンドボール,サッカーの中から適宜取り上げることとしている。

　ゴール型のゲームは,ドリブルやパスなどのボール操作で相手コートに侵入し,シュートを放ち,一定時間内に相手チームより多くの得点を競い合う。技能の内容構成を「ボール操作」と「ボールを持たないときの動き」としているところは従前と同じである。

　「型」で示された球技のゴール型の学習においては,取り上げた動

きの学習をする際には，他の種目で取り上げる動きとの関連をもって学習をすることができるようにすることが求められよう。ボール操作は種目による違いがあるものの，ボールを保持したときの意図や考え方，ボールを持たない動きの動き始めや動きのつながりといったものには，共通するものと独自のものとがあると考えられるからである。

平成29（2017）年版	平成20（2008）年版
【学習指導要領】 ア　ゴール型では，ボール操作と空間に走り込むなどの動きによってゴール前での攻防をすること。 【学習指導要領解説の例示】 ●ボール操作 ・ゴール方向に守備者がいない位置でシュートをすること。 ・マークされていない味方にパスを出すこと。 ・得点しやすい空間にいる味方にパスを出すこと。 ・パスやドリブルなどでボールをキープすること。 ●空間に走り込むなどの動き ・ボールとゴールが同時に見える場所に立つこと。 ・パスを受けるために，ゴール前の空いている場所に動くこと。 ・ボールを持っている相手をマークすること。	【学習指導要領】 ア　ゴール型では，ボール操作と空間に走り込むなどの動きによってゴール前での攻防を展開すること。 【学習指導要領解説の例示】 ●ボール操作 ・ゴール方向に守備者がいない位置でシュートをすること。 ・マークされていない味方にパスを出すこと。 ・得点しやすい空間にいる味方にパスを出すこと。 ・パスやドリブルなどでボールをキープすること。 ●空間に走り込むなどの動き ・ボールとゴールが同時に見える場所に立つこと。 ・パスを受けるために，ゴール前の空いている場所に動くこと。 ・ボールを持っている相手をマークすること。

イ　ネット型

「ネット型」においては，従前，「攻防を展開すること」とされていたものが「攻防をすること」と内容の示し方が簡潔になった。「攻防」すること自体に攻めと守りが展開されることを含めていると考えられる。第1学年及び第2学年では，ラリーを続けることを重視し，ボールや用具の操作と定位置に戻るなどの動きによって空いた場所をめぐる攻防を展開できるようにするとしている。内容の取扱いでは，バレーボール，卓球，テニス，バドミントンの中から適宜取り上げることと

している。

　一部，変更されているのは，例示の順が入れ替わったことである。「味方が操作しやすい位置にボールをつなぐこと」が先に示され，「相手側のコートの空いた場所にボールを返すこと」が後になった。これは，中学校第1・第2学年のネット型の動きの学習が，「ラリーを続けること」を重視していることによると考えられる。「つなぐこと」を重視したゲームの攻防が考えられる。これまで示されてきた順に，「空いた場所にボールを返す」ことを先に取り上げると，ネット型の得点を競うことによって勝敗を競うことにはなるものの，ゲームが切れてしまうことが起こりうる。攻防をすることによって「ラリーを続ける」ことの楽しさを味わいながら，空いた場所をめぐる学習ができるようにすることが求められよう。

平成29（2017）年版	平成20（2008）年版
【学習指導要領】 イ　ネット型では，ボールや用具の操作と定位置に戻るなどの動きによって空いた場所をめぐる攻防をすること。 【学習指導要領解説の例示】 ●ボールや用具の操作 ・サービスでは，ボールやラケットの中心付近で捉えること。 ・ボールを返す方向にラケット面を向けて打つこと。 ・味方が操作しやすい位置にボールをつなぐこと。 ・相手側のコートの空いた場所にボールを返すこと。 ・テイクバックをとって肩より高い位置からボールを打ち込むこと。 ●定位置に戻るなどの動き ・相手の打球に備えた準備姿勢をとること。 ・プレイを開始するときは，各ポジションの定位置に戻ること。 ・ボールを打ったり受けたりした後，ボールや相手に正対すること。	【学習指導要領】 イ　ネット型では，ボールや用具の操作と定位置に戻るなどの動きによって空いた場所をめぐる攻防を展開すること。 【学習指導要領解説の例示】 ●ボールや用具の操作 ・サービスでは，ボールやラケットの中心付近でとらえること。 ・ボールを返す方向にラケット面を向けて打つこと。 ・相手側のコートの空いた場所にボールを返すこと。 ・味方が操作しやすい位置にボールをつなぐこと。 ・テイクバックをとって肩より高い位置からボールを打ち込むこと。 ●定位置に戻るなどの動き ・相手の打球に備えた準備姿勢をとること。 ・プレイを開始するときは，各ポジションごとの定位置に戻ること。 ・ボールを打ったり受けたりした後，ボールや相手に正対すること。

ウ ベースボール型

「ベースボール型」においては，従前，「攻防を展開すること」とされていたものが「攻防をすること」と内容の示し方が簡潔になった。「攻防」すること自体に攻めと守りが展開されることを含めていると考えられる。第1学年及び第2学年では，攻撃を重視し，攻撃を重視し，易しい投球を打ち返したり，定位置で守ったりする攻防を展開できるようにするとしている。内容の取扱いでは，ソフトボールを適宜取り上げることとしている。

その際，プレイ上の制限を工夫したゲームを取り入れ，バット操作やボール操作とボールを持たないときの動きに着目させて，学習に取り組ませることが考えられる。「基本的なバット操作」では，「タイミングを合わせてボールを打ち返すこと」が削除された。大きく変わった点は，「ボール操作」である。ボールを投げるときの動きの例示が「投げ手と反対側の足を踏み出し，体重を移動させながら」というように，より具体的に示された。これは，投球経験の差や投能力がいまだに低い現状を考慮したものと考えられる。

平成29（2017）年版	平成20（2008）年版
【学習指導要領】 ウ　ベースボール型では，基本的なバット操作と走塁での攻撃，ボール操作と定位置での守備などによって<u>攻防をすること</u>。	【学習指導要領】 ウ　ベースボール型では，基本的なバット操作と走塁での攻撃，ボール操作と定位置での守備などによって<u>攻防を展開すること</u>。
【学習指導要領解説の例示】 ●基本的なバット操作 ・投球の方向と平行に立ち，肩越しにバットを構えること。 ・地面と水平になるようにバットを振り抜くこと。 ・（削除） ●走塁 ・<u>スピードを落とさずに，タイミングを合わせて塁を駆け抜けること。</u> ・<u>打球の状況によって塁を進んだり戻ったりすること。</u>	【学習指導要領解説の例示】 ●基本的なバット操作 ・投球の方向と平行に立ち肩越しにバットを構えること。 ・地面と水平になるようにバットを振り抜くこと。 ・<u>タイミングを合わせてボールを打ち返すこと。</u> ●走塁 ・<u>全力で走りながら，タイミングを合わせて塁を駆け抜けること。</u> ・<u>減速したり反転したりして塁上に止まること。</u>

●ボール操作 ・ボールの正面に回り込んで，緩い打球を捕ること。 ・投げる腕を後方に引きながら投げ手と反対側の足を踏み出し，体重を移動させながら，大きな動作でねらった方向にボールを投げること。 ・守備位置から塁上へ移動して，味方からの送球を受けること。 ●定位置での守備 ・決められた守備位置に繰り返し立ち，準備姿勢をとること。 ・各ポジションの役割に応じて，ベースカバーやバックアップの基本的な動きをすること。	●ボール操作 ・ボールの正面に回り込んで，ゆるい打球を捕ること。 ・投げる腕を後方に引きながら足を踏み出して大きな動作でボールをねらった方向に投げること。 ・守備位置から塁上へ移動して，正面の送球を受けること。 ●定位置での守備 ・捕球しやすい守備位置に繰り返し立ち準備姿勢をとること。 ・ポジションの役割にベースカバーやバックアップの基本的な動きをすること。

(2) 思考力，判断力，表現力等

「思考力，判断力，表現力等」については，「攻防などの自己の課題を発見すること」「合理的な解決に向けて取り組み方を工夫すること」「自己や仲間の考えたことを他者に伝えること」について改善が図られた。これらは，自己やチームの課題に応じた練習方法を見付けたり選んだりすること，仲間の課題や出来栄えを伝えること，理由を添えて他者に伝えることなどの学習活動が求められよう。また，体力や技能の程度，性別等の違いを踏まえて仲間とともに楽しむための練習やゲームを行う方法を見付け，仲間に伝えることも加えられている。

平成29（2017）年版	平成20（2008）年版
【学習指導要領】 ・攻防などの自己の課題を発見し，合理的な解決に向けて運動の取り組み方を工夫するとともに，自己や仲間の考えたことを他者に伝えること。 【学習指導要領解説の例示】 ・提示された動きのポイントやつまずきの事例を参考に，仲間の課題や出来映えを伝えること。 ・提供された練習方法から，自己やチームの課題に応じた練習方法を選ぶこと。	【学習指導要領】 ・課題に応じた運動の取り組み方を工夫できるようにする。 【学習指導要領解説の例示】 ・ボール操作やボールを持たないときの動きなどの技術を身に付けるための運動の行い方のポイントを見付けること。 ・自己やチームの課題を見付けること。 ・提供された練習方法から，自己やチームの課題に応じた練習方法を選ぶこと。

・学習した安全上の留意点を，他の学習場面に当てはめ，仲間に伝えること。 ・練習やゲームの場面で，最善を尽くす，フェアなプレイなどのよい取り組みを見付け，理由を添えて他者に伝えること。 ・仲間と協力する場面で，分担した役割に応じた活動の仕方を見付けること。 ・仲間と話し合う場面で，提示された参加の仕方に当てはめ，チームへの関わり方を見付けること。 ・体力や技能の程度，性別等の違いを踏まえて，仲間とともに楽しむための練習やゲームを行う方法を見付け，仲間に伝えること。	・学習した安全上の留意点を他の練習場面や試合場面に当てはめること。 ・仲間と協力する場面で，分担した役割に応じた協力の仕方を見付けること。

(3) 学びに向かう力，人間性等

「学びに向かう力，人間性等」については，従前の「態度」の示し方に対し，包括的な示し方となった。今次改訂では，学習指導要領に「一人一人の違いに応じたプレイなどを認めようとすること，仲間の学習を援助しようとすること」が新たに示された。球技の学習において，一人一人の得意・不得意，体格や技能の違いなどを受け入れ，それぞれの違いを認めた上で生かし合い，プレイを皆で成立させようとする学習ができるようにすることが求められよう。また，仲間の学習を援助することとしては，球出しなどの補助，仲間への助言などを挙げることができるが，これらのことは仲間との連帯感を高めて気持ちよく活動することにつながることを踏まえて取り組めるようにすることが求められよう。

平成29（2017）年版	平成20（2008）年版
【学習指導要領】 ・球技に積極的に取り組むとともに，フェアなプレイを守ろうとすること，作戦などについての話合いに参加しようとすること，一人一人の違いに応じたプレイなどを認めようとすること，仲間の学習を援助しようとすることなどや，健康・安全を確保すること。 【学習指導要領解説の例示】 ・球技の学習に積極的に取り組もうとする	【学習指導要領】 ・球技に積極的に取り組むとともに，フェアなプレイを守ろうとすること，分担した役割を果たそうとすること，作戦などについての話合いに参加しようとすることなどや，健康・安全に気を配ることができるようにする。 【学習指導要領解説の例示】 ・球技の学習に積極的に取り組もうとする

こと。 ・マナーを守ったり相手の健闘を認めたりして，フェアなプレイを守ろうとすること。 ・作戦などについての話合いに参加しようとすること。 ・<u>一人一人の違いに応じた課題や挑戦及び修正などを認めようとすること。</u> ・練習の補助をしたり仲間に助言したりして，<u>仲間の学習を援助しようとすること</u>。 ・健康・安全に留意すること。	こと。 ・マナーを守ったり相手の健闘を認めたりして，フェアなプレイに取り組もうとすること。 ・チームなどの課題の解決に向けて積極的に話合いに参加しようとすること。 ・練習の補助をしたり，仲間に助言したりすること。 ・健康・安全に気を配ること。 ・分担した役割を果たそうとすること。

F 武 道

(1) 知識及び技能

●知 識

　知識については，武道の特性や成り立ち，伝統的な考え方，技の名称や行い方，関連して高まる体力などで改善が図られている。例示には，従前の知識を包括的にして「武道は対人的な技能を基にした運動で，我が国固有の文化であること」「武道には技能の習得を通して，人間形成を図るという伝統的な考え方があること」が示されている。

平成29（2017）年版	平成20（2008）年版
【学習指導要領】 ・次の運動について，技ができる楽しさや喜びを味わい，武道の特性や成り立ち，伝統的な考え方，技の名称や行い方，<u>その運動に関連して高まる体力などを理解</u>する。 【学習指導要領解説の例示】 ・<u>武道は対人的な技能を基にした運動で，我が国固有の文化であること</u>。 ・<u>武道には技能の習得を通して，人間形成を図るという伝統的な考え方があること</u>。 ・武道の技には名称があり，それぞれの技を身に付けるための技術的なポイントがあること。	【学習指導要領】 ・武道の特性や成り立ち，伝統的な考え方，技の名称や行い方，関連して高まる体力などを理解する。 【学習指導要領解説の例示】 ・武技，武術などから発生した我が国固有の文化として今日では世界各地に普及し，例えば，柔道がオリンピック競技大会においても主要な競技として行われていること。 ・武道の各種目で用いられる技には名称があり，それぞれの技を身に付けるための技術的なポイントがあること。 ・武道は，単に試合の勝敗を目指すだけで

・武道はそれぞれの種目で，主として高まる体力要素が異なること。 ・試合の行い方には，ごく簡単な試合におけるルール，審判及び運営の仕方があること。	はなく，技能の習得などを通して礼法を身に付けるなど<u>人間としての望ましい自己形成を重視する</u>といった考え方があること。 ・武道は，それぞれの種目で主として高まる体力要素が異なること。 ・自由練習の延長として，ごく簡単な試合におけるルール，審判や運営の仕方があること。

● 技　能

　「武道」においては，学習指導要領に「技を用いて〜簡易な攻防をすること」と示された。「簡易な」が追記されている。また，「水泳」と並んで「動き」の視点で内容の改善が図られているのが特徴の一つと考えられる。

ア　柔　道

　例示では，「崩し」が「進退動作」よりも前に示された。これは，「崩し」から相手の不安定な体勢を捉えて技をかけやすい状態をつくる「体さばき」と「技のかけ」をまとまった技能として捉えたことによるとしている。また，「技能の一連の動きで示す」「受け身や技の易しい例示」「投げ技の示す順の入替え」などの変更がある。

平成29（2017）年版	平成20（2008）年版
【学習指導要領】 ア　柔道では，相手の動きに応じた基本動作や基本となる技を用いて，投げたり抑えたりするなどの簡易な攻防をすること。 【学習指導要領解説の例示】 ● 基本動作 ・姿勢と組み方では，相手の動きに応じやすい自然体で組むこと。 ・崩しでは，相手の動きに応じて相手の体勢を不安定にし，技をかけやすい状態をつくること。 ・進退動作では，相手の動きに応じたすり足，歩み足及び継ぎ足で，体の移動をすること。	【学習指導要領】 ア　柔道では，相手の動きに応じた基本動作から，基本となる技を用いて，投げたり抑えたりするなどの攻防を展開すること。 【学習指導要領解説の例示】 ● 基本動作 ・姿勢と組み方では，相手の動きに応じやすい自然体で組むこと。 ・進退動作では，相手の動きに応じたすり足，歩み足，継ぎ足で，体の移動をすること。 ・崩しでは，相手の動きに応じて相手の体勢を不安定にし，技をかけやすい状態をつくること。

●受け身 ・横受け身では，体を横に向け下側の脚を前方に，上側の脚を後方にして，両脚と一方の腕全体で畳を強くたたくこと。 ・後ろ受け身では，あごを引き，頭をあげ，両方の腕全体で畳を強くたたくこと。 ・前回り受け身では，前方へ体を回転させ，背中側面が畳に着く瞬間に，片方の腕と両脚で畳を強くたたくこと。 ●投げ技 ・取は膝車をかけて投げ，受は受け身をとること。 ・取は支え釣り込み足をかけて投げ，受は受け身をとること。 ・取は体落としをかけて投げ，受は受け身をとること。 ・取は大腰をかけて投げ，受は受け身をとること。 ・取は大外刈りをかけて投げ，受は受け身をとること。 ●固め技 ・取は，「抑え込みの条件」を満たして相手を抑えること。 ・取はけさ固めや横四方固めで相手を抑えること。 ・受はけさ固めや横四方固めで抑えられた状態から，相手を体側や頭方向に返すこと。	●受け身 ・前回り受け身では，前方へ体を回転させ，背中側面が畳に着く瞬間に，片方の腕と両脚で畳を強くたたくこと。脚は下側の脚を前方に，上側の脚を後方にすること。 ・横受け身では，体を横に向け下側の脚を前方に，上側の脚を後方にして，両脚と一方の腕全体で畳を強くたたくこと。 ・後ろ受け身では，あごを引き頭をあげ，両方の腕全体で畳を強くたたくこと。 ●投げ技 ・取は後ろさばきから体落としをかけて投げ，受は横受け身をとること。 ・取は前回りさばきから大腰をかけて投げ，受は前回り受け身をとること。 ・取は前さばきから膝車をかけて投げ，受は横受け身をとること。 ・取は前さばきから大外刈りをかけて投げ，受は後ろ受け身をとること。 ・取は前さばきから支え釣り込み足をかけて投げ，受は横受け身をとること。 ・取は前さばきから小内刈りをかけて投げ，受は後ろ受け身をとること。 ●固め技 ・取は，「抑え込みの条件」を満たして相手を抑えること。 ・取はけさ固め，横四方固め，上四方固めで相手を抑えること。 ・受はけさ固め，横四方固め，上四方固めで抑えられた状態から，相手を体側や頭方向に返すこと。

イ 剣道

例示では，「引き面」と「小手抜き面」が削除され，第3学年に移行された。また，「動き」の視点で表記が修正されている。打突の機会を理解しやすく，相手の構えを崩したり，相手の技をかわしたりする比較的容易な技を学習することができるように改善が図られている。

平成29（2017）年版	平成20（2008）年版
【学習指導要領】 イ　剣道では，相手の動きに応じた基本動作や基本となる技を用いて，打ったり受けたりするなどの簡易な攻防をすること。 【学習指導要領解説の例示】 ● 基本動作 ・構えでは，相手の動きに応じて自然体で中段に構えること。 ・体さばきでは，相手の動きに応じて歩み足や送り足をすること。 ・基本の打突の仕方と受け方では，中段の構えから体さばきを使って，面や胴（右）や小手（右）の部位を打ったり受けたりすること。 ● しかけ技 〈二段の技〉 ・最初の小手打ちに相手が対応したとき，隙ができた面を打つこと。（小手－面） ・最初の面打ちに相手が対応したとき，隙ができた胴を打つこと。（面－胴） 〈引き技〉 ・（引き面を削除） ・相手と接近した状態にあるとき，隙ができた胴を退きながら打つこと。（引き胴） ● 応じ技 〈抜き技〉 ・相手が面を打つとき，体をかわして隙ができた胴を打つこと。（面抜き胴） ・（小手抜き面を削除）	【学習指導要領】 イ　剣道では，相手の動きに応じた基本動作から，基本となる技を用いて，打ったり受けたりするなどの攻防を展開すること。 【学習指導要領解説の例示】 ● 基本動作 ・構えでは，相手の動きに応じて自然体で中段に構えること。 ・体さばきでは，相手の動きに応じて歩み足や送り足をすること。 ・基本打突の仕方と受け方では，中段の構えから体さばきを使って，面や胴（右）や小手（右）の部位を打ったり受けたりすること。 ● しかけ技 〈二段の技〉 ・最初の小手打ちに相手が対応して隙ができたとき，面を打つこと。（小手－面） ・最初の面打ちに相手が対応して隙ができたとき，胴を打つこと。（面－胴） 〈引き技〉 ・相手と接近した状態にあるとき，隙ができた面を退きながら打つこと。（引き面） ・相手と接近した状態にあるとき，隙ができた胴を退きながら打つこと。（引き胴） ● 応じ技 〈抜き技〉 ・相手が面を打つとき，体をかわして胴を打つこと。（面抜き胴） ・相手が小手を打つとき，体をかわして面を打つこと。（小手抜き面）

ウ　相　撲

　例示では，「伸脚」「調体（てっぽう）」が削除され，「前さばき」の「押っつけ」等に替えて「いなし」が示され，「基本となる技」の「上手投げ」「下手投げ」が第３学年に移行され「出し投げ」が追記された。自由練習やごく簡易な試合で，相手の動きに応じた基本動作と基本となる技を一体として用いて，押したり，寄ったり，いなしたりする攻防を展開することを学習することができるように改善が図られている。

平成29（2017）年版	平成20（2008）年版
【学習指導要領】 ウ　相撲では，相手の動きに応じた基本動作や基本となる技を用いて，押したり寄ったりするなどの簡易な攻防をすること。 【学習指導要領解説の例示】 ● 基本動作 ・蹲踞（そんきょ）姿勢と塵浄水（ちりちょうず）では，正しい姿勢や形をとること。 ・四股（しこ），腰割りでは，重心を低くした動きをすること。 ・中腰の構えでは，重心を低くした姿勢をとること。 ・運び足では，低い重心を維持して，すり足で移動すること。 ・仕切りからの立ち合いでは，相手と動きを合わせること。 ● 受け身 ・相手の動きや技に応じて受け身をとること。 〈基本となる技〉 ● 押し，寄り，前さばき ・相手の両脇の下を押すこと。（押し） ・相手のまわしを取って引きつけて寄ること。（寄り） ・押しから体を開き相手の攻めの方向にいなすこと。（いなし） ● 投げ技 ・寄りから体を開き側方に出すように投げること，これに対し受け身をとること。（出し投げ－受け身）	【学習指導要領】 ウ　相撲では，相手の動きに応じた基本動作から，基本となる技を用いて，押したり寄ったりするなどの攻防を展開すること。 【学習指導要領解説の例示】 ● 基本動作 ・蹲踞（そんきょ）姿勢と塵浄水（ちりちょうず）では，正しい姿勢や形をとること。 ・四股（しこ），伸脚，腰割り及び調体（てっぽう）では，重心を低くした動きをすること。 ・中腰の構えと運び足は，相手の動きに合わせて体の移動をすること。 ・仕切りからの立ち合いでは，相手と動きを合わせること。 ● 受け身 ・相手の投げ技に応じて受け身をとること。 〈基本となる技〉 ● 押し，寄り，前さばき ・相手の両脇の下や前まわしを取って押すこと，これに対し相手の差し手を押し上げること。（押し－押っつけ） ・相手の両脇の下や前まわしを取って押すこと，これに対し相手のひじに手を当てて相手の腕を絞るように押し上げること。（押し－絞り込み） ・相手の両脇の下や前まわしか横まわしを取って引きつけること，これに対し相手の差し手を逆に下手に差しかえること。（寄り－巻き返し） ● 投げ技 ・寄りから上手でまわしを取って投げること，これに対し受け身をとること。（上手投げ－受け身） ・寄りから下手でまわしを取って投げること，これに対し受け身をとること。（下手投げ－受け身）

(2) 思考力，判断力，表現力等

「思考力，判断力，表現力等」については，「攻防などの自己の課題を発見」すること，「合理的な解決に向けて運動の取り組み方を工夫する」こと，「自己の考えたことを他者に伝えること」について改善が図られた。これらは，提示されたり提供されたりした動きのポイントやつまずきの事例を参考に，仲間の課題や出来映えを伝えたり，仲間の伝統的な所作等のよい取組を見付け，理由を添えて他者に伝えたりするなどの学習活動が求められよう。また，体力や技能の程度，性別等の違いを踏まえて，仲間とともに楽しむための練習や発表を行う方法を見付け，仲間に伝えることも加えられている。

学習に当たっては，武道特有の攻防などの学習において，自己の課題を発見し，合理的な解決に向けての運動の取り組み方をする際に，周囲からの提示や提供による情報をどのように受け止めていくかといった学習過程が求められよう。

平成29（2017）年版	平成20（2008）年版
【学習指導要領】 ・攻防などの自己の課題を発見し，合理的な解決に向けて運動の取り組み方を工夫するとともに，自己の考えたことを他者に伝えること。 【学習指導要領解説の例示】 ・提示された動きのポイントやつまずきの事例を参考に，仲間の課題や出来映えを伝えること。 ・提供された練習方法から，自己の課題に応じた練習方法を選ぶこと。 ・学習した安全上の留意点を，他の学習場面に当てはめ，仲間に伝えること。 ・練習の場面で，仲間の伝統的な所作等のよい取り組みを見付け，理由を添えて他者に伝えること。 ・体力や技能の程度，性別等の違いを踏まえて，仲間とともに楽しむための練習や簡易な試合を行う方法を見付け，仲間に伝えること。	【学習指導要領】 ・課題に応じた運動の取り組み方を工夫できるようにする。 【学習指導要領解説の例示】 ・技を身に付けるための運動の行い方のポイントを見付けること。 ・課題に応じた練習方法を選ぶこと。 ・仲間と協力する場面で，分担した役割に応じた協力の仕方を見付けること。 ・学習した安全上の留意点を他の練習場面に当てはめること。

（3） 学びに向かう力，人間性等

「学びに向かう力，人間性等」については，従前の「態度」の示し方に対し，包括的な示し方となった。今次改訂では，学習指導要領に「一人一人の違いに応じた課題や挑戦を認めようとすること」が新たに示された。武道の学習において，例示に示された「一人一人の違いに応じた課題や挑戦を認めようとすること」の学習ができるようにすることが求められよう。また，仲間の学習を援助することとしては，用具等の準備や後片付け，審判などの分担した役割などを挙げることができる。これらの活動につながる学習に取り組めるようにすることが求められよう。

平成29（2017）年版	平成20（2008）年版
【学習指導要領】 ・武道に積極的に取り組むとともに，相手を尊重し，伝統的な行動の仕方を守ろうとすること，分担した役割を果たそうとすること，一人一人の違いに応じた課題や挑戦を認めようとすることなどや，禁じ技を用いないなど健康・安全に気を配ること。	【学習指導要領】 ・武道に積極的に取り組むとともに，相手を尊重し，伝統的な行動の仕方を守ろうとすること，分担した役割を果たそうとすることなどや，禁じ技を用いないなど健康・安全に気を配ることができるようにする。
【学習指導要領解説の例示】 ・武道の学習に積極的に取り組もうとすること。 ・相手を尊重し，伝統的な行動の仕方を守ろうとすること。 ・用具等の準備や後片付け，審判などの分担した役割を果たそうとすること。 ・一人一人の違いに応じた課題や挑戦を認めようとすること。 ・禁じ技を用いないなど健康・安全に留意すること。	【学習指導要領解説文の例示】 ・基本動作や基本となる技ができるようにすることに積極的に取り組めるようにする。 ・武道は，相手と直接的に攻防するという特徴があるので，相手を尊重し合うための独自の作法，所作を守ることに取り組もうとすること。 ・練習やごく簡単な試合を行う際に，防具や用具の準備や後片付け，審判などの分担した役割に積極的に取り組もうとすること。 ・禁じ技を用いないことを理解し，取り組めるようにする。

G　ダンス

(1)　知識及び技能

●知　識

　第1学年・第2学年の「ダンス」については，例示で「身体を使った表現の仕方があること」から，それぞれのダンスが包含する違いに着目した「表現の仕方に違いがあること」に改善された。なお，「ダンス」を第1学年・第2学年で必修とすること，内容の習熟を図ることができるよう考慮して授業時間を配当することは従前どおりである。

平成29（2017）年版	平成20（2008）年版
【学習指導要領】 ・次の運動について，感じを込めて踊ったりみんなで踊ったりする楽しさや喜びを味わい，ダンスの<u>特性や由来</u>，表現の仕方，<u>その運動に関連して高まる体力</u>などを理解する。	【学習指導要領】 ・ダンスの特性，踊りの由来と表現の仕方，関連して高まる体力などを理解する。
【学習指導要領解説の例示】 ・ダンスは，仲間とともに感じを込めて踊ったり，イメージを捉えて自己を表現したりすることに楽しさや喜びを味わうことができること。 ・<u>ダンスは</u>，様々な文化の影響を受け発展してきたこと。 ・それぞれのダンスには，<u>表現の仕方に違いがあること</u>。 ・ダンスはリズミカルな全身の動きに関連した体力が高まること。	【学習指導要領解説の例示】 ・ダンスは，仲間とともに感じを込めて踊ったり，イメージをとらえて自己を表現することに楽しさや喜びを味わうことのできる運動であること。 ・様々な文化の影響を受け発展してきたこと。 ・表したいイメージをひと流れの動きにして表現する，伝承されてきた踊りの特徴をとらえて踊る，軽快なリズムに乗って全身で弾みながら自由に踊るなどの<u>身体を使った表現の仕方があること</u>。 ・ダンスはリズミカルな全身運動であることから，その動きに関連した体力が高まること。

●技　能

ア　創作ダンス

　「創作ダンス」においては，例示の示し方が変更となった。例えば，「B　対極の動きの連続」の例示として「『走る－跳ぶ－転がる』など」

に続く一例のみが示されていたが，これに加え「走る－止まる」のひと流れに動いたところから，また「伸びる－縮む」の身体を極限・極小まで動かしてからのイメージの広げ方が具体的に言及された。他に表記の変更はあるものの，内容に大きな変更はなされず，創作ダンスにおいて求められる技能は，ほぼこれまでと同様であると捉えることができる。

平成29（2017）年版	平成20（2008）年版
【学習指導要領】 ア　創作ダンスでは，多様なテーマから表したいイメージを捉え，動きに変化を付けて即興的に表現したり，変化のあるひとまとまりの表現にしたりして踊ること。 【学習指導要領解説の例示】 〈多様なテーマと題材や動きの例示〉 　下記のAからEまでは多様なテーマの例示であり，括弧の中はそのテーマから浮び上がる題材や関連する動き，並びに展開例である。　　　　　　　　　（ＡＥ略） B　対極の動きの連続など（走る－跳ぶ－転がる，走る－止まる，伸びる－縮む　など） ・「走る－跳ぶ－転がる」をひと流れでダイナミックに動いてみてイメージを広げ，変化や連続の動きを組み合わせて表現すること。 ・「走る－止まる」では，走って止まるまでをひと流れで動いたところからイメージを広げて表現すること。 ・「伸びる－縮む」では身体を極限・極小まで動かし，イメージを広げて表現すること。 C　多様な感じ（激しい，急変する，軽快な，柔らかい，鋭い　など） ・生活や自然現象，人間の感情などの中からイメージを捉え，緩急や強弱，静と動などの動きを組み合わせて変化やメリハリを付けて表現すること。 D　群（集団）の動き（集まる－とび散る，磁石，エネルギー，対決　など） ・仲間と関わり合いながら密集や分散を繰り返し，ダイナミックに空間が変化する動きで表現すること。	【学習指導要領】 ア　創作ダンスでは，多様なテーマから表したいイメージをとらえ，動きに変化を付けて即興的に表現したり，変化のあるひとまとまりの表現にしたりして踊ること。 【学習指導要領解説の例示】 〈多様なテーマと題材や動きの例示〉 　下記のAからEまでは多様なテーマの例示であり，括弧の中はそのテーマから浮び上がる題材や関連する動き，並びに展開例である。　　　　　　　　　（ＡＥ略） B　対極の動きの連続など（走る－跳ぶ－転がる，走る－止まる，伸びる－縮む　など） ・「走る－跳ぶ－転がる」などをひと流れでダイナミックに動いてみてイメージを広げ，変化や連続の動きを組み合わせて表現すること。 C　多様な感じ（激しい，急変する，軽快な，やわらかい，鋭い　など） ・生活や自然現象，人間の感情などの中からイメージをとらえ，緩急や強弱，静と動などの動きを組み合わせて変化やめりはりを付けて表現すること。 D　群（集団）の動き（集まる－とび散る，磁石，エネルギー，対決　など） ・仲間とかかわり合いながら密集や分散を繰り返し，ダイナミックに空間が変化する動きで表現すること。

イ フォークダンス

「フォークダンス」では、曲目やパートナーに関する指導の重点が変更となった。例えば日本の民踊では、「花笠音頭など」から「花笠音頭やキンニャモニャ」などに、「春駒など」から「げんげんばらばらなど」に、「鹿児島おはら節など」は従前のまま残されたが、「炭坑節など」は削除された。また、外国のフォークダンスでは、「滑らかなパートナーチェンジをして踊る」から「滑らかなパートナーチェンジとともに、軽快なステップで相手と合わせて踊ること」と変更された。また、曲目では「ドードレブスカ・ポルカなど」から「ドードレブスカ・ポルカやリトルマン・フィックスなど」となり、「新しいカップルを見付けるとともに」が追記された。なお、「バージニア・リール（アメリカ）など」については従前どおりとなった。

平成29（2017）年版	平成20（2008）年版
【学習指導要領】 イ フォークダンスでは、日本の民踊や外国の踊りから、それらの踊り方の特徴を捉え、音楽に合わせて特徴的なステップや動きで踊ること。 【学習指導要領解説の例示】 〈踊りと動きの例示〉 ● 日本の民踊 ・花笠音頭やキンニャモニャなどの小道具を操作する踊りでは、曲調と手足の動きを一致させて、にぎやかな掛け声と歯切れのよい動きで踊ること。 ・げんげんばらばらなどの童歌の踊りでは、軽快で躍動的な動きで踊ること。 ● 外国のフォークダンス ・オクラホマ・ミクサー（アメリカ）などのパートナーチェンジのある踊りでは、滑らかなパートナーチェンジとともに、軽快なステップで相手と合わせて踊ること。 ・ドードレブスカ・ポルカ（旧チェコスロ	【学習指導要領】 イ フォークダンスでは、踊り方の特徴をとらえ、音楽に合わせて特徴的なステップや動きで踊ること。 【学習指導要領解説の例示】 〈踊りと動きの例示〉 ● 日本の民踊 ・花笠音頭などの小道具を操作する踊りでは、曲調と手足の動きを一致させて、にぎやかな掛け声と歯切れのよい動きで踊ること。 ・春駒などの馬に乗って走る様子の踊りでは、軽快で躍動的な動きで踊ること。 ・炭坑節などの労働の作業動作に由来をもつ踊りでは、掘ったり、かついだり、トロッコを押すような体の使い方と動きで踊ること。 ● 外国のフォークダンス ・オクラホマ・ミクサー（アメリカ）などのパートナーチェンジのある踊りでは、軽快なステップで相手と合わせて踊り、滑らかなパートナーチェンジをして踊ること。 ・ドードレブスカ・ポルカ（旧チェコスロ

| バキア）やリトルマン・フィックス（デンマーク）などの隊形が変化する踊りでは，新しいカップルを見付けるとともに，滑らかなステップやターンなどを軽快に行い踊ること。 | バキア）などの隊形が変化する踊りでは，滑らかなステップやターンをして踊ること。 |

ウ　現代的なリズムのダンス

「現代的なリズムのダンス」においては，表記の訂正のみである。

平成29（2017）年版	平成20（2008）年版
【学習指導要領】 ウ　現代的なリズムのダンスでは，リズムの特徴を捉え，変化のある動きを組み合わせて，リズムに乗って全身で踊ること。 【学習指導要領解説の例示】 〈リズムと動きの例示〉 ・自然な弾みやスイングなどの動きで気持ちよく音楽のビートに乗れるように，簡単な繰り返しのリズムで踊ること。 ・軽快なリズムに乗って弾みながら，揺れる，回る，ステップを踏んで手をたたく，ストップを入れるなどリズムを捉えて自由に踊ったり，相手の動きに合わせたりずらしたり，手をつなぐなど相手と対応しながら踊ること。 ・シンコペーションやアフタービート，休止や倍速など，リズムに変化を付けて踊ること。 ・短い動きを繰り返す，対立する動きを組み合わせる，ダイナミックなアクセントを加えるなどして，リズムに乗って続けて踊ること。	【学習指導要領】 ウ　現代的なリズムのダンスでは，リズムの特徴をとらえ，変化のある動きを組み合わせて，リズムに乗って全身で踊ること。 【学習指導要領解説の例示】 〈リズムと動きの例示〉 ・自然な弾みやスイングなどの動きで気持ちよく音楽のビートに乗れるように，簡単な繰り返しのリズムで踊ること。 ・軽快なリズムに乗って弾みながら，揺れる，回る，ステップを踏んで手をたたく，ストップを入れるなどリズムをとらえて自由に踊ったり，相手の動きに合わせたりずらしたり，手をつなぐなど相手と対応しながら踊ること。 ・シンコペーションやアフタービート，休止や倍速など，リズムに変化を付けて踊ること。 ・短い動きを繰り返す，対立する動きを組み合わせる，ダイナミックなアクセントを加えるなどして，リズムに乗って続けて踊ること。

(2)　思考力，判断力，表現力等

「思考力，判断力，表現力等」については，「表現などの自己の課題を発見すること」「合理的な解決に向けて運動の取り組み方を工夫すること」「自己や仲間の考えたことを他者に伝えること」について改善が図られた。とりわけ，「仲間に伝える」方法がより具体的に追記された。その伝え方も「指摘すること」から「提示された踊りのポイントやつまずきの事例を参考に（中略）伝えること」というように，

あくまでもその授業で示された枠組みの中で仲間に伝える（合う）ことが強調された。「思考力・判断力」の手掛かりとなる「選ぶ」「見付ける」ことにおいても同様に，「提供されたテーマや表現の仕方から（中略）選ぶこと」や「仲間と話し合う場面で，提示された参加の仕方に当てはめ（中略）見付けること」と，枠組みの中で思考・判断・表現を常に連携させて仲間と関わり合っていく姿が示された。

　学習に当たっては，自己の課題を発見し，基礎的な知識や技能を活用して，学習課題への取り組み方を工夫できるようにしたり，自己の課題の発見や解決に向けて考えたりしたことを，他者に分かりやすく伝えられるようにする際に，周囲からの提示や提供による情報をどのように受け止めていくかといった学習過程が求められよう。

平成29（2017）年版	平成20（2008）年版
【学習指導要領】 ・表現などの自己の課題を発見し，合理的な解決に向けて運動の取り組み方を工夫するとともに，自己や仲間の考えたことを他者に伝えること。 【学習指導要領解説の例示】 ・提示された事例を参考に，自分の興味や関心に合ったテーマや踊りを設定すること。 ・提示された踊りのポイントやつまずきの事例を参考に，仲間やグループの課題や出来映えを伝えること。 ・提供されたテーマや表現の仕方から，自己やグループの課題に応じた練習方法を選ぶこと。 ・学習した安全上の留意点を，他の学習場面に当てはめ，仲間に伝えること。 ・仲間と話し合う場面で，提示された参加の仕方に当てはめ，グループへの関わり方を見付けること。 ・体力の程度や性別等の違いを踏まえて，仲間とともに楽しむための表現や交流を行う方法を見付け，仲間に伝えること。	【学習指導要領】 ・ダンスの特性，踊りの由来と表現の仕方，関連して高まる体力などを理解し，課題に応じた運動の取り組み方を工夫できるようにする。 【学習指導要領解説の例示】 ・自分の興味や関心に合ったテーマや踊りを設定すること。 ・発表の場面で，仲間のよい動きや表現などを指摘すること。 ・課題に応じた練習方法を選ぶこと。 ・学習した安全上の留意点を仲間と学習する場面に当てはめること。

(3) 学びに向かう力，人間性等

「学びに向かう力，人間性等」については，従前の「態度」の示し方に対し，包括的な示し方となった。今次改訂では，学習指導要領に「仲間の学習を援助する」「交流などの話合いに参加する」「一人一人の違いに応じた表現や役割を認める」ことが新たに示された。ダンスの学習において，例えば，一人一人の違いに応じた表現や交流の仕方などを認めようとする学習ができるようにすることが求められよう。

平成29（2017）年版	平成20（2008）年版
【学習指導要領】 ・ダンスに積極的に取り組むとともに，仲間の学習を援助しようとすること，交流などの話合いに参加しようとすること，一人一人の違いに応じた表現や役割を認めようとすることなどや，健康・安全に気を配ること。	【学習指導要領】 ・ダンスに積極的に取り組むとともに，よさを認め合おうとすること，分担した役割を果たそうとすることなどや，健康・安全に気を配ることができるようにする。
【学習指導要領解説の例示】 ・ダンスの学習に積極的に取り組もうとすること。 ・仲間の手助けをしたり助言したりして，仲間の学習を援助しようとすること。 ・簡単な作品創作などについての話合いに参加しようとすること。 ・一人一人の違いに応じた表現や交流の仕方などを認めようとすること。 ・健康・安全に留意すること。	【学習指導要領解説の例示】 ・感じを込めて踊ったりみんなで踊ったりする。 ・楽しさや喜びを味わい，イメージをとらえた表現や踊りを通して交流することに積極的に取り組めるようにする。 ・（「話し合い」「参加」の記述なし） ・（「認める」の記述なし） ・体調の変化などに気を配ること，用具や練習場所などの自己や仲間の安全に留意することが大切であること。

H 体育理論

第1学年は，運動やスポーツの多様性で構成されている。従前，第1学年で指導していた「(1)ウ 運動やスポーツの学び方」の内容が第2学年で指導する内容に整理されている。また，新たに「(ウ) 運動やスポーツの多様な楽しみ方」が示された。それぞれの内容について学

習したことを基に，思考し，判断し，表現する活動を通して，体育の見方，考え方を育み，現在及び将来における自己の適性に応じた運動やスポーツとの多様な関わりを見付けることができるようにすることが求められている。

(1) 運動やスポーツの多様性（第１学年）

ア　知　識

　学習指導要領では，それぞれの内容について，課題を発見し，その解決を目指した活動を通して身に付けることが示されている。これまで第１学年としていた内容の「運動やスポーツの学び方」を第２学年で指導することとしている。代わって第１学年の内容には，「(ｳ) 運動やスポーツの多様な楽しみ方」が位置付けられ，その解説には「世代や機会に応じて，生涯にわたって運動やスポーツを楽しむためには，自己に適した多様な楽しみ方を見付けたり，工夫したりすることが大切である」ことが示された。

平成29（2017）年版学習指導要領解説	平成20（2008）年版学習指導要領解説
(ｱ)　運動やスポーツの必要性と楽しさ ・運動やスポーツは，（略）。 ・運動やスポーツは，人々の生活と深く関わりながら，いろいろな欲求や必要性を満たしつつ発展し，その時々の社会の変化とともに，その捉え方が，競技としてのスポーツから，誰もが生涯にわたって楽しめるスポーツへと変容してきたこと。 ・(触れる）我が国のスポーツ基本法などを適宜取り上げ，現代におけるスポーツの理念。	ア　運動やスポーツの必要性と楽しさ ・運動やスポーツは，（略）。 ・運動やスポーツは，人々の生活と深くかかわりながら，いろいろな欲求や必要性を満たしつつ発展し，その時々の社会の変化とともに，そのとらえ方も変容してきたこと。 ・(触れる）我が国のスポーツ振興法などにおけるスポーツの理念を踏まえながら，スポーツが，競技だけでなく，体つくり運動，ダンスや野外活動などの身体運動などを含めて，広い意味で用いられていること。
(ｲ)　運動やスポーツへの多様な関わり方 ・運動やスポーツには，「する，見る，支える，知る」などの多様な関わり方があること。 ・運動やスポーツには，直接「行うこと」に加えて，「見ること」には，例えば，テレビなどのメディアや競技場等での観	イ　運動やスポーツへの多様なかかわり方 ・運動やスポーツには，直接「行うこと」，テレビなどのメディアや競技場での観戦を通して，これらを「見ること」，また，地域のスポーツクラブで指導したり，ボランティアとして大会の運営や障がい者の支援を行ったりするなどの「支えるこ

戦を通して一体感を味わったり，研ぎ澄まされた質の高い動きに感動したりするなどの多様な関わり方があること，「支えること」には，運動の学習で仲間の学習を支援したり，大会や競技会の企画をしたりするなどの関わり方があること，「知ること」には，例えば，運動やスポーツの歴史や記録などを書物やインターネットなどを通して調べる関わり方があること，などの多様な関わり方があること。	と」など，多様なかかわり方があること。 ・（触れる）運動やスポーツの歴史・記録などを書物やインターネットなどを通して調べるかかわり方があること。

平成29（2017）年版学習指導要領解説で移行・統合されて示された内容

(ウ) 運動やスポーツの多様な楽しみ方
・世代や機会に応じて，生涯にわたって運動を楽しむためには，自己に適した運動やスポーツの多様な楽しみ方を見付けたり，工夫したりすることが大切であること。
・健康を維持したりする必要性に応じて運動を実践する際には，体つくり運動の学習を例に，体を動かすことの心地よさを楽しんだり，体の動きを高めることを楽しんだりする行い方があること。
・競技に応じた力を試す際には，ルールやマナーを守りフェアに競うこと，世代や機会に応じてルールを工夫すること，勝敗にかかわらず健闘を称え合う等の行い方があること。
・自然と親しんだり，仲間と交流したり，感情を表現したりする際には，互いの違いやよさを肯定的に捉えて自己やグループの課題の達成を楽しむ等の仲間と協働して楽しむ行い方があること。
・（必要に応じて）生涯にわたる豊かなスポーツライフを実現するためには，目的や年齢，性の違いを超えて運動やスポーツを楽しむことができる能力を高めておくことが有用であること。
・運動やスポーツを継続しやすくするためには，自己が意欲的に取り組むことに加えて，仲間，空間及び時間を確保することが有効であること。

イ 思考力，判断力，表現力等

　新たに示されたものである。学習指導要領には，「運動やスポーツが多様であることについて，自己の課題を発見し，よりよい解決に向けて思考し判断するとともに，他者に伝えること」が示された。

　解説には，「運動やスポーツの必要性と楽しさ，運動やスポーツへの多様な関わり方，運動やスポーツの多様な楽しみ方について，習得した知識を活用して，運動やスポーツとの多様な関わり方や楽しみ方についての自己の課題を発見し，よりよい解決に向けて，思考し判断すること」「自己の意見を言語や記述を通して他者に伝えられるよう

ウ　学びに向かう力，人間性等

　新たに示されたものである。学習指導要領には「運動やスポーツが多様であることについての学習に積極的に取り組むこと」が示された。
　解説には，「運動やスポーツが多様であることを理解することや，意見交換や学習ノートの記述などの，思考し判断するとともにそれらを表現する活動及び学習を振り返る活動などに積極的に取り組むこと」が示された。

(2)　運動やスポーツの意義や効果と学び方や安全な行い方（第2学年）

ア　知　識

　学習指導要領では，これまで第1学年の内容の「運動やスポーツの学び方」を第2学年で指導することとしている。その解説で注目しておきたいものには「特に競技などの対戦相手との競争において，技能の程度に応じた作戦や戦術を立てることが有効であること」がある。何をもって「有効である」とするのか，今後の授業実践によって明らかにされていくことが求められよう。

平成29（2017）年版学習指導要領解説	平成20（2008）年版学習指導要領解説
(2)　運動やスポーツの意義や効果と学び方や安全な行い方 ㋐　運動やスポーツが心身及び社会性に及ぼす効果 ・運動やスポーツは，（略）。 ・体との関連では，（略）。 ・心との関連では，発達の段階を踏まえて，適切に運動やスポーツを行うことで達成感を得たり，自己の能力に対する自信をもったりすることができること，ストレスを解消したりリラックスしたりすることができること，などの効果が期待できること。 ・体力や技能の程度，年齢や性別，障害の有無等の様々な違いを超えて，運動やスポーツを行う際に，ルールやマナーに関	2　運動やスポーツが心身の発達に与える効果と安全 ア　運動やスポーツが心身に及ぼす効果 ・運動やスポーツは，（略）。 ・体との関連では，（略）。 ・心との関連では，発達の段階を踏まえて，適切に運動やスポーツを行うことで達成感を得たり，自己の能力に対する自信をもったりすることができること，物事に積極的に取り組む意欲の向上が期待できること，ストレスを解消したりリラックスしたりすることができること，自分の感情のコントロールができるようになることなどの効果が期待できること。

して合意形成することや適切な人間関係を築くことなどの社会性が求められることから，例えば，違いに配慮したルールを受け入れたり，仲間と教え合ったり，相手のよいプレイに称賛を送ったりすることなどが求められること。 ・（取り上げる）体力には，「健康に生活するための体力」と「運動を行うための体力」があること。	※第２学年に示されていた「イ 運動やスポーツが社会性の発達に及ぼす効果」は，「(ｱ) 運動やスポーツが心身及び社会性に及ぼす効果」に移行・統合。
(ｲ) 運動やスポーツの学び方 ・運動やスポーツの課題を解決するための合理的な体の動かし方などを技術といい，技能とは，合理的な練習によって身に付けた状態であること。技能は個人の体力と関連していること。 ・各種の運動の技能を効果的に獲得するためには，その領域や種目に応じて，よい動き方を見付けること，合理的な練習の目標や計画を立てること，実行した技術や戦術，表現がうまくできたかを確認すること，新たな課題を設定することなどの運動の課題を合理的に解決する学び方があること。 ・特に競技などの対戦相手との競争において，技能の程度に応じた作戦や戦術を立てることが有効であること。 ・（触れる）戦術は技術を選択する際の方針であり，作戦は試合を行う際の方針であること。	（第１学年より移行） ウ 運動やスポーツの学び方 ・運動やスポーツには，その領域や種目に応じた特有の技術や作戦，戦術，表現の仕方があり，特に運動やスポーツの課題を解決するための合理的な体の動かし方などを技術といい，競技などの対戦相手との競争において，戦術は技術を選択する際の方針であり，作戦は試合を行う際の方針であること。 ・技術や戦術，表現の仕方などを学ぶにはよい動き方を見付けること，合理的な練習の目標や計画を立てること，実行した技術や戦術，表現がうまくできたかを確認することなどの方法があること。 ・（触れる）運動やスポーツにおける技術や戦術，表現の仕方が長い時間をかけて多くの人々によって，その領域や種目に特有のものとして作られてきたこと。
(ｳ) 安全な運動やスポーツの行い方 ・安全に運動やスポーツを行うためには，（略）。 ・（触れる）野外での活動では自然や気象などに関する知識をもつことが必要であること。 ・（取扱う）運動に関する領域で扱う運動種目等のけがの事例や健康・安全に関する留意点などについては，（略）。	ウ 安全な運動やスポーツの行い方 ・安全に運動やスポーツを行うためには，（略）。 ・（触れる）野外での活動では自然や気象などに関する知識をもつことが必要であることや，運動やスポーツの実施中に発生した事故や傷害の初歩的な応急手当の仕方があること。 ・（取扱う）運動に関する領域で扱う運動種目等のけがの事例や健康・安全に関する留意点などについては，（略）。

イ 思考力，判断力，表現力等

　新たに示されたものである。学習指導要領には，「運動やスポーツの意義や効果と学び方や安全な行い方について，自己の課題を発見し，

よりよい解決に向けて思考し判断するとともに，他者に伝えること」が示された。

　解説には，「運動やスポーツが心身及び社会性に及ぼす効果，運動やスポーツの学び方，安全な運動やスポーツの行い方について，習得した知識を活用して，運動やスポーツとの多様な関わり方や楽しみ方についての自己の課題を発見し，よりよい解決に向けて，思考し判断すること」「自己の意見を言語や記述を通して他者に伝えられるようにする」ことが示された。

ウ　学びに向かう力，人間性等

　新たに示されたものである。学習指導要領には「運動やスポーツの意義や効果と学び方や安全な行い方についての学習に積極的に取り組むこと」が示された。

　解説には，「運動やスポーツの意義や効果と学び方や安全な行い方を理解することや，意見交換や学習ノートの記述などの，思考し判断するとともにそれらを表現する活動及び学習を振り返る活動などに積極的に取り組むこと」が示された。

第3節
体育分野（第3学年）

A 体つくり運動

(1) 知識及び運動

●知　識

　第3学年の「体つくり運動」については，「運動を継続する意義」「体の構造」「運動の原則」などで改善が図られている。「生活の質を高めること」「運動を計画して行う際の原則」を理解できるようにする場合，「実生活で運動を継続するには，行いやすいこと，無理のない計画であることなどが大切であること」といった例示となっている。

　また，保健分野の指導との関連を図った指導，「体つくり運動」を全ての学年で履修させること，授業時数を各学年で7単位時間以上を配当することは従前どおりである。

平成29（2017）年版	平成20（2008）年版
【学習指導要領】 ・次の運動を通して，体を動かす楽しさや心地よさを味わい，運動を継続する意義，体の構造，運動の原則などを理解する。	【学習指導要領】 ・運動を継続する意義，体の構造，運動の原則などを理解する。
【学習指導要領解説の例示】 ・定期的・計画的に運動を継続することは，心身の健康，健康や体力の保持増進につながる<u>意義</u>があること。	【学習指導要領解説の例示】 ・「運動を継続する意義」では，定期的・計画的に運動を続けることは，心や体の健康や体力の保持増進につながることや，さらには，豊かなスポーツライフの実現は，<u>地域などとのコミュニケーションを広げたり，余暇を充実させたりするなど生活の質を高めることにもつながる</u>こと。

・運動を安全に行うには，関節への負荷がかかりすぎないようにすることや軽い運動から始めるなど，徐々に筋肉を温めてから行うこと。 ・運動を計画して行う際は，どのようなねらいをもつ運動か，偏りがないか，自分に合っているかなどの運動の原則があること。 ・実生活で運動を継続するには，行いやすいこと，無理のない計画であることなどが大切であること。	・「体の構造」では，関節には可動範囲があること，同じ運動をしすぎると関節に負担がかかること，関節に大きな負荷がかからない姿勢があること，体温が上がると筋肉は伸展しやすくなること。 ・「運動の原則」では，どのようなねらいをもつ運動か，偏りがないか，自分に合っているか，どの程度の回数を反復するか，あるいはどの程度の期間にわたって継続するかなどの運動を計画して行う際の原則（があること（筆者追記））。

● 運　動

「体ほぐしの運動」においては，「心と体は互いに影響し変化することに気付き，体の状態に応じて体の調子を整え，仲間と積極的に交流するための手軽な運動や律動的な運動を行うこと」を改め，「手軽な運動を行い，心と体は互いに影響し変化することや心身の状態に気付き，仲間と自主的に関わり合うこと」としている。「体の調子を整え」が削除され，仲間との交流について「仲間と自主的に関わり合う」と変更された。また，これまで「体力を高める運動」としていたものが，第3学年で「実生活に生かす運動の計画」と変更された。「健康の保持増進や調和のとれた体力の向上を図るための運動の計画を立て取り組む」ことが重視されている。具体的には，「〜のために」と目的を示してから「〜で」と運動の計画につながる手続きを示し，計画を立てて取り組むことが示されている。

平成29（2017）年版	平成20（2008）年版
【学習指導要領】 ア　体ほぐしの運動では，手軽な運動を行い，心と体は互いに影響し変化することや心身の状態に気付き，仲間と自主的に関わり合うこと。 イ　実生活に生かす運動の計画では，ねらいに応じて，健康の保持増進や調和のとれた体力の向上を図るための運動の計画を立て取り組むこと。	【学習指導要領】 ア　体ほぐしの運動では，心と体は互いに影響し変化することに気付き，体の状態に応じて体の調子を整え，仲間と積極的に交流するための手軽な運動や律動的な運動を行うこと。 イ　体力を高める運動では，ねらいに応じて，健康の保持増進や調和のとれた体力の向上を図るための運動の計画を立て取り組むこと。

【学習指導要領解説の例示】	【学習指導要領解説の例示】
〈実生活に生かす運動の計画の行い方の例〉	〈運動の計画の行い方の例〉
○健康に生活するための体力の向上を図る運動の計画と実践 ・運動不足の解消や体調維持のために，食事や睡眠などの生活習慣の改善も含め，休憩時間や家庭などで日常的に行うことができるよう効率のよい組合せやバランスのよい組合せで運動の計画を立てて取り組むこと。	○健康に生活するための体力を高める運動の計画と実践 ・食事や睡眠などの生活習慣の改善も含め，休憩時間，運動部の活動及び家庭などで日常的に行うことができる運動例を用いて計画を立て取り組むこと。
○運動を行うための体力の向上を図る運動の計画と実践 ・調和のとれた体力の向上を図ったり，選択した運動やスポーツの場面で必要とされる体の動きを高めたりするために，効率のよい組合せやバランスのよい組合せで運動の計画を立てて取り組むこと。	○運動を行うための体力を高める運動の計画と実践 ・新体力テストの測定結果などを参考にして自己の体力の状況を把握し，その結果を踏まえた調和のとれた体力の向上を図るための運動の計画を立て取り組むこと。

(2) 思考力，判断力，表現力等

「思考力，判断力，表現力等」については，「自己や仲間の課題を発見すること」「合理的な解決に向けて運動の取り組み方を工夫すること」「自己や仲間の考えたことを他者に伝えること」について改善が図られた。「表現力」に対応して，「他者に伝える」が追記されている。また，「思考力，判断力」の手掛かりとなる「選ぶ」「見付ける」ことのほかに対象として「〜を」の示し方について変更されている。例えば，「合意形成するための関わり方」や「実生活で継続しやすい運動例や運動の組合せの例」といったものに対し，思考・判断したことを表現することの学習に向かって「見付ける」ことが求められていると考えられる。「運動の計画を振り返る」については，「振り返る」ことが問題なのではなく，何を基準に測定・評価し，次の改善案を立てていくのかといったことを重視することが求められよう。

平成29（2017）年版	平成20（2008）年版
【学習指導要領】 ・自己や仲間の課題を発見し，合理的な解決に向けて運動の取り組み方を工夫するとともに，自己や仲間の考えたことを他	【学習指導要領】 ・自己の課題に応じた運動の取り組み方を工夫すること。

者に伝えること。 【学習指導要領解説の例示】 ・ねらいや体力の程度を踏まえ，自己や仲間の課題に応じた強度，時間，回数，頻度を設定すること。 ・健康や安全を確保するために，体力や体調に応じた<u>運動の計画等について振り返る</u>こと。 ・課題を解決するために仲間と話し合う場面で，<u>合意形成するための関わり方を見付け，仲間に伝える</u>こと。 ・体力の程度や性別等の違いに配慮して，仲間とともに体つくり運動を楽しむための<u>活動の方法や修正の仕方を見付ける</u>こと。 ・体つくり運動の学習成果を踏まえて，<u>実生活で継続しやすい運動例や運動の組合せの例を見付ける</u>こと。	【学習指導要領解説の例示】 ・体ほぐしのねらいを踏まえて，自己の課題に応じた活動を選ぶこと。 ・ねらいや体力の程度に応じて強度，時間，回数，頻度を設定すること。 ・自己の責任を果たす場面で，ねらいに応じた<u>活動の仕方を見付ける</u>こと。 ・仲間と学習する場面で，体力の違いに配慮した<u>補助の仕方などを見付ける</u>こと。 ・実生活で<u>継続しやすい運動例を選ぶ</u>こと。

(3) 学びに向かう力，人間性等

「学びに向かう力，人間性等」については，「互いに助け合い教え合おうとすること」「一人一人の違いに応じた動きなどを大切にしようとすること」「話合いに貢献しようとすること」が新たに示された。例示では，全般的に平成20（2008）年版の「態度」と比べて，具体的な指導内容ではなく包括的な表現となった。「互いに助け合い教え合おうとすること」「一人一人に応じた動きなどの違いを大切にしようとすること」といった共生や参画の視点で，「取り組むことがら」が示されている。

平成29（2017）年版	平成20（2008）年版
【学習指導要領】 ・体つくり運動に自主的に取り組むとともに，<u>互いに助け合い教え合おうとすること，一人一人の違いに応じた動きなどを大切にしようとすること，話合いに貢献しようとすること</u>などや，健康・安全を確保すること。	【学習指導要領】 ・体つくり運動に自主的に取り組むとともに，<u>体力の違いに配慮しようとすること，自己の責任を果たそうとすること</u>などや，健康・安全を確保することができるようにする。

【学習指導要領解説の例示】	【学習指導要領解説の例示】
・体つくり運動の学習に自主的に取り組もうとすること。	・体を動かす楽しさや心地よさを味わい，健康の保持増進や体力の向上を図り，目的に適した運動の計画に自主的に取り組むこと。
・仲間に課題を伝え合うなど，互いに助け合い教え合おうとすること。	・自己の責任を果たすことは，活動時間の確保につながること，グループの人間関係がよくなることや自主的な学習が成立すること。
・一人一人に応じた動きなどの違いを大切にしようとすること。 ・自己や仲間の課題解決に向けた話合いに貢献しようとすること。 ・健康・安全を確保すること。	・互いに助け合い教え合うことは，安全を確保したり，課題の解決に役立つなど自主的な学習を行いやすくしたりすること。 ・用具の使用における修正や確認，運動開始時における体の状態の確認や調整，けがを防止するための留意点（があること（筆者追記））。

B 器械運動

(1) 知識及び技能

●知　識

　第3学年の「器械運動」については，「技の名称や行い方」「運動観察の方法」「体力の高め方」などで改善が図られている。技の課題を解決するための合理的な動き方の共通性，自己観察や他者観察の方法，技と関連させた補助運動や部分連取を取り入れることなどが示されている。例示には，「技と関連させた補助運動や部分練習を取り入れることにより，結果として体力を高めることができること」が示された。「技と関連させた」運動の取り上げ方は，結果として体力を高めることよりも以前に，「動き」の学習にとって，極めて重要なことがらであろう。これは，器械運動の学習に限ったことではなく，運動の学習にとっては最低条件ともいえる知識が示されたと考えられる。

平成29（2017）年版	平成20（2008）年版
【学習指導要領】 ・次の運動について，技ができる楽しさや喜びを味わい，技の名称や行い方，運動観察の方法，体力の高め方などを理解する。	【学習指導要領】 ・技の名称や行い方，体力の高め方，運動観察の方法などを理解する。
【学習指導要領解説の例示】 ・技の行い方は技の課題を解決するための合理的な動き方のポイントがあり，同じ系統の技には共通性があること。 ・自己の動きや仲間の動き方を分析するには，自己観察と他者観察などの方法があること。 ・技と関連させた補助運動や部分練習を取り入れることにより，結果として体力を高めることができること。 ・発表会や競技会の行い方があり，発表会での評価方法，競技会での競技方法や採点方法，運営の仕方などがあること。	【学習指導要領解説の例示】 ・「技の名称や行い方」では，新たに学習する技の系，技群，グループの系統性の名称やそれぞれの技の局面における技術的なポイントなどがある。 ・自己の動きや仲間の動き方を分析するには，自己観察や他者観察などの方法があること。 ・発表会や競技会の行い方がある。発表会での評価方法，競技会での競技方法や採点方法，運営の仕方などがあること。

● 技　能

　第3学年の「器械運動」において，学習指導要領において内容の示し方が「及び」と用いられたことは，第1・第2学年と同様である。「マット運動では，回転系や巧技系の基本的な技を滑らかに安定して行うこと」と「条件を変えた技や発展技を行うこと及びそれらを構成し演技すること」が区別され，「基本的な技を滑らかに安定して行うこと」と「条件を変えた技，発展技，それらを構成・演技」の二つが独立して示された。なお，跳び箱運動には組合せがないことから，「基本的な技を滑らかに安定して行うこと」と「条件を変えた技や発展技を行うこと」とされた。例示においては，変更がなされなかったが，学習指導要領上，「基本的な技」と「条件を変えた技，発展技，構成・演技」が区別して示されたことは授業展開上，重視しておきたい。

平成29（2017）年版	平成20（2008）年版
【学習指導要領】 ・自己に適した技で演技すること。 ア　マット運動では，回転系や巧技系の基本的な技を滑らかに安定して行うこと，条件を変えた技や発展技を行うこと<u>及び</u>それらを構成し演技すること。 イ　鉄棒運動では，支持系や懸垂系の基本的な技を滑らかに安定して行うこと，条件を変えた技や発展技を行うこと<u>及び</u>それらを構成し演技すること。 ウ　平均台運動では，体操系やバランス系の基本的な技を滑らかに安定して行うこと，条件を変えた技や発展技を行うこと<u>及び</u>それらを構成し演技すること。 エ　跳び箱運動では，切り返し系や回転系の基本的な技を滑らかに安定して行うこと，条件を変えた技や発展技を行うこと。 【学習指導要領解説の例示】 ア　マット運動 〈回転系の例示〉 ○接転技群（背中をマットに接して回転する） ・体をマットに順々に接触させて回転するための動き方，回転力を高めるための動き方で，基本的な技の一連の動きを滑らかに安定させて回ること。 ・開始姿勢や終末姿勢，組合せの動きや支持の仕方などの条件を変えて回ること。 ・学習した基本的な技を発展させて，一連の動きで回ること。 ○ほん転技群（手や足の支えで回転する） ・全身を支えたり，突き放したりするための着手の仕方，回転力を高めるための動き方，起き上がりやすくするための動き方で，基本的な技の一連の動きを滑らかに安定させて回転すること。 ・開始姿勢や終末姿勢，支持の仕方や組合せの動きなどの条件を変えて回転すること。 ・学習した基本的な技を発展させて，一連の動きで回転すること。 〈巧技系の例示〉 ○平均立ち技群（バランスをとりながら静	【学習指導要領】 ・自己に適した技で演技することができるようにする。 ア　マット運動では，回転系や巧技系の基本的な技を滑らかに安定して行うこと，条件を変えた技，発展技を行うこと，それらを構成し演技すること。 イ　鉄棒運動では，支持系や懸垂系の基本的な技を滑らかに安定して行うこと，条件を変えた技，発展技を行うこと，それらを構成し演技すること。 ウ　平均台運動では，体操系やバランス系の基本的な技を滑らかに安定して行うこと，条件を変えた技，発展技を行うこと，それらを構成し演技すること。 エ　跳び箱運動では，切り返し系や回転系の基本的な技を滑らかに安定して行うこと，条件を変えた技，発展技を行うこと。 【学習指導要領解説の例示】 ア　マット運動 〈回転系の例示〉 ○接転技群（背中をマットに接して回転する） ・体をマットに順々に接触させて回転するための動き方，回転力を高めるための動き方で，基本的な技の一連の動きを滑らかに安定させて回ること。 ・開始姿勢や終末姿勢，組合せの動きや支持の仕方などの条件を変えて回ること。 ・学習した基本的な技を発展させて，一連の動きで回ること。 ○ほん転技群（手や足の支えで回転する） ・全身を支えたり，突き放したりするための着手の仕方，回転力を高めるための動き方，起き上がりやすくするための動き方で，基本的な技の一連の動きを滑らかに安定させて回転すること。 ・開始姿勢や終末姿勢，支持の仕方や組合せの動きなどの条件を変えて回転すること。 ・学習した基本的な技を発展させて，一連の動きで回転すること。 〈巧技系の例示〉 ○平均立ち技群（バランスをとりながら静

止する)
・バランスよく姿勢を保つための力の入れ方,バランスの崩れを復元させるための動き方で,基本的な技の一連の動きを滑らかに安定させて静止すること。
・姿勢,体の向きなどの条件を変えて静止すること。
・学習した基本的な技を発展させて,一連の動きで静止すること。

イ　鉄棒運動
〈支持系の例示〉
○前方支持回転技群（支持体勢から前方に回転する）
・前方に回転の勢いをつくるための動き方,再び支持体勢に戻るために必要な鉄棒の握り直しの仕方で,基本的な技の一連の動きを滑らかに安定させて前方に回転すること。
・開始姿勢や組合せの動き,鉄棒の握り方などの条件を変えて前方に回転すること。
・学習した基本的な技を発展させて,一連の動きで前方に回転すること。
○後方支持回転技群（支持体勢から後方に回転する）
・後方に回転の勢いをつくるための動き方,バランスよく支持体勢になるための動き方で,基本的な技の一連の動きを滑らかに安定させて後方に回転すること。
・開始姿勢や終末姿勢,組合せの動きなどの条件を変えて後方に回転すること。
・学習した基本的な技を発展させて,一連の動きで後方に回転すること。

〈懸垂系の例示〉
○懸垂技群（懸垂体勢で行う）
・振動の幅を大きくするための動き方,安定した振動を行うための鉄棒の握り方で,学習した基本的な技の一連の動きを滑らかに安定させて体を前後に振ること。
・組合せの動きや握り方などの条件を変えて体を前後に振ること。
・学習した基本的な技を発展させて,一連の動きでひねったり跳び下りたりすること。

止する)
・バランスよく姿勢を保つための力の入れ方,バランスの崩れを復元させるための動き方で,基本的な技の一連の動きを滑らかに安定させて静止すること。
・姿勢,体の向きなどの条件を変えて静止すること。
・学習した基本的な技を発展させて,一連の動きで静止すること。

イ　鉄棒運動
〈支持系の例示〉
○前方支持回転技群（支持体勢から前方に回転する）
・前方に回転の勢いをつくるための動き方,再び支持体勢に戻るために必要な鉄棒の握り直しの仕方で,基本的な技の一連の動きを滑らかに安定させて前方に回転すること。
・開始姿勢や組合せの動き,鉄棒の握り方などの条件を変えて前方に回転すること。
・学習した基本的な技を発展させて,一連の動きで前方に回転すること。
○後方支持回転技群（支持体勢から後方に回転する）
・後方に回転の勢いをつくるための動き方,バランスよく支持体勢になるための動き方で,基本的な技の一連の動きを滑らかに安定させて後方に回転すること。
・開始姿勢や終末姿勢,組合せの動きなどの条件を変えて後方に回転すること。
・学習した基本的な技を発展させて,一連の動きで後方に回転すること。

〈懸垂系の例示〉
○懸垂技群（懸垂体勢で行う）
・振動の幅を大きくするための動き方,安定した振動を行うための鉄棒の握り方で,学習した基本的な技の一連の動きを滑らかに安定させて体を前後に振ること。
・組合せの動きや握り方などの条件を変えて体を前後に振ること。
・学習した基本的な技を発展させて,一連の動きでひねったり跳び下りたりすること。

ウ　平均台運動
〈体操系の例示〉
○歩走グループ（台上を歩いたり走ったりして移動する）
・台の位置を確認しながら振り出す足の動かし方，重心を乗せバランスよく移動する動き方で，基本的な技の一連の動きを滑らかに安定させて移動すること。
・姿勢，動きのリズムなどの条件を変えて移動すること。
・学習した基本的な技を発展させて，一連の動きで移動すること。
○跳躍グループ（台上へ跳び上がる，台上で跳躍する，台上から跳び下りるなど）
・跳び上がるための踏み切りの動き方，空中で姿勢や動きを変化させて安定した着地を行うための動き方で，基本的な技の一連の動きを滑らかに安定させて跳躍すること。
・姿勢，組合せの動きなどの条件を変えて跳躍すること。
・学習した基本的な技を発展させて，一連の動きで跳躍すること。
〈バランス系の例示〉
○ポーズグループ（台上でいろいろな姿勢でポーズをとる）
・バランスよく姿勢を保つための力の入れ方とバランスの崩れを復元させるための動き方で，基本的な技の一連の動きを滑らかに安定させてポーズをとること。
・姿勢の条件を変えてポーズをとること。
・学習した基本的な技を発展させて，一連の動きでポーズをとること。
○ターングループ（台上で方向転換する）
・バランスよく姿勢を保つための力の入れ方，回転をコントロールするための動き方で，基本的な技の一連の動きを滑らかに安定させて方向転換すること。
・姿勢の条件を変えて方向転換すること。
・学習した基本的な技を発展させて，一連の動きで方向転換すること。
エ　跳び箱運動
〈切り返し系の例示〉
○切り返し跳びグループ（跳び箱上に支持して回転方向を切り替えて跳び越す）

・踏み切りから上体を前方に振り込みながら着手する動き方，突き放しによって直立体勢に戻して着地するための動き方で，基本的な技の一連の動きを滑らかに安定させて跳び越すこと。 ・着手位置，姿勢などの条件を変えて跳び越すこと。 ・学習した基本的な技を発展させて，一連の動きで跳び越すこと。 〈回転系の例示〉 ○回転跳びグループ（跳び箱上を回転しながら跳び越す） ・着手後も前方に回転するための勢いを生み出す踏み切りの動き方，突き放しによって空中に飛び出して着地するための動き方で，基本的な技の一連の動きを滑らかに安定させて跳び越すこと。 ・着手位置，姿勢などの条件を変えて跳び越すこと。 ・学習した基本的な技を発展させて，一連の動きで跳び越すこと。	・踏み切りから上体を前方に振り込みながら着手する動き方，突き放しによって直立体勢に戻して着地するための動き方で，基本的な技の一連の動きを滑らかに安定させて跳び越すこと。 ・着手位置，姿勢などの条件を変えて跳び越すこと。 ・学習した基本的な技を発展させて，一連の動きで跳び越すこと。 〈回転系の例示〉 ○回転跳びグループ（跳び箱上を回転しながら跳び越す） ・着手後も前方に回転するための勢いを生み出す踏み切りの動き方，突き放しによって空中に飛び出して着地するための動き方で，基本的な技の一連の動きを滑らかに安定させて跳び越すこと。 ・着手位置，姿勢などの条件を変えて跳び越すこと。 ・学習した基本的な技を発展させて，一連の動きで跳び越すこと。

(2) 思考力，判断力，表現力等

「思考力，判断力，表現力等」については，「自己や仲間の課題を発見すること」「合理的な解決に向けて運動の取り組み方を工夫すること」「自己の考えたことを他者に伝えること」について改善が図られた。これらは，選択した技の行い方や技の組合せ方について，合理的な動きと自己や仲間の動きを比較して，成果や改善すべきポイントとその理由を仲間に伝えること，自己や仲間の技術的な課題やその課題解決に有効な練習方法の選択について，自己の考えを伝えるなどの学習活動が求められよう。また，体力や技能の程度，性別等の違いに配慮して，仲間とともに器械運動を楽しむための活動の方法や修正の仕方を見付けることも加えられている。

学習に当たっては，自己や仲間の課題を発見し，合理的な解決に向けての運動の取り組み方を工夫する際に，入手した情報で合理的な動き方と仲間の動きを比較することによって，それをどのように受け止めていくかといった学習過程が求められよう。

平成29（2017）年版	平成20（2008）年版
【学習指導要領】 ・技などの自己や仲間の課題を発見し，合理的な解決に向けて運動の取り組み方を工夫するとともに，自己の考えたことを他者に伝えること。 【学習指導要領解説の例示】 ・選択した技の行い方や技の組合せ方について，合理的な動きと自己や仲間の動きを比較して，成果や改善すべきポイントとその理由を仲間に伝えること。 ・自己や仲間の技術的な課題やその課題解決に有効な練習方法の選択について，自己の考えを伝えること。 ・選択した技に必要な準備運動や自己が取り組む補助運動を選ぶこと。 ・健康や安全を確保するために，体調や環境に応じた適切な練習方法等について振り返ること。 ・仲間やグループで分担した役割に関する成果や改善すべきポイントについて自己の活動を振り返ること。 ・体力や技能の程度，性別等の違いに配慮して，仲間とともに器械運動を楽しむための活動の方法や修正の仕方を見付けること。 ・器械運動の学習成果を踏まえて，自己に適した「する，みる，支える，知る」などの運動を継続して楽しむための関わり方を見付けること。	【学習指導要領】 ・自己の課題に応じた運動の取り組み方を工夫できるようにする。 【学習指導要領解説の例示】 ・自己の課題に応じて，学習する技の合理的な動き方の改善すべきポイントを見付けること。 ・自己の課題に応じて，適切な練習方法を選ぶこと。 ・自己の技能・体力の程度に応じて，目指す技や技の組み合わせ方を見付けること。 ・仲間と学習する場面で，仲間の動きと自己の動きの違いなどを指摘すること。 ・健康や安全を確保するために，体調に応じて適切な練習方法を選ぶこと。 ・器械運動を継続して楽しむための自己に適したかかわり方を見付けること。

（3） 学びに向かう力，人間性等

「学びに向かう力，人間性等」については，従前の「態度」の示し方に対し，包括的な示し方となった。今次改訂では，学習指導要領に「互いに助け合い教え合おうとすること」「一人一人の違いに応じた課題や挑戦を大切にしようとすること」が新たに示された。器械運動の学習において，一人一人の違い，体力や技能の程度，性別や障害の有無等に応じて，よい演技を讃えようとしたり，お互いに助け合い教え合おうとすることや挑戦を大切にしようとすることに自主的に取り組

む学習が求められよう。

例示には,「仲間に課題を伝え合ったり補助し合ったりして,互いに助け合い教え合おうとすること」「一人一人の違いに応じた課題や挑戦を大切にしようとすること」が示された。学習をともに行う仲間として,お互いの演技を認め,援助しながら活動することにつながる学習に取り組むことが求められよう。

平成29（2017）年版	平成20（2008）年版
【学習指導要領】 ・器械運動に自主的に取り組むとともに,よい演技を讃えようとすること,互いに助け合い教え合おうとすること,一人一人の違いに応じた課題や挑戦を大切にしようとすることなどや,健康・安全を確保すること。	【学習指導要領】 ・器械運動に自主的に取り組むとともに,よい演技を讃えようとすること,自己の責任を果たそうとすることなどや,健康・安全を確保することができるようにする。
【学習指導要領解説の例示】 ・器械運動の学習に自主的に取り組もうとすること。 ・自己の状況にかかわらず,互いに讃え合おうとすること。 ・仲間に課題を伝え合ったり補助し合ったりして,互いに助け合い教え合おうとすること。 ・一人一人の違いに応じた課題や挑戦を大切にしようとすること。 ・健康・安全を確保すること。	【学習指導要領解説の例示】 ・自己に適した技で演技することに自主的に取り組めるようにする。 ・自分の出来にかかわらず仲間のよい演技を賞賛するなど,仲間のよい動き方やよい演技を客観的な立場から,自己の状況にかかわらず讃えようとすること。 ・練習や演技を行う際に,互いに補助したり,仲間の動きをよく見たりして,仲間に課題を伝え合いながら取り組もうとすること。 ・器械・器具を目的に応じて使用すること,練習場所の安全を確認しながら練習や演技を行うこと,自己の体調,技能・体力の程度に応じた技を選んで段階的に挑戦することなどを通して,健康を維持したり自己や仲間の安全を保持したりすること。

C 陸上競技

(1) 知識及び技能

●知　識

　第3学年の「陸上競技」については、「陸上競技の特性や成り立ち」「技術の名称や行い方」「運動に関連して高まる体力」などで改善が図られている。動きなどの自己や仲間の課題を発見し、合理的な解決に向けて運動の取り組み方を工夫するとともに、自己の考えたことを他者に伝えることができるようにすることなどで例示が示されている。例えば、陸上競技の運動に関連して体力の高め方や運動観察の方法などが例示されている。

平成29（2017）年版	平成20（2008）年版
【学習指導要領】 ・次の運動について、記録の向上や競争の楽しさや喜びを味わい、技術の名称や行い方、体力の高め方、運動観察の方法などを理解する。	【学習指導要領】 ・技術の名称や行い方、体力の高め方、運動観察の方法などを理解する。
【学習指導要領解説の例示】 ・陸上競技の各種目で用いられる技術の名称があり、それぞれの技術には、記録の向上につながる重要な動きのポイントがあること。 ・技術と関連させた補助運動や部分練習を取り入れ、繰り返したり、継続して行ったりすることで、結果として体力を高めることができること。 ・自己の動きや仲間の動き方を分析するには、自己観察や他者観察などの方法があること。	【学習指導要領解説の例示】 ・陸上競技の各種目で用いられる技術の名称があり、それぞれの技術には、記録の向上につながる重要な動きのポイントがあること。 ・技術と関連させた補助運動や部分練習を取り入れ、繰り返したり、継続して行ったりすることで、結果として体力を高めることができること。 ・自己の動きや仲間の動き方を分析するには、自己観察や他者観察などの方法があること。

●技　能

　陸上競技の技能については、各種目特有の技能を身に付けることができるようにすることとされている。リレーの例示で、従前「次走者のスピードが十分に高まったところでバトンの受け渡しをする」で

あったものが「次走者はスタートを切った後スムーズに加速して，スピードを十分に高める」とされた。スピードを高める前の「次走者は加速して」ということが明確にされた。長距離走では，「自己の体力や技能の程度に合ったペースを維持して走ること」が示された。何を学ばせるのかが明確にされてきている。

平成29（2017）年版	平成20（2008）年版
【学習指導要領】 ア　短距離走・リレーでは，中間走へのつなぎを滑らかにして速く走ることや<u>バトンの受渡しで次走者のスピードを十分高めること</u>，長距離走では，自己に適したペースを維持して走ること，ハードル走では，スピードを維持した走りからハードルを低く越すこと。 イ　走り幅跳びでは，スピードに乗った助走から力強く踏み切って跳ぶこと，走り高跳びでは，リズミカルな助走から力強く踏み切り滑らかな空間動作で跳ぶこと。	【学習指導要領】 ア　短距離走・リレーでは，中間走へのつなぎを滑らかにするなどして速く走ること，長距離走では，自己に適したペースを維持して走ること，ハードル走では，スピードを維持した走りからハードルを低く越すこと。 イ　走り幅跳びでは，スピードに乗った助走から力強く踏み切って跳ぶこと，走り高跳びでは，リズミカルな助走から力強く踏み切り滑らかな空間動作で跳ぶこと。
【学習指導要領解説の例示】 ●短距離走・リレー ・スタートダッシュでは地面を力強くキックして，徐々に上体を起こしていき加速すること。 ・後半でスピードが著しく低下しないよう，力みのないリズミカルな動きで走ること。 ・リレーでは，次走者は<u>スタートを切った後スムーズに加速して，スピードを十分に高めること</u>。 ●長距離走 ・リズミカルに腕を振り，力みのないフォームで軽快に走ること。 ・呼吸を楽にしたり，走りのリズムを作ったりする呼吸法を取り入れて走ること。 ・<u>自己の体力や技能の程度に合ったペースを維持して走ること</u>。 ●ハードル走 ・スタートダッシュから１台目のハードルを勢いよく走り越すこと。 ・遠くから踏み切り，振り上げ脚をまっすぐに振り上げ，ハードルを低く走り越す	【学習指導要領解説の例示】 ●短距離走・リレー ・スタートダッシュでは地面を力強くキックして，徐々に上体を起こしていき加速すること。 ・後半でスピードが著しく低下しないよう，力みのないリズミカルな動きで走ること。 ・リレーでは，<u>次走者のスピードが十分に高まったところでバトンの受け渡しをすること</u>。 ●長距離走 ・リズミカルに腕を振り，力みのないフォームで軽快に走ること。 ・呼吸を楽にしたり，走りのリズムを作ったりする呼吸法を取り入れて走ること。 ●ハードル走 ・スタートダッシュから１台目のハードルを勢いよく走り越すこと。 ・遠くから踏み切り，振り上げ脚をまっすぐに振り上げ，ハードルを低く走り越す

こと。 ・インターバルでは，3又は5歩のリズムを最後のハードルまで維持して走ること。 ●走り幅跳び ・踏み切り前3～4歩からリズムアップして踏み切りに移ること。 ・踏み切りでは上体を起こして，地面を踏みつけるようにキックし，振り上げ脚を素早く引き上げること。 ・かがみ跳びやそり跳びなどの空間動作からの流れの中で，脚を前に投げ出す着地動作をとること。 ●走り高跳び ・リズミカルな助走から真上に伸び上がるように踏み切り，はさみ跳びや背面跳びなどの空間動作で跳ぶこと。 ・背面跳びでは踏み切り前の3～5歩で弧を描くように走り，体を内側に倒す姿勢を取るようにして踏み切りに移ること。	こと。 ・インターバルでは，3～5歩のリズムを最後のハードルまで維持して走ること。 ●走り幅跳び ・踏み切り前3～4歩からリズムアップして踏み切りに移ること。 ・踏み切りでは上体を起こして，地面を踏みつけるようにキックし，振り上げ脚を素早く引き上げること。 ・かがみ跳びやそり跳びなどの空間動作からの流れの中で，脚を前に投げ出す着地動作をとること。 ●走り高跳び ・リズミカルな助走から真上に伸び上がるように踏み切り，はさみ跳びや背面跳びなどの空間動作で跳ぶこと。 ・背面跳びでは踏み切り前の3～5歩で弧を描くように走り，体を内側に倒す姿勢を取るようにして踏み切りに移ること。

(2) 思考力，判断力，表現力等

「思考力，判断力，表現力等」については，「動きなどの自己や仲間の課題を発見すること」「合理的な解決に向けて運動の取り組み方を工夫すること」「自己の考えたことを他者に伝えること」について改善が図られた。「表現力」に対応して，「他者に伝える」が追記されている。

例示の中で「振り返ること」と「修正の仕方を見付けること」と示されていることについては，取扱いに注意が必要であろう。「振り返る」ことをもって「思考力，判断力」と見なすことはできないからである。その中味として，「共通点や異なる点を見付けている」「実施前と実施後の違いを見付けている」といった学びを重視したい。「修正の仕方を見付けている」については，「修正の仕方」は実行方法となる手続きであろう。「思考力，判断力」の対象となるものが「修正の仕方」なのか，それとも「見付ける」ことなのかは，授業展開上，注意が必要である。

平成29（2017）年版	平成20（2008）年版
【学習指導要領】 ・動きなどの自己や仲間の課題を発見し，合理的な解決に向けて運動の取り組み方を工夫するとともに，自己の考えたことを他者に伝えること。 【学習指導要領解説の例示】 ・選択した運動について，合理的な動きと自己や仲間の動きを比較して，成果や改善すべきポイントとその理由を仲間に伝えること。 ・自己や仲間の技術的な課題やその課題解決に有効な練習方法の選択について，自己の考えを伝えること。 ・選択した運動に必要な準備運動や自己が取り組む補助運動を選ぶこと。 ・健康や安全を確保するために，体調や環境に応じた適切な練習方法等について振り返ること。 ・ルールを守り競争したり勝敗を受け入れたりする場面で，よりよいマナーや行為について，自己の活動を振り返ること。 ・体力や技能の程度，性別等の違いに配慮して，仲間とともに陸上競技を楽しむための活動の方法や修正の仕方を見付けること。 ・陸上競技の学習成果を踏まえて，自己に適した「する，みる，支える，知る」などの運動を継続して楽しむための関わり方を見付けること。	【学習指導要領】 ・自己の課題に応じた運動の取り組み方を工夫できるようにする。 【学習指導要領解説の例示】 ・自己の課題に応じた運動の行い方の改善すべきポイントを見付けること。 ・自己の課題に応じて，適切な練習方法を選ぶこと。 ・仲間に対して，技術的な課題や有効な練習方法の選択に関して指摘すること。 ・健康や安全を確保するために，体調に応じて適切な練習方法を選ぶこと。 ・陸上競技を継続して楽しむための自己に適したかかわり方を見付けること。

(3) 学びに向かう力，人間性等

「学びに向かう力，人間性等」については，「一人一人の違いに応じた課題や挑戦を大切にしようとすること」が新たに示された。従前の「態度」の示し方に対し，包括的な示し方となった。「勝敗などを冷静に受け止め」ること，「仲間と互いに合意した自己の役割を果たそうとすること」「一人一人の違いに応じた課題や挑戦を大切にしようとすること」といった共生や参画の視点で，「取り組むことがら」が示されている。

平成29（2017）年版	平成20（2008）年版
【学習指導要領】 ・陸上競技に自主的に取り組むとともに、勝敗などを冷静に受け止め、ルールやマナーを大切にしようとすること、自己の責任を果たそうとすること、<u>一人一人の違いに応じた課題や挑戦を大切にしようとする</u>ことなどや、健康・安全を確保すること。	【学習指導要領】 ・陸上競技に自主的に取り組むとともに、勝敗などを冷静に受け止め、ルールやマナーを大切にしようとすること、自己の責任を果たそうとすることなどや、健康・安全を確保することができるようにする。
【学習指導要領解説の例示】 ・陸上競技の学習に自主的に取り組もうとすること。 ・勝敗などを冷静に受け止め、ルールやマナーを大切にしようとすること。 ・仲間と互いに合意した自己の役割を果たそうとすること。 ・一人一人の違いに応じた課題や挑戦を大切にしようとすること。 ・健康・安全を確保すること。	【学習指導要領解説の例示】 ・各種目特有の技能を身に付けることに自主的に取り組めるようにする。 ・勝敗の結果から自己の課題を見付け、新たな課題追求につなげることが大切であること、ルールやマナーを大切にすることは、友情を深めたり連帯感を高めたりするなど、生涯にわたって運動を継続するための重要な要素となること。 ・練習や記録会などで、仲間と互いに合意した役割に、責任をもって自主的に取り組もうとすること。 ・自己の体調、技能・体力の程度に応じた目標や課題に挑戦することなどを通して、健康を維持したり自己や仲間の安全を保持したりすること。

D 水　泳

(1) 知識及び技能

● 知　識

　第3学年の「水泳」については、「技術の名称や行い方」「体力の高め方」「運動観察の方法」などで改善が図られている。泳法などの自己や仲間の課題を発見し、合理的な解決に向けて運動の取り組み方を工夫するとともに、自己の考えたことを他者に伝えることができるようにすることなどで例示が示されている。例示には、水泳の運動に関連して体力の高め方や運動観察の方法などが示されている。

平成29（2017）年版	平成20（2008）年版
【学習指導要領】 ・次の運動について，記録の向上や競争の楽しさや喜びを味わい，技術の名称や行い方，体力の高め方，運動観察の方法などを理解する。 【学習指導要領解説の例示】 ・水泳の各種目で用いられる技術の名称があり，それぞれの技術には，効率的に泳ぐためのポイントがあること。 ・泳法と関連させた補助運動や部分練習を繰り返したり，継続して行ったりすることで，結果として体力を高めることができること。 ・自己の動きや仲間の動き方を分析するには，自己観察や他者観察などの方法があること。	【学習指導要領】 ・水泳の特性や成り立ち，技術の名称や行い方，関連して高まる体力などを理解する。 【学習指導要領解説の例示】 ・水泳の各種目で用いられる技術の名称があり，それぞれの技術には，各部位の動きを高めるためのポイントがあること。 ・泳法と関連させた補助運動や部分練習を取り入れ，繰り返したり，継続して行ったりすることで，結果として体力を高めることができること。 ・自己の動きや仲間の動き方を分析するには，自己観察や他者観察などの方法があること。

●技　能

　水泳の技能については，クロール，平泳ぎ，背泳ぎ及びバタフライの4種目の泳法と「複数の泳法で泳ぐこと，又はリレーをすること」を取り上げている。従前と比べて，内容の記述に「クロールでは，手と足の動き，呼吸のバランスを保ち，安定したペースで長く泳いだり速く泳いだりすること」というように「動き」が加えられた。従前の「手と足，呼吸のバランス」としていたものが変更された。「手と足」の「バランス」ではなく，「手と足の動き」と「呼吸のバランス」を内容とすることが明確にされた。例示では，これに対応して「水面上の腕は，ローリングの動きに合わせてリラックスして前方へ動かすこと」「泳ぎの速さに応じて，顔を横に向ける大きさを調節して呼吸動作を行うこと」というように，動きとバランスで改善が図られている。

平成29（2017）年版	平成20（2008）年版
【学習指導要領】 ア　クロールでは，手と足の動き，呼吸のバランスを保ち，安定したペースで長く泳いだり速く泳いだりすること。 イ　平泳ぎでは，手と足の動き，呼吸のバランス保ち，安定したペースで長く泳いだり速く泳いだりすること。 ウ　背泳ぎでは，手と足の動き，呼吸のバランスを保ち，安定したペースで泳ぐこと。 エ　バタフライでは，手と足の動き，呼吸のバランスを保ち，安定したペースで泳ぐこと。 オ　複数の泳法で泳ぐこと，又はリレーをすること。 【学習指導要領解説の例示】 ア　クロール ・水面上の腕は，ローリングの動きに合わせてリラックスして前方へ動かすこと。 ・泳ぎの速さに応じて，顔を横に向ける大きさを調節して呼吸動作を行うこと。 イ　平泳ぎ ・肩より前で，両手で逆ハート型を描くように強くかくこと。 ・プルのかき終わりに合わせて顔を水面上に出して呼吸を行い，キックの蹴り終わりに合わせて伸び（グライド）をとり，1回のストロークで大きく進むこと。 ウ　背泳ぎ ・水面上の腕は肘を伸ばし，肩を支点にして肩の延長線上に小指側からまっすぐ入水すること。 ・一連のストロークで，肩をスムーズにローリングさせること。 エ　バタフライ ・腕を前方に伸ばし，手のひらが胸の前を通るようなキーホールの形を描くようにして腰や太ももくらいまで大きくかく動き（ロングアームプル）で進むこと。 ・手の入水時のキック，かき終わりの時のキック及び呼吸動作を一定のリズムで行うこと。 オ　複数の泳法で泳ぐこと，又はリレーをすること （例示なし）	【学習指導要領】 ア　クロールでは，手と足，呼吸のバランスを保ち，安定したペースで長く泳いだり速く泳いだりすること。 イ　平泳ぎでは，手と足，呼吸のバランスを保ち，安定したペースで長く泳いだり速く泳いだりすること。 ウ　背泳ぎでは，手と足，呼吸のバランスを保ち，安定したペースで泳ぐこと。 エ　バタフライでは，手と足，呼吸のバランスを保ち，安定したペースで泳ぐこと。 オ　複数の泳法で泳ぐこと，又はリレーをすること。 【学習指導要領解説の例示】 ア　クロール ・空中で肘を60～90度程度に曲げて，手を頭上近くでリラックスして動かすこと。 ・自己に合った方向で呼吸動作を行うこと。 イ　平泳ぎ ・手を肩より前で動かし，両手で逆ハート型を描くように強くかくこと。 ・プルのかき終わりと同時に口を水面上に出し息を吸い，キックの蹴り終わりに合わせて伸び（グライド）をとり，一回で大きく進むこと。 ウ　背泳ぎ ・リカバリーでは，肘を伸ばし，肩を支点にまっすぐ肩の延長線上に小指側から入水すること。 ・手を入水するときに，肩をスムーズにローリングさせること。 エ　バタフライ ・手は，キーホールの形を描くように水をかき，手のひらを胸の近くを通るようにする動き（ロングアームプル）で進むこと。 ・キック2回ごとにプル1回と呼吸動作のタイミングを合わせたコンビネーションで泳ぐこと。 オ　複数の泳法で泳ぐこと，又はリレーをすること （例示なし）

[スタート及びターン]	[スタート及びターン]
●スタート	●スタート
・クロール,平泳ぎ,バタフライでは,水中で両足あるいは左右どちらかの足をプールの壁につけた姿勢から,スタートの合図と同時に顔を水中に沈め,<u>抵抗の少ない流線型の姿勢をとって力強く壁を蹴り,各泳法に適した水中における一連の動き</u>から,泳ぎだすこと。	・クロール,平泳ぎ,バタフライでは,水中で両足あるいは左右どちらかの足をプールの壁につけた姿勢から,スタートの合図と同時に顔を水中に沈めながら<u>力強く壁を蹴った後,水中で抵抗の少ない姿勢にする一連の動き</u>から,泳ぎだすこと。
・背泳ぎでは,両手で<u>プールの縁やスターティンググリップ</u>をつかんだ姿勢から,スタートの合図と同時に頭を水中に沈めながら力強く壁を蹴り,水中で抵抗の少ない仰向けの姿勢にする一連の動きから,泳ぎだすこと。	・背泳ぎでは,両手でスターティンググリップをつかんだ姿勢から,スタートの合図と同時に顔を水中に沈めながら力強く<u>壁を蹴った後</u>,水中で抵抗の少ない仰向けの姿勢にする一連の動きから,泳ぎだすこと。
●ターン	●ターン
・クロールと背泳ぎでは,プールの壁から5m程度離れた場所からタイミングを計りながら,泳ぎの速度を落とさずに,片手でプールの壁にタッチし,<u>膝を抱えるようにして体を反転させ蹴りだすこと</u>。	・クロールと背泳ぎでは,プールの壁から5m程度離れた場所からタイミングを図りながら,泳ぎのスピードを落とさずに,片手でプールの壁にタッチし,<u>膝を胸のほうに横向きに抱え込み蹴り出すこと</u>。
・平泳ぎとバタフライでは,プールの壁から5m程度離れた場所からタイミングを計りながら,泳ぎの速度を落とさずに,両手で同時に壁にタッチし,<u>膝を抱えるようにして体を反転させ蹴りだすこと</u>。	・平泳ぎとバタフライでは,プールの壁から5m程度離れた場所からタイミングを図りながら,泳ぎのスピードを落とさずに,両手で同時に壁にタッチし,<u>膝を胸のほうに抱え込み蹴り出すこと</u>。

(2) 思考力,判断力,表現力等

「思考力,判断力,表現力等」については,「泳法などの自己や仲間の課題を発見すること」「合理的な解決に向けて運動の取り組み方を工夫すること」「自己の考えたことを他者に伝えること」について改善が図られた。例示では,「バディやグループで分担した役割に関する成果や改善すべきポイントについて自己の活動を振り返ること」「体力や技能の程度,性別等の違いに配慮して,仲間とともに水泳を楽しむための活動の方法やその修正の仕方を見付けること」「水泳の学習成果を踏まえて,自己に適した『する,みる,支える,知る』などの運動を継続して楽しむための関わり方を見付けること」などが新しく示された。「振り返ること」の注意点は,陸上競技と同様である。

平成29（2017）年版	平成20（2008）年版
【学習指導要領】 ・泳法などの自己や仲間の課題を発見し，合理的な解決に向けて運動の取り組み方を工夫するとともに，自己の考えたことを他者に伝えること。 【学習指導要領解説の例示】 ・選択した泳法について，合理的な動きと自己や仲間の動きを比較して，成果や改善すべきポイントとその理由を仲間に伝えること。 ・自己や仲間の技術的な課題やその課題解決に有効な練習方法の選択について，自己の考えを伝えること。 ・選択した泳法に必要な準備運動や自己が取り組む補助運動を選ぶこと。 ・健康や安全を確保するために，体調や環境に応じた適切な練習方法等について振り返ること。 ・バディやグループで分担した役割に関する成果や改善すべきポイントについて自己の活動を振り返ること。 ・体力や技能の程度，性別等の違いに配慮して，仲間とともに水泳を楽しむための活動の方法やその修正の仕方を見付けること。 ・水泳の学習成果を踏まえて，自己に適した「する，みる，支える，知る」などの運動を継続して楽しむための関わり方を見付けること。	【学習指導要領】 ・技術の名称や行い方，体力の高め方，運動観察の方法などを理解し，自己の課題に応じた運動の取り組み方を工夫できるようにする。 【学習指導要領解説の例示】 ・選択した泳法について，自己の改善すべきポイントを見付けること。 ・自己の課題に応じて，適切な練習方法を選ぶこと。 ・仲間に対して，技術的な課題や有効な練習方法の選択について指摘すること。 ・健康や安全を確保するために，体調に応じて適切な練習方法を選ぶこと。 ・水泳を継続して楽しむための自己に適したかかわり方を見付けること。

(3) 学びに向かう力，人間性等

「学びに向かう力，人間性等」については，「一人一人の違いに応じた課題や挑戦を大切にしようとすること」が新たに示された。従前の「態度」の示し方に対し，包括的な示し方となった。「勝敗などを冷静に受け止め」ること，「仲間と互いに合意した自己の役割を果たそうとすること」「一人一人の違いに応じた課題や挑戦を大切にしようとすること」といった共生や参画の視点で，「取り組むことがら」が示されている。

第3章　各学年の内容

平成29（2017）年版	平成20（2008）年版
【学習指導要領】 ・水泳に自主的に取り組むとともに，勝敗などを冷静に受け止め，ルールやマナーを大切にしようとすること，自己の責任を果たそうとすること，一人一人の違いに応じた課題や挑戦を大切にしようとすることなどや，水泳の事故防止に関する心得を遵守するなど健康・安全を確保すること。	【学習指導要領】 ・水泳に自主的に取り組むとともに，勝敗などを冷静に受け止め，ルールやマナーを大切にしようとすること，自己の責任を果たそうとすることなどや，水泳の事故防止に関する心得など健康・安全を確保することができるようにする。
【学習指導要領解説の例示】 ・水泳の学習に自主的に取り組もうとすること。 ・勝敗などを冷静に受け止め，ルールやマナーを大切にしようとすること。 ・仲間と互いに合意した自己の役割を果たそうとすること。 ・一人一人の違いに応じた課題や挑戦を大切にしようとすること。 ・水の事故防止の心得を遵守するなど健康・安全を確保すること。	【学習指導要領解説の例示】 ・水泳に自主的に取り組む。（指導要領） ・勝敗などを冷静に受け止め，ルールやマナーを大切にしようとすること。（指導要領） ・練習や記録会などで，互いに合意した自己の役割に，責任をもって自主的に取り組もうとすること。 ・水泳の事故防止に関する心得など健康・安全を確保すること。（指導要領）

E　球　技

(1)　知識及び技能

●知　識

　第３学年の「球技」については，「技術の名称や行い方」「体力の高め方」「運動観察の方法」などで改善が図られている。球技の技術には，ボール操作とボールを持たないときの動きに大別できるが，結果として高まる体力や運動観察の学習と組み合わせて学習過程をどのように構築していくか，今後の課題と考えられる。

平成29（2017）年版	平成20（2008）年版
【学習指導要領】 ・次の運動について，勝敗を競う楽しさや喜びを味わい，技術の名称や行い方，体	【学習指導要領】 ・技術の名称や行い方，体力の高め方，運動観察の方法などを理解する。

第3節　体育分野（第3学年）

力の高め方，運動観察の方法などを理解する 【学習指導要領解説の例示】 ・球技の各型の各種目において用いられる技術や戦術，作戦には名称があり，それらを身に付けるためのポイントがあること。 ・戦術や作戦に応じて，技能をゲーム中に適切に発揮することが攻防のポイントであること。 ・ゲームに必要な技術と関連させた補助運動や部分練習を繰り返したり，継続して行ったりすることで，結果として体力を高めることができること。 ・練習やゲーム中の技能を観察したり分析したりするには，自己観察や他者観察などの方法があること。	【学習指導要領解説の例示】 ・球技の各型の各種目において用いられる技術や戦術，作戦の名称があり，それらをゲーム中に適切に発揮することが攻防のポイントであること。 ・ゲームに必要な技術と関連させた補助運動や部分練習を取り入れ，繰り返したり，継続して行ったりすることで，結果として体力を高めることができること。 ・ゲームの課題に応じて，練習やゲーム中の技能を観察したり分析したりするには，自己観察や他者観察などの方法があること。

● 技　能

ア　ゴール型

　第1学年及び第2学年のボール操作と空間に走り込むなどの動きによってゴール前での攻防をすることをねらいとした学習を受けて，第3学年においては，安定したボール操作により，仲間と連携してゴール前の空間を使ったり，空間を作りだしたりして攻防を展開できるようにすることが示された。「安定したボール操作」と「空間を作りだすなどの動き」の例示では，従前の「守備者が守りにくいタイミングでシュートを打つこと」が削除されている。

　第3学年のポイントは，「空間を作りだす動き」となる。「空間に走り込む」動きを発展させて「作りだす」動きにはどのようなものがあるかを，思考させながら学習することができるようにすることが求められよう。例えば，「ゴール前に広い空間を作りだすために，守備者を引きつけてゴールから離れること」について，ある場面を想定して，どう動くことによって空間が作りだせるかを追究していくことは，他の場面にも転移できる考え方と動きとして身に付けることができると

111

思われる。

平成29（2017）年版	平成20（2008）年版
【学習指導要領】 ア　ゴール型では，安定したボール操作と空間を作りだすなどの動きによってゴール前への侵入などから<u>攻防をすること</u>。	【学習指導要領】 ア　ゴール型では，安定したボール操作と空間を作りだすなどの動きによってゴール前への侵入などから<u>攻防を展開すること</u>。
【学習指導要領解説の例示】 ● 安定したボール操作 ・（削除） ・ゴールの枠内にシュートをコントロールすること。 ・味方が操作しやすいパスを送ること。 ・守備者とボールの間に自分の体を入れてボールをキープすること。 ● 空間を作りだすなどの動き ・ゴール前に広い空間を作りだすために，守備者を引きつけてゴールから離れること。 ・パスを出した後に次のパスを受ける動きをすること。 ・ボール保持者が進行できる空間を作りだすために，進行方向から離れること。 ・ゴールとボール保持者を結んだ直線上で守ること。 ・ゴール前の空いている場所をカバーすること。	【学習指導要領解説の例示】 ● 安定したボール操作 ・守備者が守りにくいタイミングでシュートを打つこと。 ・ゴールの枠内にシュートをコントロールすること。 ・味方が操作しやすいパスを送ること。 ・守備者とボールの間に自分の体を入れてボールをキープすること。 ● 空間を作りだすなどの動き ・ゴール前に広い空間を作りだすために，守備者を引きつけてゴールから離れること。 ・パスを出した後に次のパスを受ける動きをすること。 ・ボール保持者が進行できる空間を作りだすために，進行方向から離れること。 ・ゴールとボール保持者を結んだ直線上で守ること。 ・ゴール前の空いている場所をカバーすること。

イ　ネット型

「ネット型」においては，第１学年及び第２学年のボールや用具の操作と定位置に戻るなどの動きによって空いた場所をめぐる攻防をすることをねらいとした学習を受けて，第３学年では，ポジションの役割に応じたボールや用具の操作によって，仲間と連携した「拾う，つなぐ，打つ」などの一連の流れで攻撃を組み立て，相手側のコートの空いた場所をめぐる攻防を展開できるようにすることが示されている。

指導に際しては，仲間と連携した動きによって空いている場所を攻撃したり，空いている場所を作りだして攻撃したり，その攻撃に対応

して守ったりすることを中心に自己のチームや相手チームの特徴を踏まえた作戦を立てて,ボールや用具の操作とボールを持たないときの動きに着目させ,学習に取り組ませることができるようにすることが求められよう。

平成29（2017）年版	平成20（2008）年版
【学習指導要領】 イ　ネット型では,役割に応じたボール操作や安定した用具の操作と連携した動きによって空いた場所をめぐる攻防をすること。	【学習指導要領】 イ　ネット型では,役割に応じたボール操作や安定した用具の操作と連携した動きによって空いた場所をめぐる攻防を展開すること。
【学習指導要領解説の例示】 ● 役割に応じたボール操作や安定した用具の操作 ・サービスでは,ボールをねらった場所に打つこと。 ・ボールを相手側のコートの空いた場所やねらった場所に打ち返すこと。 ・攻撃につなげるための次のプレイをしやすい高さと位置にボールを上げること。 ・ネット付近でボールの侵入を防いだり,打ち返したりすること。 ・腕やラケットを強く振って,ネットより高い位置から相手側のコートに打ち込むこと。 ・ポジションの役割に応じて,拾ったりつないだり打ち返したりすること。 ● 連携した動き ・ラリーの中で,味方の動きに合わせてコート上の空いている場所をカバーすること。 ・連携プレイのための基本的なフォーメーションに応じた位置に動くこと。	【学習指導要領解説の例示】 ● 役割に応じたボール操作や安定した用具の操作 ・サービスでは,ボールをねらった場所に打つこと。 ・ボールを相手側のコートの空いた場所やねらった場所に打ち返すこと。 ・攻撃につなげるための次のプレイをしやすい高さと位置にボールを上げること。 ・ネット付近でボールの侵入を防いだり,打ち返したりすること。 ・腕やラケットを強く振って,ネットより高い位置から相手側のコートに打ち込むこと。 ・ポジションの役割に応じて,拾ったりつないだり打ち返したりすること。 ● 連携した動き ・ラリーの中で,味方の動きに合わせてコート上の空いている場所をカバーすること。 ・連携プレイのための基本的なフォーメーションに応じた位置に動くこと。

ウ　ベースボール型

「ベースボール型」においては,第1学年及び第2学年の基本的なバット操作と走塁での攻撃,ボール操作と定位置での守備などによって攻防をすることをねらいとした学習を受けて,第3学年では,易しい投球に対する安定したバット操作により出塁・進塁・得点する攻撃と仲間と連携した守備のバランスのとれた攻防を展開できるようにするこ

とが示されている。

　指導に際しては，連打を重ねるなどの攻撃や仲間と連携した守備を中心に，自己のチームや相手チームの特徴を踏まえた作戦を立てて練習やゲームを展開し，ボールや用具の操作とボールを持たないときの動きに着目させ，学習に取り組ませることができるようにすることが求められよう。

平成29（2017）年版	平成20（2008）年版
【学習指導要領】 ウ　ベースボール型では，安定したバット操作と走塁での攻撃，ボール操作と連携した守備などによって<u>攻防をすること</u>。 【学習指導要領解説の例示】 ● 安定したバット操作 ・身体の軸を安定させてバットを振りぬくこと。 ・タイミングを合わせてボールを捉えること。 ・ねらった方向にボールを打ち返すこと。 ● 走塁 ・スピードを落とさずに円を描くように塁間を走ること。 ・打球や守備の状況に応じた塁の回り方で，塁を進んだり戻ったりすること。 ● ボール操作 ・捕球場所へ最短距離で移動して，相手の打ったボールを捕ること。 ・ねらった方向へステップを踏みながら，一連の動きでボールを投げること。 ・仲間の送球に対して塁上でタイミングよくボールを受けたり，中継したりすること。 ● 連携した守備 ・味方からの送球を受けるために，走者の進む先の塁に動くこと。 ・打球や走者の位置に応じて，中継プレイに備える動きをすること。 ・（削除）	【学習指導要領】 ウ　ベースボール型では，安定したバット操作と走塁での攻撃，ボール操作と，連携した守備などによって<u>攻防を展開する</u>こと。 【学習指導要領解説の例示】 ● 安定したバット操作 ・身体の軸を安定させてバットを振りぬくこと。 ・<u>ボールの高さやコース</u>などにタイミングを合わせてボールをとらえること。 ・ねらった方向にボールを打ち返すこと。 ● 走塁 ・スピードを落とさずに円を描くように塁間を走ること。 ・打球の状況に応じた塁の回り方で，塁を進んだり戻ったりすること。 ● ボール操作 ・捕球場所へ最短距離で移動して，相手の打ったボールを捕ること。 ・ねらった方向へステップを踏みながら<u>無駄のない</u>一連の動きでボールを投げること。 ・仲間の送球に対して塁上でタイミングよくボールを受けたり，中継したりすること。 ● 連携した守備 ・味方からの送球を受けるために，走者の進む先の塁に動くこと。 ・打球や走者の位置に応じて，中継プレイに備える動きをすること。 ・<u>ポジションに応じて，ダブルプレイに備える動きをすること。</u>

(2) 思考力，判断力，表現力等

「思考力，判断力，表現力等」については，「攻防などの自己やチームの課題を発見すること」「合理的な解決に向けて運動の取り組み方を工夫すること」「自己や仲間の考えたことを他者に伝えること」について改善が図られた。これらは，領域及び運動の選択の幅が広がることから，自己や仲間の課題を発見し，これまで学習した知識や技能を活用して，学習課題への取り組み方を工夫できるようにしたり，自己や仲間の課題の発見や解決に向けて考えたりしたことを，他者に分かりやすく伝えられるようにするなどの学習活動が求められよう。

例示では，「選択した運動について，合理的な動きと自己や仲間の動きを比較して，成果や改善すべきポイントとその理由を仲間に伝えること」「選択した運動に必要な準備運動や自己が取り組む補助運動を選ぶこと」「体力や技能の程度，性別等の違いに配慮して，仲間とともに球技を楽しむための活動の方法や修正の仕方を見付けること」などが示されている。

学習に当たっては，自己やチームの課題を発見し，合理的な解決に向けての運動の取り組み方の工夫をする際に，入手した情報で合理的な動き方と仲間の動きを比較することによって，それをどのように受け止めていくかといった学習過程が求められよう。

平成29（2017）年版	平成20（2008）年版
【学習指導要領】 ・攻防などの自己やチームの課題を発見し，合理的な解決に向けて運動の取り組み方を工夫するとともに，自己や仲間の考えたことを他者に伝えること。	【学習指導要領】 ・自己の課題に応じた運動の取り組み方を工夫できるようにする。
【学習指導要領解説の例示】 ・選択した運動について，合理的な動きと自己や仲間の動きを比較して，成果や改善すべきポイントとその理由を仲間に伝えること。 ・自己や仲間の技術的な課題やチームの作戦・戦術についての課題や課題解決に有効な練習方法の選択について，自己の考	【学習指導要領解説の例示】 ・仲間に対して，技術的な課題や有効な練習方法の選択について指摘すること。

・えを伝えること。 ・選択した運動に必要な準備運動や自己が取り組む補助運動を選ぶこと。 ・健康や安全を確保するために，体調や環境に応じた適切な練習方法等について振り返ること。 ・ルールを守り競争したり勝敗を受け入れたりする場面で，よりよいマナーや行為について，自己の活動を振り返ること。 ・チームで分担した役割に関する成果や改善すべきポイントについて，自己の活動を振り返ること。 ・作戦などの話合いの場面で，合意形成するための関わり方を見付け，仲間に伝えること。 ・体力や技能の程度，性別等の違いに配慮して，仲間とともに球技を楽しむための活動の方法や修正の仕方を見付けること。 ・球技の学習成果を踏まえて，自己に適した「する，みる，支える，知る」などの運動を継続して楽しむための関わり方を見付けること。	・健康や安全を確保するために，体調に応じて適切な練習方法を選ぶこと。 ・提供された作戦や戦術から自己のチームや相手チームの特徴を踏まえた作戦や戦術を選ぶこと。 ・作戦などの話合いの場面で，合意を形成するための適切なかかわり方を見付けること。 ・球技を継続して楽しむための自己に適したかかわり方を見付けること。

(3) 学びに向かう力，人間性等

「学びに向かう力，人間性等」については，「一人一人の違いに応じたプレイなどを大切にしようとすること，互いに助け合い教え合おうとすること」が加えて示された。

「一人一人の違いに応じた」では，例示として「一人一人の違いに応じた課題や挑戦及び修正などを大切にしようとする」ことが挙げられた。第1学年及び第2学年の「～認めようとする」から第3学年では「～大切にしようとする」となり，単に違いを受け入れ，認めていくだけでなく，違いそのものを大切なことと認識し，価値を見いだそうとする態度まで高めたいという意図であると考えられる。

また，互いに助け合い教え合う具体的な行為としては，互いに練習相手になる，運動観察を通して仲間に指摘する，などが考えられるが，こうした行為が課題の解決に役立ったり，自主的な学習につながったりすることを理解して取り組めるようにすることが求められよう。

平成29（2017）年版	平成20（2008）年版
【学習指導要領】 ・球技に自主的に取り組むとともに，フェアなプレイを大切にしようとすること，作戦などについての話合いに貢献しようとすること，<u>一人一人の違いに応じたプレイなどを大切にしようとすること，互いに助け合い教え合おうとすること</u>などや，健康・安全を確保すること。	【学習指導要領】 ・球技に自主的に取り組むとともに，フェアなプレイを大切にしようとすること，<u>自己の責任を果たそうとすること</u>，作戦などについての話合いに貢献しようとすることなどや，健康・安全を確保することができるようにする。
【学習指導要領解説の例示】 ・球技の学習に自主的に取り組もうとすること。 ・相手を尊重するなどのフェアなプレイを大切にしようとすること。 ・<u>作戦などについての</u>話合いに貢献しようとすること。 ・<u>一人一人の違いに応じた課題や挑戦及び修正などを大切にしようとすること。</u> ・互いに練習相手になったり仲間に助言したりして，<u>互いに助け合い教え合おうと</u>すること。 ・健康・安全を確保すること。	【学習指導要領解説の例示】 ・球技の学習に自主的に取り組めるようにすること。 ・相手を尊重するなどのフェアなプレイを大切にしようとすること。 ・チームの話合いに責任をもってかかわろうとすること。 ・互いに練習相手になったり，仲間に助言したりして<u>取り組もうとすること。</u> ・健康・安全を確保すること。 ・<u>自己の責任を果たそうとすること。</u>

F 武 道

(1) 知識及び技能

●知　識

　知識については，伝統的な考え方，技の名称や見取り稽古の仕方，体力の高め方などで改善が図られている。例示には，従前の知識を包括的にして「武道を学習することは，自国の文化に誇りをもつことや，国際社会で生きていく上で有意義であること」「武道には，各種目で用いられる技の名称や武道特有の運動観察の方法である見取り稽古の仕方があること」が示されている。「自国の文化に誇りをもつこと」は今次改訂で示されたものであり，このことの学習過程をどのように構築していくか，今後の課題と考えられる。

平成29（2017）年版	平成20（2008）年版
【学習指導要領】 ・次の運動について，技を高め勝敗を競う楽しさや喜びを味わい，伝統的な考え方，技の名称や見取り稽古の仕方，体力の高め方などを理解する。 【学習指導要領解説の例示】 ・武道を学習することは，自国の文化に誇りをもつことや，国際社会で生きていく上で有意義であること。 ・武道には，各種目で用いられる技の名称や武道特有の運動観察の方法である見取り稽古の仕方があること。 ・武道では，攻防に必要な補助運動や部分練習を繰り返したり，継続して行ったりすることで，結果として体力を高めることができること。 ・試合の行い方には，簡易な試合におけるルール，審判及び運営の仕方があること。	【学習指導要領】 ・伝統的な考え方，技の名称や見取り稽古（けいこ）の仕方，体力の高め方，運動観察の方法などを理解する。 【学習指導要領解説の例示】 ・我が国固有の文化である武道を学習することは，これからの国際社会で生きていく上で有意義であること。 ・武道の各種目で用いられる技の名称があること。 ・見取り稽古とは，武道特有の練習方法であり，他人の稽古を見て，相手との距離の取り方や相手の隙をついて勢いよく技をしかける機会，技のかけ方や武道特有の気合いなどを学ぶことも有効な方法であること。 ・武道のパフォーマンスは，体力要素の中でも，柔道では主として瞬発力，筋持久力，巧緻性など，剣道では主として瞬発力，敏捷性，巧緻性など，相撲では主として，瞬発力，巧緻性，柔軟性などに強く影響される。 ・簡単な試合におけるルール，審判や運営の仕方があること。

● 技　能

　「武道」においては，学習指導要領に「得意技」が削除され，「基本動作や基本となる技，連絡技」に焦点化されて示された。「動き」の視点で内容の改善が図られているのが特徴の一つと考えられる。

ア　柔　道

　例示では，「崩し」が「進退動作」よりも前に示された。また，「投げ技の例示は，「払い腰」「投げ技から固め技への連絡」が削除された。柔道は，「技能を一連の動きで示す」「受け身や技の易しい例示」「投げ技を示す順の入れ替え」などの変更がある。

平成29（2017）年版	平成20（2008）年版
【学習指導要領】 ア　柔道では，相手の動きの変化に応じた	【学習指導要領】 ア　柔道では，相手の動きの変化に応じた

基本動作や基本となる技，連絡技を用いて，相手を崩して投げたり，抑えたりするなどの攻防をすること。	基本動作から，基本となる技，得意技や連絡技を用いて，相手を崩して投げたり，抑えたりするなどの攻防を展開すること。
【学習指導要領解説の例示】 ●基本動作 ・姿勢と組み方では，相手の動きの変化に応じやすい自然体で組むこと。 ・崩しでは，相手の動きの変化に応じて相手の体勢を不安定にし，技をかけやすい状態をつくること。 ・進退動作では，相手の動きの変化に応じたすり足，歩み足，継ぎ足で，体の移動をすること。 ●受け身 ・相手の投げ技に応じて横受け身，後ろ受け身，前回り受け身をとること。 ●投げ技 ・取は小内刈りをかけて投げ，受は受け身をとること。 ・取は大内刈りをかけて投げ，受は受け身をとること。 ・取は釣り込み腰をかけて投げ，受は受け身をとること。 ・取は背負い投げをかけて投げ，受は受け身をとること。 ●投げ技の連絡 〈二つの技を同じ方向にかける技の連絡〉 ・大内刈りから大外刈りへ連絡すること。 （投げ技の連絡の削除） 〈二つの技を違う方向にかける技の連絡〉 ・釣り込み腰から大内刈りへ連絡すること。 ・大内刈りから背負い投げへ連絡すること。 ●固め技の連絡 ・取は相手の動きの変化に応じながら，けさ固め，横四方固め，上四方固めの連絡を行うこと。 ・受はけさ固め，横四方固め，上四方固めで抑えられた状態から，相手の動きの変化に応じながら，相手を体側や頭方向に返すことによって逃げること。 ・相手がうつぶせのとき，相手を仰向けに返して抑え込みに入ること。	【学習指導要領解説の例示】 ●基本動作 ・姿勢と組み方では，相手の動きの変化に応じやすい自然体で組むこと。 ・進退動作では，相手の動きの変化に応じたすり足，歩み足，継ぎ足で，体の移動をすること。 ・崩しでは，相手の動きの変化に応じて相手の体勢を不安定にし，技をかけやすい状態をつくること。 ●受け身 ・相手の投げ技に応じて前回り受け身，横受け身，後ろ受け身をとること。 ●投げ技 ・取は前回りさばきから背負い投げをかけて投げ，受は前回り受け身をとること。 ・取は前回りさばきから払い腰をかけて投げ，受は前回り受け身をとること。 ●投げ技の連絡 〈二つの技を同じ方向にかける技の連絡〉 ・大内刈りから大外刈りへ連絡すること。 ・釣り込み腰から払い腰へ連絡すること。 〈二つの技を違う方向にかける技の連絡〉 ・釣り込み腰から大内刈りへ連絡すること。 ・大内刈りから背負い投げへ連絡すること。 ●固め技の連絡 ・取は相手の動きの変化に応じながら，けさ固め，横四方固め，上四方固めの連絡を行うこと。 ・受はけさ固め，横四方固め，上四方固めで抑えられた状態から，相手の動きの変化に応じながら，相手を体側や，頭方向に返すことによって逃げること。 ●投げ技から固め技への連絡 ・大外刈りからけさ固めへ連絡すること。 ・小内刈りから横四方固めへ連絡すること。

イ　剣　道

　例示では，「小手－胴」「引き小手」「出ばな小手」「払い小手」「小

手すり上げ面」が削除された。第1学年及び第2学年から「引き面」と「小手抜き面」が移行して示されている。この他にも，「動き」の視点で表記が変更されている。打突の機会を理解しやすく，相手の構えを崩したり，相手の技をかわしたりする比較的容易な技を学習することができるように改善が図られている。

平成29（2017）年版	平成20（2008）年版
【学習指導要領】 イ 剣道では，相手の動きの変化に応じた基本動作や基本となる技を用いて，相手の構えを崩し，しかけたり応じたりするなどの攻防をすること。	【学習指導要領】 イ 剣道では，相手の動きの変化に応じた基本動作から，基本となる技や得意技を用いて，相手の構えを崩し，しかけたり応じたりするなどの攻防を展開すること。
【学習指導要領解説の例示】 ●基本動作 ・構えでは，相手の動きの変化に応じた自然体で中段に構えること。 ・体さばきでは，相手の動きの変化に応じて体の移動を行うこと。 ・基本の打突の仕方と受け方では，体さばきや竹刀操作を用いて打ったり，応じ技へ発展するよう受けたりすること。 ●しかけ技 〈二段の技〉 ・（二段の技を削除） ・最初の面打ちに相手が対応したとき，隙ができた面を打つこと。（面－面） 〈引き技〉 ・相手と接近した状態にあるとき，隙ができた面を退きながら打つこと。（引き面） 〈出ばな技〉 ・相手が打とうとして竹刀の先が上下に動いたとき，隙ができた面を打つこと。（出ばな面） ・（出ばな小手を削除） 〈払い技〉 ・相手の竹刀を払ったとき，隙ができた面を打つこと。（払い面） ・（払い小手を削除）	【学習指導要領解説の例示】 ●基本動作 ・構えでは，相手の動きの変化に応じた自然体で中段に構えること。 ・体さばきでは，相手の動きの変化に応じて体の移動や竹刀操作を行うこと。 ・基本打突の仕方と受け方では，相手に対しての距離を近くしたり遠くしたりして打ったり，応じ技へ発展するよう受けたりすること。 ●しかけ技 〈二段の技〉 ・最初の小手打ちに相手が対応して隙ができたとき，胴を打つこと。（小手－胴） ・最初の面打ちに相手が対応して隙ができたとき，面を打つこと。（面－面） 〈引き技〉 ・相手と接近した状態にあるとき，隙ができた小手を退きながら打つこと。（引き小手） 〈出ばな技〉 ・相手が打とうとして手もとを上げた（下げた）とき，隙ができた面を打つこと。（出ばな面） ・相手が打とうとして手もとを上げたとき，隙ができた小手を打つこと。（出ばな小手） 〈払い技〉 ・打ち込む隙がないとき，相手の竹刀を払って面を打つこと。（払い面） ・打ち込む隙がないとき，相手の竹刀を

●応じ技 (「すり上げ技」に替えて，第1・第2学年で削除した「抜き技」の「小手抜き面」を示す) 〈抜き技〉 ・相手が小手を打つとき，体をかわしたり，竹刀を頭上に振りかぶったりして面を打つこと。(小手抜き面)	払って小手を打つこと。(払い小手) ●応じ技 〈すり上げ技〉 ・相手の小手打ちを竹刀ですり上げて面を打つこと。(小手すり上げ面)

ウ　相　撲

　相撲では，学習指導要領に「いなし」が示され，「ひねり」から変更された。例示では，「伸脚」「調体（てっぽう）」が削除され，投げ技で，「すくい投げ」が削除された。

　また，「動き」の視点で表記が修正されている。相手の動きの変化に応じた基本動作を行いながら，投げ技や前さばきの基本となる技を用いた自由練習や簡単な試合で攻防を展開することを学習することができるように改善が図られている。

平成29（2017）年版	平成20（2008）年版
【学習指導要領】 ウ　相撲では，相手の動きの変化に応じた基本動作や基本となる技を用いて，相手を崩し，投げたりいなしたりするなどの攻防をすること。 【学習指導要領解説の例示】 ●基本動作 ・蹲踞（そんきょ）姿勢と塵浄水（ちりちょうず）では，正しく安定した姿勢や形をとること。 ・四股（しこ），腰割りでは，重心を低くして安定した動きをすること。 ・中腰の構えでは，重心を低くし安定した姿勢をとること。 ・運び足では，低い重心を維持し安定して，すり足で移動すること。 ・仕切りからの立ち合いでは，相手と動きを合わせて一連の動作で行うこと。 ●受け身 ・相手の動きや技に応じ，安定して受け身	【学習指導要領】 ウ　相撲では，相手の動きの変化に応じた基本動作から，基本となる技や得意技を用いて，相手を崩し，投げたりひねったりするなどの攻防を展開すること。 【学習指導要領解説の例示】 ●基本動作 ・蹲踞（そんきょ）姿勢と塵浄水（ちりちょうず）では，相手の動きの変化に応じやすい正しい姿勢や形をとること。 ・四股（しこ），伸脚，腰割り及び調体（てっぽう）では，重心を低くして安定した動きをすること。 ・中腰の構えと運び足は，相手の動きの変化に合わせて体の移動をすること。 ・仕切りからの立ち合いでは，相手と呼吸を合わせて一連の動作で行うこと。 ●受け身 ・相手の投げ技の変化に応じて受け身をと

をとること。 〈基本となる技〉 ●押し，寄り，前さばき ・相手の両脇の下や前まわしを取って押すこと，これに対し体を開き，相手の攻めの方向にいなすこと。（押し－いなし） ・相手のまわしを取って引き付けること，これに対し相手の差し手を逆に下手に差し替えること。（寄り－巻き返し） ●投げ技 ・寄りから上手で投げること，これに対し受け身を取ること。（上手投げ－受け身） ・寄りから下手で投げること，これに対し受け身を取ること。（下手投げ－受け身） ・体を開いて斜め下の方へ突き落とすこと，これに対し受け身をとること。（突き落とし－受け身）	ること。 〈基本となる技〉 ●押し，寄り，突き，前さばき ・相手の両脇の下や前まわしを取って押すこと，これに対し体を開き，相手の攻めの方向にいなすこと。（押し－いなし） ・相手の胸や肩口を突くこと，これに対し体を開き，相手の肘をたぐるようにいなすこと。（突き－いなし） ・相手の胸や肩口を突くこと，これに対し相手の肘を下からはね上げること。（突き－はね上げ） ●投げ技 ・寄りからまわしを離して相手の腕をすくいながら投げること，これに対し受け身をとること。（すくい投げ－受け身） ●ひねり技 ・体を開いて斜め下の方へ突き落とすこと，これに対し受け身をとること。（突き落とし－受け身）

(2) 思考力，判断力，表現力等

「思考力，判断力，表現力等」については，「攻防などの自己や仲間の課題を発見すること」「合理的な解決に向けて運動の取り組み方を工夫すること」「自己の考えたことを他者に伝えること」について改善が図られた。これらは，領域及び運動の選択の幅が広がることから，自己や仲間の課題を発見し，これまで学習した知識や技能を活用して，学習課題への取り組み方を工夫できるようにしたり，自己や仲間の課題の発見や解決に向けて考えたりしたことを，他者に分かりやすく伝えられるようにするなどの学習活動が求められよう。例示には，「見取り稽古などから，合理的な動きと自己や仲間の動きを比較して，練習の成果や改善すべきポイントとその理由を仲間に伝えること」「選択した運動に必要な準備運動や自己が取り組む補助運動を選ぶこと」「相手を尊重するなどの伝統的な行動をする場面で，よりよい所作に

ついて，自己や仲間の活動を振り返ること」「体力や技能の程度，性別等の違いに配慮して，仲間とともに武道を楽しむための活動の方法や修正の仕方を見付けること」などが示されている。

平成29（2017）年版	平成20（2008）年版
【学習指導要領】 ・攻防などの自己や仲間の課題を発見し，合理的な解決に向けて運動の取り組み方を工夫するとともに，自己の考えたことを他者に伝えること。	【学習指導要領】 ・自己の課題に応じた運動の取り組み方を工夫できるようにする。
【学習指導要領解説の例示】 ・見取り稽古などから，合理的な動きと自己や仲間の動きを比較して，練習の成果や改善すべきポイントとその理由を仲間に伝えること。 ・自己や仲間の技術的な課題やその課題解決に有効な練習方法の選択について，自己の考えを伝えること。 ・選択した運動に必要な準備運動や自己が取り組む補助運動を選ぶこと。 ・健康や安全を確保するために，体調や環境に応じた適切な練習方法等について振り返ること。 ・相手を尊重するなどの伝統的な行動をする場面で，よりよい所作について，自己や仲間の活動を振り返ること。 ・体力や技能の程度，性別等の違いに配慮して，仲間とともに武道を楽しむための活動の方法や修正の仕方を見付けること。 ・武道の学習成果を踏まえて，自己に適した「する，みる，支える，知る」などの運動を継続して楽しむための関わり方を見付けること。	【学習指導要領解説の例示】 ・自己の技能・体力の程度に応じた得意技を見付けること。 ・提供された攻防の仕方から，自己に適した攻防の仕方を選ぶこと。 ・仲間に対して，技術的な課題や有効な練習方法の選択について指摘すること。 ・健康や安全を確保するために，体調に応じて適切な練習方法を選ぶこと。 ・武道を継続して楽しむための自己に適したかかわり方を見付けること。

(3) 学びに向かう力，人間性等

「学びに向かう力，人間性等」については，「一人一人の違いに応じた課題や挑戦を大切にしようとすること」が新たに示された。従前の「態度」の示し方に対し，包括的な示し方となった。「仲間と互いに合意した自己の役割を果たそうとすること」「一人一人の違いに応じた課題や挑戦を大切にしようとすること」といった共生や参画の視点で，「取り組むことがら」が示されている。

平成29（2017）年版	平成20（2008）年版
【学習指導要領】 ・武道に自主的に取り組むとともに、相手を尊重し、伝統的な行動の仕方を大切にしようとすること、自己の責任を果たそうとすること、<u>一人一人の違いに応じた課題や挑戦を</u>大切にしようとすることなどや、健康・安全を確保すること。 【学習指導要領解説の例示】 ・武道の学習に自主的に取り組もうとすること。 ・相手を尊重し、伝統的な行動の仕方を大切にしようとすること。 ・仲間と互いに合意した自己の役割を果たそうとすること。 ・一人一人の違いに応じた課題や挑戦を大切にしようとすること。 ・健康・安全を確保すること。	【学習指導要領】 ・武道に自主的に取り組むとともに、相手を尊重し、伝統的な行動の仕方を大切にしようとすること、自己の責任を果たそうとすることなどや、健康・安全を確保することができるようにする。 【学習指導要領解説の例示】 ・得意技を身に付けることに自主的に取り組めるようにする。 ・礼に始まり礼に終わるなどの伝統的な行動の仕方を自らの意志で大切にしようとすること。 ・練習や簡単な試合の進行などで仲間と互いに合意した役割に、責任をもって自主的に取り組もうとすること。 ・用具や施設の安全確認の仕方、段階的な練習の仕方、けがを防止するための留意点などを理解し、取り組めるようにする。

G ダンス

(1) 知識及び技能

● 知　識

　第3学年の「ダンス」の知識における名称や用語では、「創作ダンス、フォークダンス及び現代的なリズムのダンスで用いられる」が「ダンスには」と包括された。また、「ダンスパーティ」が削除され「発表会」と示された。なお、「器械運動」「陸上競技」「水泳」「ダンス」から1領域以上選択すること、内容の習熟を図ることができるよう考慮して授業時間を配当することは従前どおりである。

平成29（2017）年版学習指導要領解説	平成20（2008）年版学習指導要領解説
〈例示〉 ・ダンスには、身体運動や作品創作に用いられる名称や用語があること。 ・それぞれの踊りには、その踊りの特徴と	（解説文から抜き出し） ・創作ダンス、フォークダンス及び現代的なリズムのダンスで用いられる身体運動や作品創作に用いられる名称や用語（が

表現の仕方があること。 ・それぞれのダンスの交流や発表の仕方には，簡単な作品の見せ合いや発表会などがあること，見る人も拍手をしたりリズムをとるなどしたりして交流し合う方法があること。 ・いろいろな動きと関連させた柔軟運動やリズミカルな全身運動をすることで，結果として体力を高めることができること。	あること（筆者補足））。 ・簡単な作品を見せ合うこと，発表会やダンスパーティなどがあること，見る人も拍手をしたりリズムをとるなどしたりして交流し合う方法があること。 ・様々な動きと関連させた柔軟運動やリズミカルな全身運動をすることで，結果として体力を高めることができること。

● 技　能

ア　創作ダンス

「創作ダンス」においては，ほぼ従前どおりとされた。「D　群（集団）の動き」の「大回り－小回り」で「個や群で」という表記が追記され，空間の広げ方が具体的に示された。

平成29（2017）年版学習指導要領解説	平成20（2008）年版学習指導要領解説
〈表したいテーマと題材や動きの例示〉 　下記のAからFまでは表したいテーマの例示であり，括弧の中はそのテーマから浮かび上がる題材や関連する動き，並びに展開例である。 A　身近な生活や日常動作（出会いと別れ，街の風景，綴られた日記　など） B　対極の動きの連続（ねじる－回る－見る　など）。 C　多様な感じ（静かな，落ち着いた，重々しい，力強い　など） D　群（集団）の動き（大回り－小回り，主役と脇役，迷路，都会の孤独　など） ・「大回り－小回り」では，個や群で大きな円や小さな円を描くなどを通して，ダイナミックに空間が変化するように動くこと。 E　もの（小道具）を使う（椅子，楽器，ロープ，傘　など） F　はこびとストーリー（起承転結，物語　など） ・気に入ったテーマを選び，ストーリー性のあるはこびで，一番表現したい中心の場面をひと流れの動きで表現して，はじめとおわりを付けて簡単な作品にまとめて踊ること。	〈表したいテーマと題材や動きの例示〉 　下記のAからFまでは表したいテーマの例示であり，括弧の中はそのテーマから浮かび上がる題材や関連する動き，並びに展開例である。 A　身近な生活や日常動作（出会いと別れ，街の風景，綴られた日記　など） B　対極の動きの連続など（ねじる－回る－見る　など） C　多様な感じ（静かな，落ち着いた，重々しい，力強い　など） D　群（集団）の動き（大回り－小回り，主役と脇役，迷路，都会の孤独　など） ・「大回り－小回り」では，大きな円や小さな円を描くなどをとおして，ダイナミックに空間が変化するように動くこと。 E　もの（小道具）を使う（椅子，楽器，ロープ，傘　など） F　はこびとストーリー（序破急，起承転結，物語　など） ・気に入ったテーマを選び，ストーリー性のあるはこびで，一番表現したい中心の場面を「ひと流れの動き」で表現して，はじめとおわりを付けて簡単な作品にまとめて踊ること。

イ　フォークダンス

「フォークダンス」においては，曲目が変更された。例えば日本の民踊では，「よさこい節など」から「よさこい鳴子踊りなど」に変更となり，新たに「こまづくり唄など」「大漁唄い込みなど」が追記された。また，外国のフォークダンスでは，「パティケーク・ポルカ」が削除され，「ラ・クカラーチャ」が追記された。

平成29（2017）年版学習指導要領解説	平成20（2008）年版学習指導要領解説
〈曲目と動きの例示〉 ●日本の民踊 ・よさこい鳴子踊りなどの小道具を操作する踊りでは，手に持つ鳴子のリズムに合わせて，沈み込んだり跳びはねたりする躍動的な動きで踊ること。 ・こまづくり唄などの作業動作に由来をもつ踊りでは，踊り手がコマになったり手拭いでコマを回したりする動作を強調して踊ること。 ・大漁唄い込みなどの力強い踊りでは，腰を低くして踊ること。 ●外国のフォークダンス ・ラ・クカラーチャ（メキシコ）などの独特のリズムの踊りでは，リズムに合わせたスタンプやミクサーして踊ること。	〈曲目と動きの例示〉 ●日本の民踊 ・よさこい節などの小道具を操作する踊りでは，手に持つ鳴子のリズムに合わせて，沈み込んだり飛び跳ねたりする躍動的な動きで踊ること。 ●外国のフォークダンス ・パティケーク・ポルカ（アメリカ）などの早いリズムに合わせて拍手などを入れた踊りでは，相手と合わせて踊ること。

ウ　現代的なリズムのダンス

「現代的なリズムのダンス」においては，大きな変更はなされなかった。

平成29（2017）年版学習指導要領解説	平成20（2008）年版学習指導要領解説
〈リズムと動きの例示〉 ・簡単なリズムの取り方や動きで，音楽のリズムに同調したり，体幹部を中心としたシンプルに弾む動きをしたりして自由に踊ること。	〈リズムと動きの例示〉 ・簡単なリズムの取り方や動きで，音楽のリズムに同調したり，体幹部を中心としたシンプルに弾む動きで自由に踊ること。

(2)　思考力，判断力，表現力等

「思考力，判断力，表現力等」については，「表現などの自己や仲間

の課題を発見すること」「合理的な解決に向けて運動の取り組み方を工夫すること」「自己や仲間の考えたことを他者に伝えること」について改善が図られた。これらは，中学校第3学年においては，習得した知識を基に，よりよい解決方法を比較したり，活動を振り返ったりすることなどによって，学習成果を分析する等の活動の提示の仕方を工夫することなどが求められよう。

　「表現力」に対応して，「仲間に伝える」方法がより具体的に追記された。その伝え方も「互いの違いやよさを指摘する」から「選択した踊りの特徴に合わせて（中略）比較して，成果や改善すべきポイントとその理由を仲間に伝える」とされ，比較により捉えた特徴と改善するポイントや理由といった具体的な内容を基に伝える（合う）ことが強調された。また，この過程で，構成員が「合意形成」に向かうための活動を目指すことが新たに示された。「思考力・判断力」の手掛かりとなる「見付ける」では，「特徴に合った踊りの構成」から「特徴を捉えた表現の仕方」と対象の特徴をより深く観察することが示された。

平成29（2017）年版学習指導要領解説	平成20（2008）年版学習指導要領解説
〈例示〉 ・それぞれのダンスに応じて，表したいテーマにふさわしいイメージや，踊りの特徴を捉えた表現の仕方を見付けること。 ・選択した踊りの特徴に合わせて，よい動きや表現と自己や仲間の動きや表現を比較して，成果や改善すべきポイントとその理由を仲間に伝えること。 ・健康や安全を確保するために，体調や環境に応じた適切な練習方法等について振り返ること。 ・作品創作や発表会に向けた仲間と話し合う場面で，合意形成するための関わり方を見付け，仲間に伝えること。 ・体力の程度や性別等の違いに配慮して，仲間とともにダンスを楽しむための活動の方法や修正の仕方を見付けること。 ・ダンスの学習成果を踏まえて，自己に適	〈例示〉 ・表したいテーマにふさわしいイメージを見付けること。 ・それぞれのダンスの特徴に合った踊りの構成を見付けること。 ・発表や仲間との交流の場面では，互いの違いやよさを指摘すること。 ・健康や安全を確保するために，体調に応じて適切な練習方法を選ぶこと。 ・ダンスを継続して楽しむための自己に適したかかわり方を見付けること。

した「する，みる，支える，知る」などの運動を継続して楽しむための関わり方を見付けること。

(3) 学びに向かう力，人間性等

「学びに向かう力，人間性等」については，従前の「態度」の示し方に対し，包括的な示し方となった。今次改訂では，「互いに助け合い教え合おうとすること」「互いに合意した自己の役割」「貢献しようとする」「大切にしようとする」などが新たに示された。「一人一人の違いに応じた」といった生徒の多様性に対応することが示されている。

平成29（2017）年版学習指導要領解説	平成20（2008）年版学習指導要領解説
〈例示〉	（解説文から抜き出し）
・ダンスの学習に自主的に取り組もうとすること。	・感じを込めて踊ったり，みんなで自由に踊ったりする楽しさや喜びを味わい，イメージを深めた表現や踊りを通した交流や発表することに自主的に取り組（むこと（筆者補足））。
・仲間に課題を伝え合ったり教え合ったりして，互いに助け合い教え合おうとすること。	
・仲間と互いに合意した自己の役割を果たそうとすること。	・自己の責任を果たすことは，活動時間の確保につながることや仲間との人間関係がよくなること，自主的な学習が成立すること。
・作品創作などについての話合いに貢献しようとすること。	・（「貢献する」の記述なし）
・一人一人の違いに応じた表現や交流，発表の仕方などを大切にしようとすること。	・（「大切にする」の記述なし）
・健康・安全を確保すること。	・疾病やけがなどを防止するための留意点などを理解し，取り組める。

H 体育理論

第3学年は，文化としてのスポーツの意義で構成されている。それぞれの内容について学習したことを基に，思考し，判断し，表現する活動を通して，体育の見方，考え方を育み，現在及び将来における自己の適性に応じた運動やスポーツとの多様な関わりを見付けることができるようにすることが求められている。

(1) 文化としてのスポーツの意義

ア 知識

　学習指導要領では，従前，「オリンピック」としていたものを「オリンピックやパラリンピック」と示され，障害者のスポーツの理解を深めることが求められている。

　それ以外に大きな変更はない。

平成29（2017）年版学習指導要領解説	平成20（2008）年版学習指導要領解説
(1) 文化としてのスポーツの意義 ㈦ 現代生活におけるスポーツの文化的意義 ・現代生活におけるスポーツは（略）。 ・（触れる）国内外には，（略）。 ㈥ 国際的なスポーツ大会などが果たす文化的な役割 ・オリンピック・パラリンピック競技大会や国際的なスポーツ大会などは，（略）。 ・（触れる）メディアの発達によって，スポーツの魅力が世界中に広がり，オリンピック・パラリンピック競技大会や（略）。 ㈩ 人々を結び付けるスポーツの文化的な働き ・スポーツには（略）。 ・（触れる）「スポーツ」という言葉自体が，（略）。	3 文化としてのスポーツの意義 ア 現代生活におけるスポーツの文化的意義 ・現代生活におけるスポーツは，（略）。 ・（触れる）国内外には，（略）。 イ 国際的なスポーツ大会などが果たす文化的な役割 ・オリンピック競技大会や国際的なスポーツ大会などは，（略）。 ・（触れる）メディアの発達によって，スポーツの魅力が世界中に広がり，オリンピック競技大会や（略）。 ウ 人々を結び付けるスポーツの文化的な働き ・スポーツには（略）。 ・（触れる）「スポーツ」という言葉自体が，（略）。

イ 思考力，判断力，表現力等

　新たに示されたものである。学習指導要領には，「文化としてのスポーツの意義について，自己の課題を発見し，よりよい解決に向けて思考し判断するとともに，他者に伝えること」が示された。

　解説には，「現代生活におけるスポーツの文化的意義，国際的なスポーツ大会などが果たす文化的な役割，人々を結び付けるスポーツの文化的な働きについて，習得した知識を活用して，運動やスポーツとの多様な関わり方や楽しみ方についての自己の課題を発見し，よりよい解決に向けて，思考し判断すること」「自己の意見を言語や記述を通して他者に伝えられるようにすること」が示された。

ウ　学びに向かう態度，人間性等

　新たに示されたものである。学習指導要領には「文化としてのスポーツの意義についての学習に自主的に取り組むこと」が示された。

　解説には，「文化としてのスポーツの意義を理解することや，意見交換や学習ノートの記述などの，思考し判断するとともにそれらを表現する活動及び学習を振り返る活動などに自主的に取り組むこと」が示された。第2学年の「積極的に」とは異なる「自主的に」が示されている。

第4節 保健分野

今次改訂学習指導要領の保健分野は，学習指導要領の内容の変更よりも学年への配列が大きく変更されたことから，以下は，変更された部分を中心に平成29年版学習指導要領解説を基に取り上げていく。

1 健康な生活と疾病の予防

健康な生活と疾病の予防の領域は，今次改訂において学年の配列が変更されるという大きな変更があった。保健分野の内容は，全体としての変更は大きくなされなかったものの，これまで領域ごとに学年の配列をしてきたものが，内容の項目によって別の学年に配列して示されたものがある。しかも，領域の項目名を変えずに，内容項目によって学年への配列が変更されたのである。

このような変更は，これまで内容の領域構成による配列であったものから，項目の内容による学年への配列がなされたといえる。すなわち，内容のまとまりを学年の配列とする構成の原理よりも発達段階の対応による配列が採用されたことを示している。

授業実践を行うに当たって特に注意しておきたいことは，発達段階への対応による配列がなされたからといって，当該学年の日常生活に直接役立つ保健指導が行われることをもって保健の学習とはしないことである。教科の学習としては，内容の配列が学年を優先して変更されたとしても，項目で取り上げる内容は，原則や概念であることを押さえておくことが重要である。

以下は，平成29年版学習指導要領解説を基に取り上げていく。

(1) 知　識

平成29年版学習指導要領解説	内容の取扱いなど
(1) 健康な生活と疾病の予防 (ｱ) 健康の成り立ちと疾病の発生要因 ・健康の成り立ち ・主体と環境の要因によって起こる疾病	←「疾病の回復」も取り扱う。 ←第1学年
(ｲ) 生活習慣と健康 ・運動と健康 ・食生活と健康 ・休養及び睡眠と健康 ・調和のとれた生活	←第1学年 ←（配慮）食育の観点も踏まえる。「がん」も取り扱う。
(ｳ) 生活習慣病などの予防 ・生活習慣病の予防 ・がんの予防	←第2学年 ←「コンピュータなどの情報機器の使用と健康とのかかわり」も取り扱う。
(ｴ) 喫煙，飲酒，薬物乱用と健康 ・喫煙と健康 ・飲酒と健康 ・薬物乱用と健康	←第2学年 ←「心身への急性影響及び依存性」「覚醒剤や大麻等」を取り扱う。 ←（触れる）体育分野との関連を図る観点から，フェアなプレイに反するドーピングの健康への影響
(ｵ) 感染症の予防 ・感染症の予防 ・エイズ及び性感染症の予防	←第3学年 ←（配慮）発達の段階を踏まえる。学校全体で共通理解を図る。保護者の理解を得る。
(ｶ) 健康を守る社会の取組 ・個人の健康と社会的な取組との関わり ・健康の保持増進や疾病予防の役割を担っている保健・医療機関とその利用 ・医薬品の正しい使用	←第3学年 ←「保健・医療機関や医薬品の有効利用」と「個人の健康を守る社会的取組」を統合し，内容を再構成。

(2) 思考力，判断力，表現力等

　改訂によって新たに示された項目である。学習指導要領には，「健康な生活と疾病の予防について，課題を発見し，その解決に向けて思考し判断するとともに，それらを表現すること」が示された。解説には，「健康な生活と疾病の予防に関わる事象や情報から課題を発見し，疾病等のリスクを軽減したり，生活の質を高めたりする視点から解決方法を考え，適切な方法を選択し，それらを伝え合うことができるようにする」と示された。

　例示を思考力，判断力，表現力等の動詞で整理すると，次のように

捉えることができよう。

解説の例示	思考力，判断力，表現力等
・健康な生活と疾病の予防における事柄や情報などについて，保健に関わる原則や概念を基に整理したり，個人生活と関連付けたりして，自他の課題を発見すること。	←「整理する」 ←「関連付ける」 ←「発見する」
・健康の成り立ちと疾病の発生要因や，生活行動・生活習慣と健康について，習得した知識を自他の生活に適用したり，課題解決に役立てたりして，健康の保持増進をする方法を見いだすこと。	←「適用する」（当てはめる） ←「役立てる」 ←「見いだす」
・生活習慣病及びがんの予防や，喫煙，飲酒，薬物乱用と健康について，習得した知識を自他の生活と比較したり，活用したりして，疾病等にかかるリスクを軽減し健康の保持増進をする方法を選択すること。	←「比較する」（比べる） ←「選択する」（選ぶ）
・感染症の予防や健康を守る社会の取組について，習得した知識を自他の生活に適用したり，応用したりして，疾病等にかかるリスクを軽減し健康を保持増進する方法を選択すること。	←「適用する」 ←「応用する」 ←「選択する」
・健康な生活と疾病の予防について，課題の解決方法とそれを選択した理由などを，他者と話し合ったり，ノートなどに記述したりして，筋道を立てて伝え合うこと。	←「話し合う」「記述する」「伝え合う」は「表現」。 ←「筋道を立てる」は論理的思考。

2 心身の機能の発達と心の健康

心身の機能の発達と心の健康の領域は，従前どおり第1学年に配列されている。

以下は，変更された部分を中心に解説している。表に示す「ストレスへの適切な対処」で「(新①)」は「ストレスへの対処にはストレスの原因となる事柄に対処すること，ストレスの原因についての受け止め方を見直すこと，友達や家族，教員，医師などの専門家などに話を聞いてもらったり，相談したりすること，コミュニケーションの方法

を身に付けること,規則正しい生活をすることなどいろいろな方法があり,それらの中からストレスの原因,自分や周囲の状況に応じた対処の仕方を選ぶことが大切であること」が示されたことである。従前の示し方から,ストレスの対処として「ストレスの原因となる事柄に対処すること,ストレスの原因についての受け止め方を見直すこと」が新たに示された。「友達や家族,教員,医師などの専門家などに話を聞いてもらったり,相談したりすること,コミュニケーションの方法を身に付けること,規則正しい生活をすることなどいろいろな方法があり」といった気分転換を中心とする情動対処は従前どおりである。

また,「(新②「技能」)」は「リラクセーションの方法等を取り上げ,ストレスによる心身の負担を軽くするような対処の方法ができる」が新たに示された。従前の「理解できるようにする」という示し方から,「対処の方法ができる」というように,「技能」に関するものが示されている。「リラクセーションの方法等を取り上げ」て,「対処の方法」が「できるようになる」ことの授業展開は,どのような学習過程になるのかといったことが今後の授業実践では求められよう。

(1) 知識及び技能

平成29年版学習指導要領解説	内容の取扱い
(2) 心身の機能の発達と心の健康 (ア) 身体機能の発達 ・各器官が発達し機能が発達する時期 ・発育・発達の個人差 (イ) 生殖に関わる機能の成熟 ・内分泌の働きによる生殖に関わる機能の成熟 ・成熟の変化に伴う適切な行動等 (ウ) 精神機能の発達と自己形成 ・知的機能,情意機能,社会性の発達 ・自己形成 (エ) 欲求やストレスへの対処と心の健康 ・精神と身体の関わり	←（配慮）発達の段階を踏まえる,学校全体で共通理解を図る,保護者の理解を得る。 ←（「適宜取り上げる」に変更）「例えば人前に出て緊張したときに脈拍が速くなったり口が渇いたりすること,体に痛みがあるときに集中できなかったりすること

・欲求やストレスへの適切な対処	など」。 ← (触れる)「過度なストレスは，心身の健康や生命に深刻な影響を与える場合があること」が示された。 ← (新①) ← (新②「技能」)

(2) 思考力，判断力，表現力等

　改訂によって新たに示された項目である。学習指導要領には，「心身の機能の発達と心の健康について，課題を発見し，その解決に向けて思考し判断するとともに，それらを表現すること」が示された。解説には，「心身の機能の発達と心の健康に関わる事象や情報から課題を発見し，疾病等のリスクを軽減したり，生活の質を高めたりする視点から，解決方法を考え，適切な方法を選択し，それらを伝え合うことができるようにする」が示された。

　例示を思考力，判断力，表現力等の動詞で整理すると，次のように捉えることができよう。

解説の例示	思考力，判断力，表現力等
・心身の機能の発達と心の健康における事柄や情報などについて，保健に関わる原則や概念を基に整理したり，個人生活と関連付けたりして，自他の課題を発見すること。	←「整理する」 ←「関連付ける」 ←「発見する」
・心身の機能の発達について，習得した知識を自他の生活に適用したり，課題解決に役立てたりして，発達の状況に応じた健康を保持増進する方法を見いだすこと。	←「適用する」(当てはめる) ←「役立てる」 ←「見いだす」
・欲求やストレスとその対処について，習得した知識や技能を自他の生活と比較したり，活用したりして，心身の健康を保持増進する方法やストレスへの適切な対処法を選択すること。	←「比較する」(比べる) ←「活用する」 ←「選択する」(選ぶ)
・心身の機能の発達と心の健康について，課題の解決方法とそれを選択した理由などを，他者と話し合ったり，ノートなどに記述したりして，筋道を立てて伝え合うこと。	←「話し合う」「記述する」「伝え合う」は「表現」。 ←「筋道を立てる」は論理的思考。

3 傷害の防止

傷害の防止の領域は，従前どおり第2学年に配列されている。

以下は，変更された部分を中心に解説している。表に示す「応急手当」で「(新①)」は，学習指導要領の示し方が従前は「応急手当には心肺蘇生等があること」とされていたものが，「心肺蘇生法などを行うこと」と示された。従前は，保健の学習において応急手当の技能習得までは求めないことから「心肺蘇生」の技術を示すにとどまっていたものが，「心肺蘇生法」という方法を「行うこと」と示された。このことは，従前の解説で「心肺蘇生法を取り上げ，実習を通して理解できるようにする」とされていたことからの変更による。

今次改訂の解説では，「応急手当の実際」として，「胸骨圧迫，AED（自動体外式除細動器）使用などの心肺蘇生法，包帯法や止血法としての直接圧迫法などを取り上げ，実習を通して応急手当ができるようにする」と示された。注意しておきたいことは，このように示されたことをもって応急手当の技能習得のために，反復練習などによって応急手当の技能の出来栄えをよくすることを目指して指導と評価が行われることのないようにすることである。今次改訂で「知識及び技能」という枠組みで改訂されたことは，今までよりもいっそう，応急手当の学習において実習を通してできるようにするときの，原則や概念とは何なのかを明確にした授業展開が求められるといえよう。

(1) 知識及び技能

平成29年版学習指導要領解説	内容の取扱い
(3) 傷害の防止 ㋐ 交通事故や自然災害などによる傷害の発生要因 ・人的要因や環境要因などの関わりによる障害の発生	←（配慮）学校の状況に応じて，運動による傷害の発生要因について適宜取り上げる。
㋑ 交通事故などによる傷害の防止	←（触れる）自転車事故を起こすことによ

・安全な行動，環境の改善による傷害の防止	る加害責任。 ←（配慮）必要に応じて，通学路を含む地域社会で発生する犯罪が原因となる傷害とその防止について取り上げる。
(ウ) 自然災害による傷害の防止 ・自然災害の発生による傷害と二次災害による傷害 ・自然災害への備えと傷害の防止 (エ) 応急手当 ・応急手当の意義 ・応急手当による傷害の悪化防止 ・応急手当の実際 ・心肺蘇生法	 ←「(新①)」

(2) 思考力，判断力，表現力等

　改訂によって新たに示された項目である。学習指導要領には，「傷害の防止について，危険の予測やその回避の方法を考え，それらを表現すること」が示された。解説には，「傷害の防止に関わる事象や情報から課題を発見し，自他の危険の予測を基に，危険を回避したり，傷害の悪化を防止したりする方法を選択し，それらを伝え合うことができるようにする」が示された。

　例示を思考力，判断力，表現力等の動詞で整理すると，次のように捉えることができよう。

解説の例示	思考力，判断力，表現力等
・傷害の防止における事柄や情報などについて，保健に関わる原則や概念を基に整理したり，個人生活と関連付けたりして，自他の課題を発見すること。	←「整理する」 ←「関連付ける」 ←「発見する」
・交通事故，自然災害，犯罪被害などによる傷害の防止について，習得した知識を自他の生活に適用したり，課題解決に役立てたりして，傷害を引き起こす様々な危険を予測し，回避する方法を選択すること。	←「適用する」（当てはめる） ←「役立てる」 ←「予測する」 ←「選択する」
・傷害に応じた適切な応急手当について，習得した知識や技能を傷害の状態に合わせて活用して，傷害の悪化を防止する方法を選択すること。	←「比較する」（比べる） ←「活用する」 ←「選択する」（選ぶ）

・傷害の防止について，自他の危険の予測や回避の方法と，それを選択した理由などを，他者と話し合ったり，ノートなどに記述したりして，筋道を立てて伝え合うこと。	←「話し合う」「記述する」「伝え合う」は「表現」。 ←「筋道を立てる」は論理的思考。

4　健康と環境

　健康と環境は，従前，指導内容を明確に示す視点から，身体の適応能力を超えた環境は健康に影響を及ぼすことがあること，飲料水や空気を衛生的に保つには基準に適合するように管理する必要があること，廃棄物は衛生的に処理する必要があることなどが示されてきた。しかし，今次改訂では，これまでの内容に加えて，健康情報を適切に選択し，健康と環境についての思考力，判断力，表現力等を育成する視点から，新たに，健康と環境に関する情報から課題を発見し，その解決に向けて思考し判断するとともに，それらを表現することが示されている。

　そのため，知識として学ばせる内容に加え，思考力，判断力，表現力等に関わる記述が記載され，例示も示された。

　また，従前は第２学年で指導することとされていたが，「(4)健康と環境」として第３学年に移行して示された。

平成29（2017）年版 学習指導要領	平成20（2008）年版 学習指導要領
(4)　健康と環境について，課題を発見し，その解決を目指した活動を通して，次の事項を身に付けることができるよう指導する。 　ア　健康と環境について理解を深めること。 　　(ｱ)　身体には，環境に対してある程度まで適応能力があること。身体の適応能力を超えた環境は，健康に影響を及ぼすことがあること。また，快	(2)健康と環境について理解できるようにする。 　ア　身体には，環境に対してある程度まで適応能力があること。身体の適応能力を超えた環境は，健康に影響を及ぼすことがあること。また，快適で能率

適で能率のよい生活を送るための温度，湿度や明るさには一定の範囲があること。 (イ) 飲料水や空気は，健康と密接な関わりがあること。また，飲料水や空気を衛生的に保つには，基準に適合するよう管理する必要があること。 (ウ) 人間の生活によって生じた廃棄物は，環境の保全に十分配慮し，環境を汚染しないように衛生的に処理する必要があること。 イ　健康と環境に関する情報から課題を発見し，その解決に向けて思考し，判断するとともに，それらを表現すること。	のよい生活を送るための温度，湿度や明るさには一定の範囲があること。 イ　飲料水や空気は，健康と密接な関わりがあること。また，飲料水や空気を衛生的に保つには，基準に適合するよう管理する必要があること。 ウ　人間の生活によって生じた廃棄物は，環境の保全に十分配慮し，環境を汚染しないように衛生的に処理する必要があること。

第5節
保健体育科における学習過程

　資質・能力の三つの柱の育成に向けては,「課題を発見し,合理的な解決に向けた学習過程を通して」相互に関連させて高めることが重要であるとされている。

　今次改訂の保健体育科の教科目標では,これまでの目標に加えて,「体育や保健の見方・考え方を働かせ,課題を発見し,合理的な解決に向けた学習過程を通して」が示された。続く「心と体を一体として捉え,生涯にわたって心身の健康を保持増進し豊かなスポーツライフを実現する」という目的のための手段として「見方・考え方を働かせ」ること,「課題を発見」すること,「合理的な解決」をすることに向けた「学習過程」という位置付けとなっている。

　教科の目標の「課題を発見し,合理的な解決に向けた学習過程」は解説では,次のように説明されている。

　体育分野においては,各領域特有の特性や魅力に応じた課題を発見し,運動に関わる一般原則や運動に伴う事故の防止等の科学的な知識や技能及びスポーツライフをより豊かにするための知識等を活用して,自らの学習活動を振り返りつつ,仲間とともに課題を解決し,次の学びにつなげられるようにするといった学習の過程を示している。

　保健分野においては,個人生活における健康・安全の内容から自他の健康に関する課題を発見し,健康情報や知識を吟味し,活用して多様な解決方法を考えるとともに,これらの中から,適切な方法を選択・決定し,自他の生活に活用したりすることを示している。

　これを,これまでの課題学習の枠組みで並べてみると,次のような学習過程がみて取れる。

課題学習の枠組み	体育分野	保健分野
(1) 課題の設定	・課題を発見する	・課題を発見する
(2) 課題の追究①	・活用する	・吟味する ・活用する
(3) 課題の追究②	・振り返る	・考える
(4) 課題の解決	・課題を解決する	・選択・決定する
(5) 次の課題の設定	・次の学びにつなぐ	・活用する

　最初の「課題を発見する」は，体育分野と保健分野で共通であり，「課題の設定」に相当すると考えられる。「発見する」と用いていることは，課題の設定は教師から与えるだけではなく，学習者自身が発見していけるように授業を組み立てることが求められているといえよう。しかも，学習指導要領に示す内容を外さないで，単元や本時の「課題を発見する」ことができるようにすることが求められよう。

　次の，体育分野の「活用する」，保健分野の「吟味する・活用する」は，対象が体育分野は「運動に関わる一般原則や運動に伴う事故の防止等の科学的な知識や技能及びスポーツライフをより豊かにする知識」であり，保健分野は「健康情報や知識」となっている。これを「課題の追究①」という枠組みに入れているが，保健分野の「吟味する」は「課題の追究②」に入れている体育分野の「振り返る」を含んでいるものと考えられる。

　学習過程は一つの形式のみによるものでないことは言うまでもないが，保健体育科の解説で示されているものからは，体育分野と保健分野は基本的に同じ学習過程で示されていると考えられる。

　注意深く検討しなければならないことは，「振り返る（reflection）」は，学習過程ではあるが資質・能力になるのかどうかである。「振り返る」には「対話」が考えられる。自分自身との対話，周囲から返ってくるものとの対話がこれに相当するであろう。少なくとも，「振り返る」ことは学習過程の一つとして例示されているものであり，このことをもって，例えば思考力・判断力・表現力とすることにはならな

いことを捉えておきたい。

　また，一口に「学習過程」といっても，これをどの範囲をもって捉えるのかが重要となろう。教科目標で示されているものであるから，保健体育科という教科全体ということもあろうし，授業に視点を当てれば本時の展開であることも考えられる。いずれにせよ，学習過程が重視されていることに留意しなければならない。

　授業を実践する立場で考えるならば，単元計画のまとまりで考えておきたい。例えば，本時の50分という授業の始まりから終わりまでの縦の流れと，単元時間の10時間という横の流れがある。この縦の学習過程と横の学習過程を視野に入れながら，課題を発見することや合理的な解決をすることの学習を構築したいものである。

第6節 指導計画の作成と内容の取扱い

1 指導計画の作成における配慮事項

(1) 授業時数の確認と年間計画の作成

　指導計画を作成する際に，まずは学習指導要領において配当された授業時数を押さえる。保健体育科の年間標準授業時数は各学年105単位時間，3学年間で315時間であることは従前と同じである。保健分野は3学年で48単位時間程度，体育分野は各学年にわたって適切に配当することとされている。その際，「A 体つくり運動」については各学年で7単位時間以上，「H 体育理論」については各学年で3単位時間以上を配当するとされており，従前と同じである。

　年間計画作成に当たり，保健分野は3学年間を通して適切に配当するとともに，生徒の興味・関心や意欲などを高めながら効果的に学習を進めることが示されている。

　保健分野は，学年別の授業時数の配当が従前と異なることが考えられ，注意を要する。それは，「各学年おおよそ均等な時間を配当できるようになっている」という点である。特に今次改訂によって，「(1)健康な生活と疾病の予防」の内容が第1学年から第3学年にわたって指導することとされ，「(2)心身の機能の発達と心の健康」「(3)傷害の防止」「(4)健康と環境」の内容を指導する学年が従前と比べて移行され，それぞれ指定されているという，内容の変更がなされているからである。また，課題学習においては，課題追究あるいは調べる活動の時間を十分確保するために，次の授業時間との間にゆとりをもたせるなど

の工夫をすることも検討しておきたい。

　体育分野は,「A 体つくり運動」と「H 体育理論」については先に示したとおりであり,「B 器械運動」から「G ダンス」までの領域の授業時数は,その内容の習熟を図ることができるよう考慮して配当することとされている。それぞれの領域について,生徒の学習の状況を踏まえて,どの程度習熟を図るかを目安としたい。また,学校や地域の実態はもとより,カリキュラム・マネジメントの視点及び主体的・対話的で深い学びの実現に向けた授業改善の視点を踏まえ,生徒の能力・適性,興味・関心等に応じて,体育分野で育成を目指す資質・能力を効果的に育成することができるよう,3年間を見通した年間計画の作成をしたい。

(2)　障害のある生徒,「特別の教科　道徳」などへの配慮

　障害のある生徒などの指導に当たっては,個々の生徒によって,見えにくさ,聞こえにくさ,道具の操作の困難さ,移動上の制約,健康面や安全面での制約,発音のしにくさ,心理的な不安定,人間関係形成の困難さ,読み書きや計算等の困難さ,注意の集中を持続することが苦手であることなど,学習活動を行う場合に生じる困難さが異なることに留意し,個々の生徒の困難さに応じた指導内容や指導方法を工夫することが求められている。

　その際,保健体育科の目標や内容の趣旨,学習活動のねらいを踏まえ,内容の変更や活動の代替を安易に行うことがないよう留意するとともに,生徒の学習負担や心理面にも配慮することが必要となろう。

　特に,保健体育科においては,実技を伴うことから,全ての生徒に対する健康・安全の確保に細心の配慮が必要とされている。生徒の障害に起因する困難さに応じて,複数教員による指導や個別指導を行うなどの配慮や個々の生徒の困難さに応じた指導内容や指導方法については,学校や地域の実態に応じて適切に設定した年間計画の作成が求められよう。

次に,「特別の教科　道徳」の指導との関連については次のような配慮が考えられる。例えば,保健体育科で扱った内容や教材の中で適切なものを,道徳科に活用することが挙げられる。また,道徳科で取り上げたことに関係のある内容や教材を保健体育科で扱う場合には,道徳科における指導の成果を生かすように工夫することも考えられる。保健体育科の年間指導計画の作成などに際し,道徳教育の全体計画との関連,指導の内容及び時期等に配慮し,両者が相互に効果を高め合うようにすることが考えられる。

(3)　運動の多様な楽しみ方への配慮

保健体育科においては,体力や技能の程度,性別や障害の有無等にかかわらず,運動やスポーツの多様な楽しみ方を共有することができるような年間計画の作成を目指したい。体力や技能の程度及び性別の違い等にかかわらず,仲間とともに学ぶ体験は,生涯にわたる豊かなスポーツライフの実現に向けた重要な学習の機会であろう。このことから,原則として男女共習で学習を行うことを踏まえたい。ただし,心身ともに発達が著しい時期であることを踏まえ,運動種目によってはペアやグループの編成に配慮するなどが求められる。また,合理的な配慮に基づき障害の有無にかかわらず,運動に関する領域の指導上の配慮を踏まえた年間計画を作成したい。

これらの他に内容の取扱いで,①言語活動を充実すること,②ICTを活用した学習活動を工夫すること,③個に応じた指導を充実すること,④体育分野と保健分野の相互の関連を図ること,⑤体育・健康に関する指導との関連を図ることなどが配慮すべき事項に挙げられている。

①言語活動を充実すること

言語活動の充実については,指導内容の精選を図る,学習の段階的な課題を明確にする場面を設ける,課題解決の方法を確認する,練習中及び記録会や競技会などの後に話合いの場を設けるなどして,知識

を活用して思考する機会や，思考し判断したことを仲間に伝える機会を適切に設定するようにしたい。

②ICTを活用した学習活動を工夫すること

　体育分野においては，学習に必要な情報の収集やデータの管理・分析，課題の発見や解決方法の選択などにおけるICTの活用が考えられる。また，保健分野においては，健康情報の収集，健康課題の発見や解決方法の選択における情報通信ネットワーク等の活用などが考えられる。なお，運動の実践では，補助的手段として活用するとともに，活動そのものの低下を招かないようすることや情報機器の使用と健康との関わりについて取り扱うことにも配慮した指導計画が求められる。

③個に応じた指導を充実すること

　体育分野においては，個に応じた段階的な練習方法の例を示したり，個別学習やグループ別学習，繰り返し学習などの学習活動を取り入れたりするなどにより，生徒一人一人が学習内容を確実に身に付けることができるよう配慮する。

　保健分野においては，生徒の健康状態や発育・発達の状況を踏まえ，保健の指導と保健室等の個別指導との連携・協力を推進し，学習内容を確実に身に付け，一人一人の発達や成長に資するよう留意する。

④体育分野と保健分野の相互の関連を図ること

　体育分野と保健分野の関連を図る工夫の例としては，次のようなものが挙げられている。教科内におけるカリキュラム・マネジメントを実現する観点から，体育分野と保健分野の関連する事項を取り上げる際，指導する時期を適切に設定した年間指導計画を工夫することが求められよう。

　体育分野と保健分野の関連の例には，次のものが挙げられている。
　　○「体ほぐしの運動」と「欲求やストレスへの対処と心の健康」
　　○「水泳の事故防止に関する心得」と「応急手当の適切な対処」
　　○「運動やスポーツの意義や効果と学び方や安全な行い方」と「運

動，食事，休養及び睡眠などの健康的な生活習慣の形成」
- 「『A　体つくり運動』から『G　ダンス』の(3)学びに向かう力，人間性等の『健康・安全』で示されている運動実践の場面で行動化する視点」と「生活習慣と健康の中で運動の効果の視点」

⑤体育・健康に関する指導との関連を図ること

　保健体育科の指導計画は，単に1教科としての観点からだけでなく，特別活動のほか，総合的な学習の時間や運動部の活動なども含めた学校教育活動全体との関連を十分考慮して作成する。

　体力の向上や健康の保持増進を図るための教育活動は，関連の教科，特別活動，総合的な学習の時間，運動部の活動などの学校教育活動の中にも，それぞれ独自の性格をもちながら，関連する活動が多く含まれている。保健体育科の学習の成果が，他の教育活動と結び付き，日常生活で生かされるように，特別活動などとの有機的な関連を図って，保健体育科の目標がより効果的に達成できるような指導計画を作成することが求められよう。特に，カリキュラム・マネジメントによって学校教育目標に体力の向上を位置付けることなども考慮して，これまで以上に学校の教育活動全体との関連を図り，指導計画を作成することが求められよう。

　このほかに，体験活動の充実を図ることとして，2020年東京で開催されるオリンピック・パラリンピックを控え，オリンピック・パラリンピックに関する指導の充実を図る観点から「障害者スポーツを体験すること」などや，教育課程外の学校教育活動と教育課程の関連が図られるように留意するものとして，例えば，運動部の活動において保健体育科の指導との関連を図ることなどが示されている。

第4章

「主体的・対話的で深い学び」を
実現する授業づくり

第4章 「主体的・対話的で深い学び」を実現する授業づくり

第1節
資質・能力を育む単元計画づくり

　本節では，「主体的・対話的で深い学び」の実現を目指した単元計画づくりについて，学習指導計画の例を基に取り上げる。

　例示した学習指導案は，中学校第1学年「バスケットボール単元」（9時間完了）である。ただし評価の観点については現段階で示されていないため，観点名等は仮置きである（第5章においても同様）。

　「主体的・対話的で深い学び」を実現させるためには，個別の知識の記憶や形式の技能を学習することにとどまるのではなく，学習した知識や技術の汎用性を高める学習を単元計画に位置付ける。

　本事例では，「思考・判断・表現」を本時の目標とした7時間目を示した。授業の前半は，6時間目までのランニングシュート（技術）の行い方に関するポイント（コツ）の学習を活かして，チーム内で互いの課題を話し合わせた上でゲーム（前半戦）を行わせる。ゲーム後の話合いでは，自己や仲間の課題を確認する活動を位置付けている。次に，ゲーム（後半戦）を行い，本時のまとめとして「ランニングシュートのためのコツを見付ける」課題をまとめ，さらに走り高跳びなど跳躍系の技術との共通点，異なる点などを振り返りによって整理させるようにする。このような学習過程によって，汎用的な技術の学習へと結び付けるようにしたい。

第1学年　体育科学習指導案

(1)　単元名
「シュートを決めよう」（ゴール型，バスケットボール）

(2) 目 標

○バスケットボールの特性や成り立ち,技術の名称や行い方を理解し,ボール操作と空間に走り込むなどの動きによってゴール前での攻防をすることができるようにする。　　　　　　　　（知識・技能）

○ゲームにおける攻防などの自己の課題を見付け,合理的な解決に向けて運動の取り組み方を工夫するとともに,考えたことを他者に伝えることができる。　　　　　　　　　　　　（思考・判断・表現）

○バスケットボールに積極的に取り組むとともに,ゲーム中はフェアなプレイを守ろうとすること,健康・安全に気を配ることができる。
　　　　　　　　　　　　　　　　　　　　　　　　　　　（態度）

(3) 指導と評価の計画（9時間完了）

段階	時間	本時のねらいと活動
はじめ	1	○運動の特性や学習のねらい,授業の進め方について理解しよう。 1　バスケットボールの特性を理解し,学習の見通しをもつ。 2　チームを編成し,役割を確認する。 3　ウォーミングアップ（肩タッチ・膝タッチ,尻相撲・座り相撲・腕相撲,オセロ,子捕り鬼など）を行い,ウォーミングアップの進め方について知る。 4　シュートゲーム（ゴール下/ジャンプ）を行い,進め方を知る。 5　3対2によるゲームを行い,その進め方を知る。 6　4対4のゲームを行い,その進め方を知る。 7　学習をまとめる。
なか1	2 3 4	○得点しやすい空間へタイミングよく動いたり,得点しやすい空間にいる味方へタイミングよくパスをつないだりしよう。 ○お互いの違いを踏まえて仲間とゲームを楽しむ方法を見付けよう。 1　ウォーミングアップ（肩タッチ・膝タッチ,尻相撲・座り相撲・腕相撲,オセロ,子捕り鬼など）を行う。 2　本時の学習課題（ゴール下やジャンプシュートするために得点しやすい空間やタイミングの理解）を確認する。 3　シュートゲーム（ゴール下/ジャンプ）を行う。 4　3対2を行う。 5　4対4のゲームを行う。 6　4対4のゲームをチーム別に振り返り,次のゲームにおける自己や仲間の課題を確認する。 7　4対4のゲームを行う。 8　本時の学習（ゴール下やジャンプシュートのための得点しやすい空間や

なか2	5	タイミングなど）について整理する。 ○ランニングシュートをマスターしよう。 1　ウォーミングアップを行う。 2　本時の学習課題（ランニングシュートするために得点しやすい空間やタイミングの理解）を確認する。 3　シュートゲーム（ランニングシュート）を行う。
	6	4　3対2を行う。 5　4対4のゲームを行う。 6　4対4のゲームをチーム別に振り返り，次のゲームにおける自己や仲間の課題を確認する。
	⑦	7　4対4のゲームを行う。 本時の学習（ゲーム中の得点しやすい空間等）をまとめる。 8　本時の学習（ランニングシュートのためのコツ）をまとめる。跳躍系の技術との関連を整理する。
まとめ	8	○身に付けた技能を活かして，仲間とともにバスケットボールゲームを楽しもう。 1　チーム別にウォーミングアップを行う。 2　チーム別で4対4のゲームにおける課題を確認する。
	9	3　4対4の対抗戦を行う。 4　本時や単元における学習（得点しやすい空間やタイミング，違いを踏まえて楽しむ方法など）をまとめる。

(4) 本時の学習

① 本時の目標

○ゲームにおいて，ランニングシュートのコツを見付け，跳躍系の技術との共通点，異なる点を見いだし，それらを説明することができるようにする。　　　　　　　　　　　　　　　（思考・判断・表現）

② 展開（7/9）

	学習内容・活動	指導上の留意点
はじめ5分	1　整列，あいさつをする。 2　ウォーミングアップを行う。 ※肩タッチ・膝タッチ，尻相撲・座り相撲・腕相撲，オセロ 3　本時のねらいを確認する。 ランニングシュートを成功させるためのコツを見付け，みんなでマスターしよう。	・すばやく整列させ，元気よくあいさつさせる。 ・各種10秒程度で区切り，気持ちを高める。 ・ランニングシュートの名称や行い方のコツを思い出させ，互いに指摘し合う意義を強調する。
なか40分	4　シュートゲーム（ランニング）を行う。 5　チーム内で3対2を行う。	・ゲーム前にチーム別で練習させて，互いの課題を指摘し合わせた上でゲームを行わせる。

	6 チーム対抗で4対4（前半戦）のゲームを行う。 7 チーム内でゲームを振り返り（話合い），次のゲームにおける自己や仲間の課題を確認する。（学習カードに記入） 8 チーム対抗で4対4（後半戦）のゲームを行う。	・踏切前の2ステップ開始位置や踏切り位置のエリアをコート内にテープで示しておく。 ・ゲーム中にランニングシュート開始前の適切な空間やタイミングについてのフィードフォワードやフィードバックを積極的に行うようにする。
まとめ5分	9 ボールやビブスなどの用具を片付ける。 10 本時の学習（ランニングシュートのためのコツを見付ける）をまとめる。（話合い）（学習カードに記入） 11 次時の学習内容を確認する。	・自己や仲間の出来映えについて，学習カードに理由を添えて記述させ，互いに指摘し合わせる。 ・走り高跳びなど跳躍系の技術との関連性についてランニングシュートのコツとの共通点，異なる点を整理する。

第2節
資質・能力を見取る評価

　資質・能力を見取る評価については，学習指導要領解説に「改訂の経緯」で「⑤『何が身に付いたか』（学習評価の充実）」が挙げられている。具体的には，学習評価の改善にかかる通知や評価規準の参考資料等が公表されてから対応することになろう。ここでは，中央教育審議会答申（pp.61〜62）において示されていることを基に取り上げていく。

　中学校を中心に定着してきたこれまでの学習評価の成果を踏まえつつ，目標に準拠した評価をさらに進めていくため，こうした教育目標や内容の再整理を踏まえて，観点別評価については，目標に準拠した評価の実質化や，教科・校種を越えた共通理解に基づく組織的な取組を促す観点から，小・中・高等学校の各教科を通じて，「知識・技能」「思考・判断・表現」「主体的に学習に取り組む態度」の3観点に整理することとし，指導要録の様式を改善することとされている（注：「知識」には従来「理解」として整理されてきた内容も含まれると整理されている）。

　現行の目標に準拠した評価を維持することは宣言しているものの，評価の観点の変更や，これまでの「関心・意欲・態度」に係る評価について，大きな変更がなされようとしている。

　それは，「学びに向かう力，人間性等」に示された資質・能力には，感性や思いやりなど幅広いものが含まれるが，これらは観点別学習状況の評価になじむものではないことから，評価の観点としては学校教育法に示された「主体的に学習に取り組む態度」として設定し，感性や思いやり等については観点別学習状況の評価の対象外とする必要がある。すなわち，「主体的に学習に取り組む態度」と，資質・能力の

柱である「学びに向かう力，人間性等」の関係については，「学びに向かう力，人間性等」には①「主体的に学習に取り組む態度」として観点別評価（学習状況を分析的に捉える）を通じて見取ることができる部分と，②観点別評価や評定にはなじまず，こうした評価では示しきれないことから個人内評価（個人のよい点や可能性，進歩の状況について評価する）を通じて見取る部分があることに留意する必要があるとしている点である。また，これらの観点については，毎回の授業で全てを見取るのではなく，単元や題材を通じたまとまりの中で，学習・指導内容と評価の場面を適切に組み立てていくことが重要であるとしている。

現行の「関心・意欲・態度」の観点は「主体的に学習に取り組む態度」として再構成されようとしている。ここでは，「学びに向かう力，人間性等」には，感性や思いやりなど幅広いものが含まれるが，これらは観点別学習状況の評価になじむものではないとして観点別学習状況の評価の対象外としている。そして，こうした観点別学習状況の評価には十分示しきれない，児童生徒一人一人のよい点や可能性，進歩の状況等については，個人内評価を通じて見取る部分があるとし，日々の教育活動や総合所見等を通じて積極的に子供に伝えることが重要であるとしている。

これに対し，保健体育科の学習指導要領解説で次のように述べている。

特に「学びに向かう力，人間性等」については，目標において全体としてまとめて示し，内容のまとまりごとに指導内容を示さないことを基本としている。しかし，体育分野においては，豊かなスポーツライフを実現することを重視し，従前より「態度」を内容として示していることから，内容のまとまりごとに「学びに向かう力，人間性等」に対応した指導内容を示すこととした。

第4章 「主体的・対話的で深い学び」を実現する授業づくり

　体育分野については、指導内容を示さないこととしているが、従前より「態度」を内容として示していることから、「学びに向かう力、人間性等」に対応した指導内容を示すこととした、としているのである。

　今後、体育分野の評価において、「主体的に学習に取り組む態度」の評価の観点名はどのようになるのか、また、何を対象に評価するのかといったことに注目しておきたい。

　中央教育審議会答申では、評価に当たっての留意点等について以下のように取り上げている。

○　評価の観点のうち「主体的に学習に取り組む態度」については、学習前の診断的評価のみで判断したり、挙手の回数やノートの取り方などの形式的な活動で評価したりするものではない。子供たちが自ら学習の目標を持ち、進め方を見直しながら学習を進め、その過程を評価して新たな学習につなげるといった、学習に関する自己調整を行いながら、粘り強く知識・技能を獲得したり思考・判断・表現しようとしたりしているかどうかという、意思的な側面を捉えて評価することが求められる。
○　このことは現行の「関心・意欲・態度」の観点についても本来は同じ趣旨であるが、上述の挙手の回数やノートの取り方など、性格や行動面の傾向が一時的に表出された場面を捉える評価であるような誤解が払拭し切れていないのではないか、という問題点が長年指摘され現在に至ることから、「関心・意欲・態度」を改め「主体的に学習に取り組む態度」としたものである。こうした趣旨に沿った評価が行われるよう、単元や題材を通じたまとまりの中で、子供が学習の見通しを持って学習に取り組み、その学習を振り返る場面を適切に設定することが必要

となる。
○ また,資質・能力のバランスのとれた学習評価を行っていくためには,指導と評価の一体化を図る中で,論述やレポートの作成,発表,グループでの話合い,作品の制作等といった多様な活動に取り組ませるパフォーマンス評価などを取り入れ,ペーパーテストの結果にとどまらない,多面的・多角的な評価を行っていくことが必要である。さらには,総括的な評価のみならず,一人一人の学びの多様性に応じて,学習の過程における形成的な評価を行い,子供たちの資質・能力がどのように伸びているかを,例えば,日々の記録やポートフォリオなどを通じて,子供たち自身が把握できるようにしていくことも考えられる。

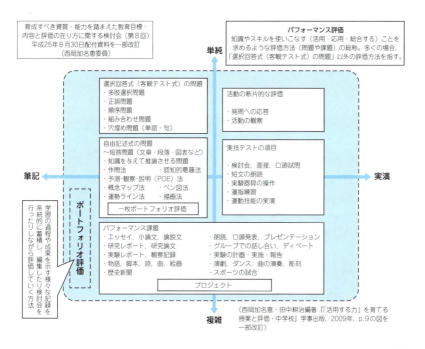

パフォーマンス評価については，前ページの図のような整理がある。これを見ると，「スポーツの試合」が「パフォーマンス課題」に示されている。保健体育科の指導と評価では，試合の結果にとどまらないで多面的・多角的な評価を行っていくことや，得点数やノートの取り方といった一時的に表出された場面を捉える評価を乗り越えたい。そのためには，「形成的な評価」によって，子供たち自身の学びの過程を子供たち自身が把握することはもとより，授業者自身も指導に活かす評価として取り組みたいものである。

第5章

事例：新教育課程を生かす授業

第1節
体育分野

A 体つくり運動

中学校 第1学年 体ほぐしの運動

(1) 本時の目標（2／7）

・仲間と積極的に関わり合うことができるようにする。　　　　　　　（態度）
・手軽な運動を行い，運動の取り組み方について，自己や仲間の考えを伝えることができるようにする。　　　　　（思考・判断・表現）

(2) 単元計画

過程	はじめ	なか					まとめ
分時	1	②	3	4	5	6	7
10分	オリエンテーション	準備運動・ねらいの確認					体ほぐしの運動発表会
20分		体ほぐしの運動	体ほぐしの運動				
30分	体ほぐしの運動		体の動きを高める運動				
40分							
50分	整理運動・評価・振り返り						

(3) 準 備

・本時の学習の流れを提示
・活動場所を区切るポイントマーカー
・音楽
・気付きカード（付箋）
・ペアウォークの心と体の変化の記録表
・学習カード

(4) 展 開

段階 (分)	学習内容・活動	指導上の留意点と評価 留意点：○　評価：★
つかむ (10)	1　集合，あいさつ，健康観察 2　本時のねらいの確認 ○仲間と積極的に関わろう ○自分や仲間の考えたことを伝えよう 3　学習の準備 ・学習の流れや活動する場所，使用する道具を確認する。 ・音楽 ・学習カード ・各グループが活動する場所 4　準備運動 ・体側伸ばし ・体ひねり ・足じゃんけん ・体の緊張を解く ・体を温めるように動く	○生徒の健康状態を確認する。 ○体つくり運動の意義について前時に学習した内容を基に，本時のねらいを理解しているかを確認する。 ○生徒が積極的な学習に取り組めるように，学習の見通しを示す。 ・黒板等に学習の流れを示し説明する。 ・個人やグループで使用するものや，活動する場所を説明する。 ○体の動きを観察する。 ・体がスムーズに動いているか。 ・顔色，汗の状態。 ○学習集団の雰囲気を観察する。 ・仲間と連帯感を高めて気持ちよく活動しているか。
ひろげる (35)	【学習内容】 ・手軽な運動を行い，心と体の関係や心身の状態に気付き，仲間と積極的に関わり合うこと。 ・運動の取り組み方について考えたことを伝えること。 5　ペアウォーク ○いろいろな音楽のリズムに合わせて2人で動く。 ①　4人1組の班を2ペアに分ける。 ②　1ペアが運動しているときにもう一つのペアは観察する。 ③　時間は1分30秒で曲は6曲 ④　話合い3分　　　　　　　　　★①〜④を交代して2回繰り返す。 ○音楽を聴き，1人の動きをまねして動く。 ○曲が変わったら役割を交代して動く。 【主体的】○運動している様子を見ているペアは，相手ペアの表情や動きの変化を見付けた瞬間に「気付きカード」にその様子を記入し「ペアウォークの心と体の変化の記録表」に貼る。	★仲間と積極的に関わろうとしている。【観察】 ○気付いた瞬間に短い言葉で書けているか。 ・どんなとき ・どんな表情だったか ○言葉の例を示しておく。 例：「お互いの体がぶつかったとき笑顔になった。」 「笑顔が増えると動きが大きくなった。」

	○運動が終わったペアは運動を行っているときに感じたことを「気付きカード」に記入し，「ペアウォークの心と体の変化の記録表」に貼る。	（班 ペアウォーク 心と体の変化の記録表）
	【対話的】○それぞれのペアが作成した表を見ながら心と体の関係や，心身の状態について考えたことを説明する。 ・自分が考えたことを説明しながら，自分の心と体の変化に向き合う。 ・仲間の考えを聞き，質問することや，自分の考えと比較し，仲間の変化に気付く。 【深い学び】○互いの考えを聴き合い，それを基に，運動の取り組み方について話合い学習カードに記入する。 ○２回目を実施する。 ・曲の変化に合わせて心と体が弾むような動きを工夫して行う。	○自己との対話ができているか。 ○仲間と対話ができているか。 ★運動の取り組み方を見付けている。 【学習カード，気付きカード】 ○話合いで考えた動き方を取り入れているか。 ○ペア学習で学んだことを取り入れて運動しているか。
まとめる（5）	**6　整理運動・片付け** ○呼吸を整えながら運動する。 ・手首，足首を回す。 ・首や腕，腰を回す。 **7　まとめ・反省** ・学習カードの記入 ○本時のねらいについて，学習したことを中心に振り返る。 ・体がほぐれると心がほぐれることを意識して取り組めたか。 ・仲間と共に運動することで，楽しさや心地よさが増すように取り組めたか。	○心と体が落ち着くような音楽を聞き，高まった心と体を整えているか。 ○けがや体調変化の観察。 ○本時の学習活動の振り返りをする。 ・仲間と声をかけ合う場面や，助け合っている場面では，笑顔が多くみられたこと。 ・自分の考えと他者の考えが同じところや，違うところを伝え合う場面が多くみられたこと。

(5) 本授業を展開するに当たって

　生徒が夢中になって学習に取り組む場面を，音楽の使用やグループで活動することで設定し，主体的な学びにつながるように学習を展開する。

　生徒が興味のある音，テンポよく動きが変えられるようなリズムのある音楽を使用する。

　グループ編成の人数は，4人で2ペアとする。これは，まず，ペア学習によって1対1で考えを伝えることや，動きを表現することで，集団での活動に自信のない生徒も安心して学習ができるようにしたいからである。また，1対1ということで，必ず発言する場面があることから，考えざるを得ない環境をつくりたい。加えて4人班となった際には，ペア学習での成果を少し多い人数の中で発表する場面を用意し，多くの人の考えや感想を聞き合えるように，集団の中の1人として学習に参加できるようにする。

　学習を深める自分の内側にある考えや感じたことをそのまま書くことや，言葉にして外に表すことで，自分の考えを確認し，仲間の考えや感じたことを知る機会を設定する。また，話合い活動により，互いの考えを知り，自分の考えと同じところや違うところを見付け，意見を伝え合う場面をつくり，話し合う前と後の考えや感情の変化によって考えが深まる活動を設けている。

　教師の指導のポイントは，運動している動きの部分だけを取り上げて見るのではなく，運動している最中の様子を動きの大きさや，表情の変化などの全体で捉えることと，笑顔の出現や，アイコンタクトの場面などの部分から，その場面が出現したきっかけを見付けるなど，全体を捉えることを指導し，具体的で詳細に運動を観察するようにしたい。

A 体つくり運動

中学校 第3学年 体の動きを高める運動

(1) 本時の目標（5/7）

・一人一人に応じた動きなどを大切にしようとすることができるようにする。
　　　　　　　　　　　　　　　　　　　　　　　　　　　　（態度）
・自己や仲間の課題を発見し，実生活で継続しやすい運動例や運動の組合せの例を見付けることができるようにする。

　　　　　　　　　　　　　　　　　　　　　　　（思考・判断・表現）

(2) 単元計画

過程	はじめ	なか					まとめ
分時	1	2	3	4	⑤	6	7
10分	オリエンテーション	体ほぐしの運動					体の動きを高める運動のプレゼンテーション
20分							
30分	体ほぐしの運動				体の動きを高める運動		
40分							
50分	整理運動・評価・振り返り						

(3) 準 備

・音楽，縄跳び，ミニハードル，ラダー
・ペットボトルダンベル，タオル，付箋　・黒板やホワイトボード
・学習カード（自己の生活習慣，運動習慣を記録する項目を設ける）

例

自分の生活習慣		
食事	回数	朝を抜くことが多い
	食事内容	野菜が苦手
睡眠	就寝時間	23時頃
	起床時間	7時
余暇活動		家でゴロゴロ
趣味等		スマホゲーム

自分の体力の実態	
得意なところ 好きなこと	体が柔らかい ダンスが好き
苦手なところ	長距離走が苦手

自分が改善したいこと	
生活習慣	
食事	朝食の改善
睡眠	維持する
余暇活動	家や家の周りでできる運動をする
運動 体力	家の周りを歩く 音楽を流して柔軟体操をする

（4）展　開

段階 (分)	学習内容・活動	指導上の留意点と評価 留意点：○　評価：★
つかむ (10)	1　集合，あいさつ，健康観察 2　本時のねらいの確認 ○一人一人に応じた動きを大切に 　しよう。 ○自己や仲間の課題を発見し，実 　生活で継続しやすい運動例や運 　動の組合せを見付けよう。 3　学習の準備 ・学習の流れを示す ・縄跳び，ラダー，タオル ・ペットボトルダンベル ・音楽 ・学習カード，付箋 ・各グループが活動する場所を区切る 　ポイント ・割りばし（体ほぐしの運動） 4　体ほぐしの運動を行う ○体ほぐしの運動を組み合わせて行う。 ○仲間の存在の大切さを感じられるよ 　うな運動を行う。 ・円形ストレッチ ・不思議な小枝 ・円形肩たたき ○仲間からの言葉を受けて自分の心や 　体の変化について言葉にする。 ・自分や仲間の心身の状態を話しなが 　ら動く。	○生徒の健康状態を確認する。 ○前時までに学習した知識を生かして 　学習に取り組むように説明する。 ○律動的な運動を通して，自己や仲間 　の状態を言葉に出すように伝える。
ひろげる (35)	【学習内容】 ・一人一人の違いに応じた動きを大切にすること。 ・自己や仲間の課題を発見し，実生活で継続しやすい運動例を選ぶこと。 5　実生活で継続しやすい運動を行う 　（4人1組） 【主体的】 ○1人が計画した運動を4人で行う 　（一人一人が順番に発表する）。	

第5章　事例：新教育課程を生かす授業

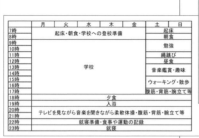

Aさん運動計画
【月～金】
①柔軟体操
　（開脚・脚と腕の伸展）
②腹筋10回・自転車こぎ50回
③ペットボトルダンベルで腕の曲げ
　伸ばし左右10回
④背筋10回
⑤スクワット10回
★①は毎日
　②③月金
　④⑤火木　水は全部
【土日】
⑥縄跳び　50回
⑦ウォーキング20分
⑧筋トレ

パターン１：健康の保持増進を目指した運動計画について
パターン２：調和のとれた体力の向上を図るための運動計画について
・体力状態によって運動の行い方に違いがあることを考えて行う。
・どのくらい実現可能か。
【対話的】
○運動の種類，回数，時間，頻度，行い方が計画者のねらいに合っているかを話し合う。
・運動を実践した感想と質問を付箋に書く。
・実践して感じたことや考えたことを伝えながら付箋を計画者へ渡す。
・具体的に質問する。
・いつ・どこで・だれと
・どんな方法
・どのくらい実現可能か等
【深い学び】
・実践後，仲間からのアドバイスを参考にして計画を見直す。
・継続から習慣化に向けて何が必要かを考える。

★一人一人に応じた動きを大切にしようとしている。
○お互いの体力の状態の違いを理解しながら運動を行っているか。【観察】
★自己や仲間の課題を発見し，実生活で継続しやすい運動例や運動の組合せ方を選んでいる。【観察，学習カード】
○仲間からの感想や質問に答えながら各自の計画について考えるように助言する。
○お互いの感想や意見を聞き，改善できることを考えるように助言する。
○自己のねらいに合った計画を作成しているかについて見直すように指示をする。
○実現可能で継続可能な計画になっているかについて，自分の生活習慣に当てはめて考えるように指示をする。

まとめる（5）	8　まとめ・振り返り ○本時の学習がねらいに合っていたかを考える。 ○グループ内でそれぞれの考えを述べる。 ○学習カードの記入 ・仲間の体力の状態やねらいに応じた動きを大切にできたか。 ・自己や仲間の課題を発見し，実生活で継続しやすい運動について意見を出し合えたか。	○けがや体調が悪くなっている生徒がいないか観察する。 ○本時のねらいに合った学習ができたか。 ・人によって生活習慣や，体力には違いがあることを考えた発言やアドバイスができた。 ・各自の課題やねらいに応じて無理のない運動の行い方があることを考えた発言ができた。

（5）本授業を展開するに当たって

　生徒が自分の生活環境から課題を見付け，計画した運動を仲間とともに実施する。仲間と実施することによって，自分だけでは思いつかなかったような，新しい考えや方法を見付け，その意見を参考にして自分の運動計画を見直すことを通じて，実際に実行可能な運動の計画を考えることをねらいとした学習を展開する。

　グループの話合いの中で，仲間からのアドバイスについては，「いつ」「どこで」「どのくらい実施するか」や，実施できるようにするためのアイデアなどを出し合う等，話合いによって継続可能になるように，できるだけ具体的な質問やアドバイスをするように指導する。

　また，グループでは，仲間同士で，一人一人の生活習慣や運動習慣，体力の特徴を捉え，各自に合った感想やアドバイスができるように指導する。

B　器械運動

中学校 第1学年　マット運動

(1) 本時の目標（8/11）

・課題技の改善のポイントを見付けたり，それらを説明したりすることができるようにする。　　　　　　　　　　　　　　　　（思考・判断・表現）
・練習の進め方を工夫したり仲間の学習を支援したりして，意欲的に取り組もうとすることができるようにする。　　　　　　　　　　　　（態度）

(2) 単元計画

過程	はじめ	なか			まとめ
分時	1	2 3 4	5 6 7 ⑧	9 10	11
10分	オリエンテーション 技の確認 課題技の設定	準備運動・ねらいの確認			発表会 まとめ
20分		ねらい① 共通課題の練習 ・後転 ・倒立前転	ねらい② 選択課題別の練習 ・開脚前転・開脚後転・側方倒立回転 ・両脚とび前転・ロンダート ・前方倒立回転とび	ねらい③ 連続技の工夫 連続技の練習	
30分					
40分					
50分		整理運動・まとめ			

(3) 準　備

・マット（ロングマット6枚）
・学習カード
・学習資料（技の技能ポイントカード）
・共通課題の練習はメンバーを固定して男女別の班編制で行う
・選択課題別の練習は，選択した技ごとにマットを分配して行う

(4) 展 開

段階 (分)	学習内容・活動	指導上の留意点と評価 留意点：○　評価：★
はじめ (8)	1　学習の準備	○安全に留意しながら仲間と協力して，短時間で準備ができるようにさせる。
	2　集合，あいさつ，健康観察	○健康状態や爪，頭髪等の安全の確認を行う。
	3　本時のねらいの確認	
	共通課題の技と選択課題の技を完成させよう	
	4　準備運動 ①ランニング　②ストレッチ　③カエル足打ち　④後転─床タッチ　⑤前転─ジャンプ　⑥補助倒立	○共通課題と選択課題別の練習の最後の1時間であることを確認し完成に向けての意欲をもたせる。 ○元気に号令をかけ，班の仲間との連帯感を高めながら行わせる。 ○けがの防止を意識させ，各部位をほぐせるように正確に行わせる。 ○補助倒立では，実施者のつまずきを捉えさせて，補助を行わせる。
なか (34)	5　共通課題の技の練習	
	後転と倒立前転がスムーズにできるようにしよう	
	【対話的】 班ごとに，後転と倒立前転のアドバイスや補助をし合いながら行う。 【主体的】 倒立前転の練習では，実施者は自分のつまずきに合わせて必要な補助を仲間に依頼する。 【深い学び】 班員は実施者と話し合いながら必要な補助を工夫して行う。	○各班を巡回しながら指導する。 ○周囲の安全に配慮しながら行わせる。 ○よい例と悪い例を交えて師範するなどして，後転と倒立前転のポイントを確認させる。 ○お互いに見合って，つまずきをアドバイスしたり，補助を行ったりさせる。 ○補助は，必要なポイントを見極めて行わせる。 ★（思・判・表）【観察】
	6　共通課題のミニ発表会 ・各班から一人ずつ順番に後転と倒立前転の発表を行う。 【対話的】 倒立前転で補助が必要な場合はあらかじめ，補助者と補助の仕方を相談してから行う。	○「倒立前転・ジャンプ　1/2ひねり・後転」の連続で発表させる。 ○始まりと終わりの合図をしっかり行わせる。 ○ポイントをつかんで行えている生徒には賞賛の声かけをする。 ★（知・技）【観察】

	7　選択課題の技の練習	
	選択課題の技を完成させよう〈選択課題〉前転　開脚後転　倒立前転　両脚とび前転　ロンダード　前方倒立回転とび	
	【対話的】同じ選択課題の生徒同士で，学習資料を参考にアドバイスや補助をし合いながら行う。【深い学び】メンバーは実施者と話し合いながら必要な補助を工夫して行う。	○選択課題別にグループを作って行わせる。○各グループを巡回しながら，安全な練習場所の確保や学習資料を使って技のポイントについて説明する。○技や補助の仕方を師範するなどして，ポイントを確認させる。★（態度）【観察】
まとめ（8）	7　後片付け8　まとめ・反省・学習カードの記入・本時の反省と次時の予定の確認	○安全に留意しながら，仲間と協力して手際よく行わせる。○学習ノートに一緒に練習した仲間からのアドバイスを記入してもらってから，各自で1時間を振り返らせる。★（思・判・表）　　　　【学習カード】○振り返りや教師の話から，取り組むべき課題と次時へ意欲をもてるようにする。

(5)　本授業を展開するに当たって

　マット運動は小学校の時から学習している種目であるが，技の習得の状況は個人差が大きい。そこで，共通課題（みんなができるようにする技）として回転系接転技群の基本として後転，倒立前転を設定した。共通課題の練習では技のポイントを理解させ，班員でアドバイスをし合ったり，お互いの状況に合わせた補助を工夫しながら習得を目指させることにより，「主体的・対話的で深い学び」を実現できると考えた。共通課題の練習では技のポイントを理解させ，班員でアドバイスをし合ったり，お互いの状況に合わせた補助を工夫しながら習得を目指させることにより，「主体的・対話的で深い学び」を実現できると考えた。また，選択課題別の練習では，自分の能力に合った課題を選択させ，共通課題の練習で経験した，技のポイントや完成度によってアドバイスや補助を工夫したり，相談したりする活動を行わせることにより，「主体的・対話的で深い学び」を実現できると考えた。

B 器械運動

中学校第3学年 マット運動

(1) 本時の目標（9/11）

・技の行い方について理解し，滑らかに安定してできるようにする。
（知識・技能）

・自己や仲間の課題を発見して，取り組み方を工夫したり，解決に向けて考えたりしたことを班員に分かりやすく伝えることができるようにする。
（思考・判断・表現）

・班員で助け合ったり教え合ったりして，一人一人の違いに応じた課題を大切にしながら自主的に取り組もうとすることができるようにする。
（態度）

(2) 単元計画

過程	はじめ	なか			まとめ
分時	1	2 3 4 5	6 7 8 ⑨	10	11
10分	オリエンテーション 技の確認 課題技の設定	準備運動・ねらいの確認			発表会 まとめ
20分 30分		ねらい① 基本技の技能を高め，より滑らかに安定してできる。 ・開脚前転 ・倒立前転 ・両足とび前転	ねらい② できそうな技に挑戦し，工夫して取り組み，できるようにする。 ・側方倒立回転 ・開脚後転 ・前方ブリッジ ・ロンダード ・前方倒立回転飛び	ねらい③ 滑らかに連続した技の組合せを工夫して班で発表できる。	
40分 50分		整理運動・まとめ			

(3) 準 備

・マット（ロングマット9枚），学習カード，学習資料（技の技能ポイントカード）
・4人で1班

・班の演技（発表）はロングマット3枚を横に並べ，方形に近い形を作る

(4) 展 開

段階(分)	学習内容・活動	指導上の留意点と評価 留意点：○　評価：★
はじめ(8)	1　学習の準備 2　集合，あいさつ，健康観察 3　本時のねらいの確認	○安全に留意しながら仲間と協力して，短時間で準備ができるようにさせる。 ○健康状態や爪，頭髪等の安全の確認を行う。
	複数の技を滑らかに連続して，仲間とタイミングを合わせて演技ができるようにしよう	
	4　準備運動 ①ランニング　②ストレッチ　③カエル足打ち　④後転一床タッチ　⑤補助倒立　⑥慣れの運動（前転・ジャンプ）（側方倒立回転・倒立前転）	○本時のねらいを確認し，仲間と協力して取り組む意欲をもたせる。 ○班でまとまって元気に号令をかけながら行わせる。 ○けがの防止を意識させ，各部位をほぐせるように正確に行わせる。 ○慣れの運動は班での演技を意識させて，2人で同時に行ったり，方向を変えて行ったりさせる。
なか(34)	5　できそうな技の練習	
	選択した技を完成させよう 〈選択課題〉側方倒立回転　前方ブリッジ　開脚後転　ロンダード　前方倒立回転とび	
	【対話的】 同じ技の生徒同士で助言や学習資料を参考にアドバイスや補助をし合わせながら行う。 【深い学び】 実施者と話し合いながら必要な補助を工夫して行わせる。 6　班での連続技の工夫	○選択した技別にグループを作って行わせる。 ○各グループを巡回しながら，安全な練習場所の確保や学習資料を使って技のポイントについて説明する。 ○技や補助の仕方を師範するなどして，ポイントを確認させる。 ★（知・技）【観察】
	一人一人の連続技を組み合わせて，グループでタイミングを合わせた演技を工夫しよう	
	【対話的】 班長を中心に4人がそろって行う演技だけでなく，一人一人の能力が生かせる構成の工夫を行う。	○3班で一つの演技面を使用させ，実施と話合いの時間を区切って行わせる。 ○方形マットの使い方の例を示して選

	【主体的】 実施と話合いを繰り返しながら，班員で助け合ったり教え合ったりして，一人一人の違いに応じた課題を大切にしながら，よりよい演技になるように取り組む。	んだり工夫したりして行わせる。 ★（思・判・表）【観察】 ★（態度）【観察】
まとめ（8）	7　後片付け 8　まとめ・反省 ・学習カードの記入 ・本時の反省と次時の予定の確認	○安全に留意しながら，仲間と協力して手際よく行わせる。 ○学習ノートに班員からのアドバイスを記入してもらってから，各自で1時間を振り返らせる。 ★（思・判・表） 【観察・学習カード】 ○振り返りや教師の話から，取り組むべき課題と次時へ意欲をもてるようにする。

(5)　本授業を展開するに当たって

　一人一人のできる技は違っていても，グループでお互いの能力を最大限に生かせる演技の構成を工夫したり，仲間とタイミングを合わせて協調して演技をしたりすることで，1人での演技や発表のときとは異なる楽しさを味わうことができるであろう。また，よりよい演技を目指して，グループの一員として「安定して滑らかに技を行う技能」を高めたり，仲間へのアドバイスを行ったり，相談したりする活動を行うことにより，「主体的・対話的で深い学び」を実現できると考えた。

C 陸上競技

中学校 第1学年　短距離走・リレー

(1) 本時の目標（5／8）

- 短距離走・リレーの技術の名称や行い方などについて理解し，腕振りと脚の動きを調和させた走りで，次走者がスタートするタイミングを合わせることができるようにする。　　　（知識・技能）
- 仲間の動きと学習してきた動きのポイントを比較し，課題や出来栄えを仲間に説明することができるようにする。（思考・判断・表現）
- 陸上競技について，一人一人の違いに応じた課題や挑戦を認めようとすることができるようにする。　　　　　　　　　　　　　（態度）

(2) 単元計画

過程	はじめ	なか						まとめ
分時	1	2	3	4	⑤	6	7	8
10分 20分 30分 40分 50分	オリエンテーション	準備運動・ねらいの確認						まとめ
		短距離走 ねらい1：スタートダッシュの加速を走りにつなげるために			リレー ねらい2：スタートのタイミングを合わせるために ねらい3：バトンの受渡しのタイミングを合わせるために			
		整理運動・評価・反省						

(3) 準 備

- バトン
- ダッシュマーク用グランドマーカー
- ストップウオッチ
- ラインカー
- ホワイトボード
- ボード用ペン
- （学習カード，筆記用具）

（4） 展　開

段階 （分）	学習内容・活動	指導上の留意点と評価 留意点：○　評価：★
つかむ（10）	1　集合，あいさつ，健康観察 ・点呼報告をする。 ・健康観察を受ける。 2　本時のねらいの確認 　前走者の走るスピードを落とさせないようにして走り出すタイミングを見付けよう。 3　学習の準備 ・リレーに必要なラインをラインカーで引く。 ・バトン，ダッシュマーク用グランドマーカー，ストップウォッチ，ホワイトボード，ボード用ペンはグループごとに1セット用意する。 4　準備運動 ・屈伸・伸脚・アキレス腱伸ばし・肩回りのストレッチ ・色々な走り（スキップ・サイドステップ・クロスステップ・後ろ向き）	○生徒の健康状態を確認する。 ○本時のねらいは，短距離走で学んだスタートダッシュからの加速を生かし，次走者が「前走者の走るスピードを落とさせないようにして走り出すタイミングを見付けること」であることを伝える。 ○グループで使用するもの，活動場所を示し，説明する。 ○グループで役割分担を決め，練習がすぐ開始できるように素早く準備させる。 ○部位を意識して伸ばすように声をかける。 ○腕を回したり，リズミカルに振ったりして，上体の力を抜いて走ることができるように意識させる。
見付ける（35）	5　グループ（4人）で「5秒間ダッシュゲーム」を行う。 　　　　　【前時からの継続】 ねらい1　スタートダッシュの加速を走りにつなげるために〈5秒間で，何メートル走ることができたか。〉 　　　　　　　　　10m　　　15m　　　20m 　　　測定　　　　　　　　　　　　　　　　 　　　　　　　　　スタート合図　記録確認　記録確認 方法：測定者は，スタートの合図で走り出し，残りのメンバーで走った距離の位置にグランドマーカーを置く。	○グループでスタート合図，計測などの役割を決めて行わせる。

・グループ内で前時の互いの結果を確認し，本時の目標を共有する。 【主体的】 ○前回の結果を踏まえ，自分の課題を明らかにし，目標設定する。	○互いに目標をホワイトボードに記入させる。 ○目標達成に向けて，助言を仲間に伝えさせる。 ★一人一人の違いに応じた課題や挑戦を認めようとすることができているかを，生徒の様子からつかむ。（態度）
・前時の反省を生かし，1回目の計測をする。 ・仲間の助言を生かし，2回目を計測する。計測後，学習カードに記録を記入する。 【主体的】 ○自分の記録を見付め，どこを改善すると記録が伸びるかを分析し，学習カードにメモする。	○記録を学習カードに記入させ，スタートダッシュやストライドが自分に合ったものになっているかを分析させる。
6　ペアによる100mリレーを行う。 ・ダッシュマークについて知る。	○次走者が前走者からバトンをもらう際，スタートダッシュの位置を可視化するため，グランドマーカーを置かせる。

ねらい2　スタートのタイミングを合わせるために
〈ダッシュマークを活用して〉

テークオーバーゾーン

🧍スタート合図　　🧍(△) ダッシュマークの位置を確認

方法：前走者は，スタートの合図で走り出し，次走者は前走者がダッシュマークに到達した地点でスタートダッシュする。前走者の声の合図でバトン（手）をもらう。残りのメンバーで，ダッシュマークの位置を観察し，よりよい位置を見付ける。

	○初めはバトンを使用せず，手と手を介して行わせてもよい。
・グループの中でペアを決め，さらに走順を決める。 【対話的】 ○5秒間ダッシュゲームの結果や体力，性別等の違いも踏まえ，ペアや	○具体的な根拠を基に，仲間と対話をさせるよう促す。

	走順について，自分の考えを仲間に説明する。 ○仲間の考えを聞き，自分の考えと比較しながら，最も適切なペア，走順を決める。 ・ペアに合ったダッシュマークを見付ける。 【対話的】 ○グループ内で，互いにペアの走りを観察し，よい点，改善点を伝え合う。 【深い学び】 ○前走者のスタートダッシュからのスムーズな加速と次走者のスタートのタイミングに焦点を絞り，ペアに最も合ったダッシュマークをグループ全員で見付ける。	○ホワイトボードを活用し，伝えたいことを可視化させる。 ★次走者がスタートするタイミングを合わせることができているかを，活動の様子からつかむ。(知識・技能) ★仲間の動きと学習してきた動きのポイントを比較し，課題や出来栄えを仲間に説明することができているか，生徒の様子からつかむ。(思考・判断・表現)
まとめる (5)	7　後片付け・整理運動 8　まとめ・反省 ・学習カードの記入をする。 ・学習のまとめをする。	○使用した物を仲間と協力して片付けさせる。 ○使用した運動部位の筋肉の緊張を解きほぐすように整理運動をさせる。 ○グループで，何ができていたか，何が次の課題になるかを伝え合い，学習カードに記入させる。 ○本時の学習活動を振り返る。 ○練習の取り組み方や仲間への課題の伝え方で他のグループの参考になるようなグループを紹介する。

(5)　本授業を展開するに当たって

　第1学年及び第2学年では「滑らかな動きで速く走ること」から「滑らかな動きで速く走ることやバトンの受渡しでタイミングを合わせること」となり，特にリレーについての内容が付け加わった。解説上も，滑らかな走りで，スピードを生かしてバトンパスをするだけでなく，次走者が前走者の走るスピードを考慮してスタートするタイミングを合わせたり，前走者と次走者がバトンの受渡しでタイミングを合わせたりすること，と具体的に説明が加わったことにより，特にリレーにおいては，目指すべき学びが明確になったことから，本授業で取り上げている。

　リレーでは次走者が前走者とのバトンの受渡しのタイミングを合わ

せるために，ダッシュマークの活用をすることは，多くの実践でも取り上げられている。本授業では，学習するグループの全員が課題を共有しやすいように，「線を引く」ダッシュマークから「目標物を置く」とした。こうすることで，走っている当人のみならず，グループの仲間も課題を共有し，より適切なダッシュマークを見付けることにつながる。また，ダッシュマークについての知識を習得し，最も適切なダッシュマークはどこになるかをグループの仲間で見付け，解決していくところに対話的で深い学びがある。

なお，グループについては4人とした。これより多くなると，対話ではなく，意見がまとまりにくくなり，話合いに時間がとられてしまう。

さらに，生徒が主体的に学びに取り組めるようにするために，中心となる学習活動の際，活動をやみくもに止めず，生徒の課題解決を温かく見守ることも大切である。教師は，ともすると喋りすぎてしまうことがある。生徒の気付き，発見を大切にするために，中心となる学習活動に入る際の問いかけの仕方に気を付けていく必要がある。

本授業によって，走ることが苦手な生徒でも，自分の体力や技能，知識の変化に関心をもたせられるように，グループの編成，中心となる学習活動の方法，教師の声かけが重要である。

C　陸上競技

中学校 第3学年　ハードル走

(1)　本時の目標（3/8）

・短距離走・リレーの技術の名称や行い方などについて理解し，スタートダッシュから1台目のハードルを勢いよく走り越すことができるようにする。　　　　　　　　　　　　　　　　　　（知識・技能）

・合理的な動きと自己や仲間の動きを比較し，成果や改善すべきポイントとその理由を仲間に説明することができるようにする。

（思考・判断・表現）

・陸上競技について，一人一人の違いに応じた課題や挑戦を大切にしようとすることができるようにする。　　　　　　　　　　（態度）

(2)　単元計画

過程	はじめ	なか						まとめ
分時	1	2	③	4	5	6	7	8
10分	オリエンテーション	準備運動・ねらいの確認						まとめ
20分		ねらい1：スタートダッシュから1台目のハードルを勢いよく走り越すために						
30分								
40分		ねらい2：遠くから踏み切り，振り上げ脚をまっすぐ上げ，ハードルを低く越すために						
50分		整理運動・評価・反省						

(3)　準　備

・ラダー，スターティングブロック，ミニ三角コーン，ミニハードル，ハードル（正規のもの，中央が開くタイプ），グランドマーカー，ホワイトボード，ボード用ペン，（学習カード，筆記用具）

※タブレットが活用できるならば観察の際，活用したい。

(4) 展　開

段階 (分)	学習内容・活動	指導上の留意点と評価 留意点：○　評価：★
つかむ (10)	**1　集合，あいさつ，健康観察** ・点呼報告をする。 ・健康観察を受ける。 **2　本時のねらいの確認** スタートダッシュから1台目のハードルを勢いよく走り越そう。 **3　学習の準備** ・学習の流れや活動場所，使用する道具を確認する。 ・ミニ三角コーン，ハードル各種，グランドマーカー，ストップウオッチ，ホワイトボード，ボード用ペンはグループごとに1セット用意する。 **4　準備運動** ・屈伸・伸脚・アキレス腱伸ばし・股関節周辺のストレッチ ・ラダーを使ってジャンピング（両脚開閉・駆け足・三角コーンを置いて飛び越える） : 足	○生徒の健康状態を確認する。 ○本時のねらいは，「スタートダッシュの加速を維持したまま，1台目のハードルを走り越すこと」であることを伝える。 ○グループで使用するもの，活動場所を示し，説明する。 ○グループで役割分担を決め，練習がすぐ開始できるように素早く準備させる。 ○部位を意識して伸ばすように声をかける。 ○仲間と協力し，気持ちを高め合いながら取り組むように声をかける。
見付ける (35)	**5　第1ハードルを全力で走り越す。** ・ミニ三角コーンを使って ・ミニハードルを使って ・ゴムハードル（中央が開くタイプのハードル）を使って ・ハードルを使って ねらい1　スタートダッシュから1台目のハードルを勢いよく走り越すために 〈スピードを落とさず第1ハードルを走り越せたか〉	○第1ハードルを全力で走り越すためには，スタートから第1ハードルまでの歩数，踏み切る位置や足が重要であることを確認する。

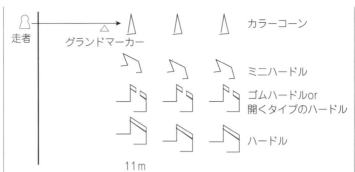

11m

△スタート合図　△歩数確認　△振り上げ脚確認

方法：走者は，スタートの合図で走り出し，初めの障害物に向かってスピードを落とさず走り，走り越す。残りのメンバーでスタートから第1ハードルまでの歩数や踏み切り位置などを確認する。踏み切り位置にグランドマーカーを置く。

・グループ内で互いの目標を共有する。 【主体的】 ○前回の結果を踏まえ，自分の課題を明らかにし，目標設定する。 ○正規のハードルを使用して勢いよく加速して走り越せるように障害物（三角コーン，ミニハードル，倒しハードル）の置き方，使用方法を工夫する。 ○グランドマーカーを使用し，第1ハードルを踏み切る位置が常に同じ位置になるようにする。 【対話的】 ○踏み切り位置について，走力やスタートからの歩数などを踏まえ，自分の考えを仲間に説明する。 【対話的】 ○グループ内で，互いにペアの走りを観察し，よい点，改善点を伝え合う。 【深い学び】 ○第1ハードルを勢いよく走り越すために必要なことを伝え合い，次の練習に生かしていく。（目線，上下動，腕の振り等）	○グループでスタート合図，計測などの役割を決めて行わせる。 ○互いに目標（ハードルの使用方法や歩数，振り上げ脚）をホワイトボードに記入させる。 ○目標達成に向けて，助言を仲間に伝えさせる。 ★一人一人の違いに応じた課題や挑戦を大切にしようとすることができるかを，生徒の様子からつかむ。（態度） ★スタートダッシュから1台目のハードルを勢いよく走り越すことができるかを，活動の様子からつかむ。（知識・技能） ○具体的な根拠を基に，仲間と対話をさせるよう促す。 ○ホワイトボードを活用し，伝えたいことを可視化させる。 ★合理的な動きと自己や仲間の動きを比較し，成果や改善すべきポイントとその理由を仲間に説明することができているか，生徒の様子からつかむ。（思考・判断・表現）

	7　後片付け・整理運動	○使用した物を仲間と協力して片付けさせる。 ○使用した運動部位の筋肉の緊張を解きほぐすように整理運動をさせる。
まとめる（5）	8　まとめ・反省 ・学習カードの記入をする。 ・学習のまとめをする。	○グループで，何ができていたか，何が次の課題になるかを伝え合い，学習カードに記入させる。 ○本時の学習活動を振り返る。 ○練習の取り組み方や仲間への課題の伝え方で他のグループの参考になるようなグループを紹介する。

(5)　本授業を展開するに当たって

　第1学年及び第2学年同様，インターバルは「3～5歩」から「3又は5歩」と変わったことから，今後の授業においてはインターバルは同じ歩数でリズミカルに走り越すことが求められる。本授業では第3学年ということから，80mで，8台のハードルを使用して授業を進めていくことを前提としている。ただし，生徒の実態に応じて弾力的に走る距離，ハードルの使用台数を適切に設定する必要がある。

　陸上競技の技能向上には他者の観察は欠かせないであろう。また，主体的・対話的で深い学びの実現のためには，グループでの活動が重要である。また，障害の有無等にかかわらず運動やスポーツに親しむ資質・能力を育成すること，共生の視点に基づく各領域への指導の充実，男女共習の推進などを踏まえ，グループは男女2名ずつの4人構成とした学習の展開も考えたい。

　第1ハードルに向かって，同じ歩数，同じ振り上げ脚で走り越すことを『共通の課題』，スタートダッシュの勢いを失速しないようにして正規のハードルを走り越すことを『ジャンプ課題』とするなど，学んだ知識を基にして自己や仲間の動きを比較して，互いに気付いたことや考えたことを伝えたり，体力や技能の程度，性別等の違いに配慮して，楽しむための方法を見付けたりしていく活動も考えられる。

D 水泳

中学校 第1学年　水　泳

(1) 本時の目標（8/10）

・選択した泳法で動きを高めるための技術的なポイントを理解し，泳ぐことができるようにする。　　　　　　　　　　　（知識・技能）
・同じ泳法を選択した仲間と泳ぎの改善につながるポイントを見付けたり，説明したりすることができるようにする。

（思考力・判断・表現）

・選択した泳法について，一人一人の違いに応じた課題や挑戦を認めようとすることができるようにする。　　　　　　　　　（態度）

(2) 単元計画

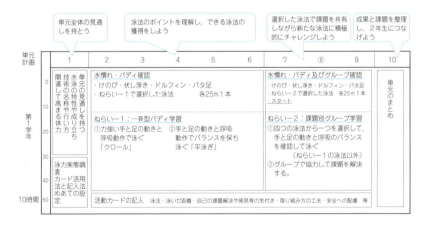

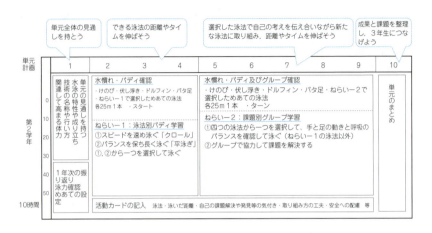

(3) 準 備

- タイマー：1，ストップウォッチ：8
- めあてボード：1
- 個人カード（めあて確認用）：各1
- フープ（水慣れ　イルカ用）：10
- ビート板：30
- 浮き（腕，腰用）：各20
- フィン：10セット

・水かき補助板：10セット
・タイヤチューブ：（平泳ぎキック矯正用）：10本
・VTR録画，再生機（TV含む）

(4) 展　開

段階 (分)	学習内容・活動	指導上の留意点と評価 留意点：○　評価：★
つかむ (10)	**1　集合，あいさつ，健康観察** 　めあて１・２のボードに自分のカードを貼る。 **2　本時のねらいの確認** 　泳ぎのポイントを明確化し仲間と協力して泳力を伸ばそう。 **3　学習の準備** ・各コースの場の確認 ・ねらい－１のバディの確認 ・使用する用具の確認 **4　準備運動** ・肩，首，腰，膝，手足首，指等の可動範囲を広げる。 ・腕，太腿，脹脛，アキレス腱などを伸ばす。 ・シャワー後入水し，かべをつかみながら強く息を吐いて呼吸のみを行う。 ・けのび，伏し浮き，ドルフィン，バタ足とねらい－２で選択した泳法を各25mずつ行う。	○めあてボードで生徒の人数を確認し，現在の健康状態を把握する。 ★ねらい－２の学習での泳法と学習の進め方が理解できているか。 ○単元計画を示し，生徒が学習の見通しを常にもてるようにする。 ○自分が学習する場や用具・同じコースで泳ぐ仲間を確認させる。 ★本時のめあてや場，共に学ぶ仲間が分かっているか。 ○入水前の最終の健康状態を確認する。 ★表情，顔色，体の動き，バディとのコミュニケーションはどうか。
見付ける (35)	**4　ねらい－２（２時間目）** 〈学習内容〉 四つの泳法から一つを選択し，グループ内で課題を共有しながら距離やタイムを伸ばすこと ○自分のめあてが達成できたら，ボードの名前を貼り替え，帽子の色を変える。 【主体的な学び】 ○選択した泳法について，泳ぎのポイントと自分の泳ぎの違いに気付き，	○練習方法のモデルを提示しておく。 ○用具の安全な使い方や，コース使用の注意点を確認する。 ○仲間の健康や安全に配慮する。 ★選択した泳法の課題をもてているか。 ★課題改善につながる練習の場や方法が選択できているか。

	改善に向けての練習方法を選択して取り組む。 ○距離やタイムを計測しながら，泳ぎの変化を確認する。 【対話的な学び】 ○自分の課題をグループ内で説明し，共有する。 ○泳ぎのポイントについて視点を明確にしてアドバイスし合う。 ○選択した練習方法において，グループ内で役割分担をして，より効果的な泳ぎの改善につなげる。 【深い学び】 ○自分や仲間の泳ぎの変化に気付き，さらに泳法の改善につながるポイントを見付ける。 ○補助具やVTRなどを用い，具体的に泳ぎを確認する。 ○同じ泳ぎを選択した仲間と泳法の改善の確認を行う。	○一人一人の課題に応じた挑戦を認められる場の設定を行う。 ★自らの課題や取組を仲間に伝えることができているか。 ★課題を共有し，仲間と協力して取り組めているか。 ○泳法ごとの泳ぎのポイントカードを掲示し，課題が達成されているかどうかの判断を行う。 ★めあての達成状況がつかめているか。 ★次時のめあてがつかめているか。
つかむ（5）	5　整理運動・片付け ○肩，首，腰，膝，手足首，指等を回す。 ○仲間と協力して用具の後片付けを行う。 6　まとめ・反省 ○学習カードに本時の学習の成果と次時のめあてを記入する。	○けがや体調が悪くなっている生徒がいないか確認する。 ○本時の学習活動の振り返りをする。 ○振り返りを元に，学びの姿を確認する。 ★めあてに向けた活動が仲間と協力してできていたか。 ★グループ内でお互いの考えを出し合い，課題解決に向けた活動がなされていたか。

(5) 本授業を展開するに当たって

本単元では，第1学年の8時間目の展開例を示した。1，2年生の学習においてはいずれかの学年で重点的に指導することも考え，単元計画案を3学年分掲載した。ねらい－1・ねらい－2の配分時間や学年が進むことによる学習内容の広がりや深まりを考慮して20時間程度と想定している。

第1学年では，ねらい－1の段階で，一人一人が自分の課題を明確につかむことができるようにクロールと平泳ぎについて泳法の特徴やつまずきのポイント，さらには具体的な練習の場や補助用具の使用方法などについて一斉学習で学ぶこととした。これは，その後引き続きクロール・平泳ぎの学習を選択していく場合だけでなく，他の泳法を選択した場合でも学び方を応用できるようにと考えてのことである。
　さらにここでは，自分の課題を見付けることや，同じポイントを仲間と意見交換をしながら達成していくことについても学習経験を積ませていく。
　また，泳ぎのポイントを明確な視点をもってみることができる力や自分の課題を相手に伝えたり，泳ぎを観察してより速く・長く泳ぐためのアドバイスをしたりすることも学習させる。
　こうした学習経験を基に，ねらい－2では，四つの泳法から選択させる中で一人一人が自分に応じた課題を明確にもち，仲間とともに学習を高めていくことができると考えた。
　自らの課題を明確にし，達成状況が分かるようにめあて黒板を準備し，その時間のめあてが達成できた場合，個人のカードを移動するとともに帽子の色を変えることで教師が把握できるような手立てを工夫する。なお，めあてについては，個人や同じグループの仲間でも判断できるようにタイムや距離，回数で設定したり，具体的な泳ぎの姿を切り取ったりして表記することとする。
　教師の指導のポイントは，選択した泳法において，めあてや学習の場の設定状況が適切かどうか，グループ内で泳ぎの質を高める関わり合いができているかどうかを学習なども活用しながら拾い上げ，授業前後を含めて関わっていくようにする。
　第3学年では，ねらい－2において「単一及び複数の泳ぎでチームを作って競争して泳ぐ」が選択肢として加わるが，単元の大きな流れは変えず，実態に応じた時間配分などで対応できると考える。

E　球技（ゴール型）	
中学校 第2学年	バスケットボール

(1)　本時の目標（6/11）

・サイドラインマンからのパスがシュートにつながらない原因を解決する方法を実際のゲームの場面から見付け，仲間に伝えることができるようにする。　　　　　　　　　　　　　　　（思考・判断・表現）
・原因の解決方法を見付ける課題に意欲的に取り組もうとすることができるようにする。　　　　　　　　　　　　　　　　　　　　　（態度）

(2)　単元計画

過程	はじめ	なか								まとめ	
分時	1	2	3	4	5	⑥	7	8	9	10	11
10分	単元の目標と学習の進め方	準備運動・ねらいの確認									
20分		縦に広がるゲーム「守らずにフロントコートに居残る人を生かす速攻ゲーム」			横に広がるゲーム「サイドラインマンを活用するゲーム」					まとめのリーグ戦成果の発表	
30分											
40分											
50分		整理運動・評価・反省・振り返り									

(3)　準　備

・移動式ホワイトボード，各チーム用作戦ボード，学習カード，ビブス，タイマー，得点板

(4)　展　開

段階 (分)	学習内容・活動	指導上の留意点と評価 留意点：○　評価：★
つかむ (8)	1　集合，健康観察 2　準備運動 3　本時のねらい	○生徒の健康状態を確認する。 ○ストレッチ及びボールの扱いに慣れる運動に取り組ませる。
	○サイドラインマンからのパスがシュートにつながらない原因を解決する方法を見付けよう。 ○原因の解決方法を見付けることに意欲的に取り組もう。	

	4 前時の確認 　前時に皆で考えたことを確認し，本時はこの原因の解決方法を考えることを伝える。	
	○前時にサイドラインマン（SM）からのパスがシュートに結びつかない原因を考えた結果，以下の意見が整理された。 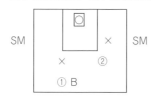 SM：サイドラインマン B　：ボール ①②：攻め　×：守り　　　　A：ぐるぐる走り回ってパスを受けても，ゴールから遠くてシュートできない。 B：守りがついてきてしまい，相手を振り切ることができない。 C：パスを受けたときに，ゴールの真下でシュートができない。	
追究する（38）	**5　サイドラインマンを活用するゲーム** ○前時に考えた原因について課題をもってゲームに取り組む。 A・Bについて 「守りを振り切ってゴール近くでパスを受けるには？」 Cについて 「シュートにつながるように走るコース，走り方，パスの受け方をどのようにするとよいか？」 **6　A・B・Cの原因を解決する方法の話合い（グループ）**	○左記について，どうすればよいかを考えながら取り組めるようにする。 ○グループでの話合いは適宜行ってよいこととする。 ★課題に対して意欲的に取り組んでいる。【観察】 【主体的】 ○特に，自分たちのグループが考えた原因の解決には主体的に取り組むように声をかける。 ○各グループで考えをまとめるようにする。 【対話的】 ○A・BとCについて，考えることを明確にした上で，具体的な方法をグループで絞り込むようにさせることにより，活発な議論を促すようにする。 ★原因を解決する方法を見付けている。また，その内容を仲間に伝えている。【観察】
	7　A・B・Cの原因を解決する方法の話合い（一斉） 〈予想する反応〉 A・Bについて 「守りを振り切ってゴール近くでパスを受けるには？」	

	・走る速さを変えて守りを振り切る。 ・右へ行く振りをして左に行くなどフェイントをかける。 ・鋭く方向を変えて走り，守りを振り切る。 ・パスをしたらすぐに走って守りを振り切る。 ・SM同士がパスをし合って守りにくくする。 Cについて 「シュートにつながるように走るコース，走り方，パスの受け方をどのようにするとよいか？」 ・ゴールに対し，斜め45°のコースに走り込む。 ・ゴールの手前1ｍ～2ｍでパスを受けるとよい。 ・走り込むときにゴールを視野に入れて走る。	
	8　話し合ったことを試すゲーム	【深い学び】 ○個人の考え→グループの考え→みんなの考え，と収束させていったことを実際の動きで可能かどうかを検討させることにより，自分たちで感じた原因の解決を自分たちで見付け出す展開にする。
まとめる（4）	9　まとめ・反省 ・学習カードの記入 ＊解決方法を見付け，伝えたか ＊意欲的に取り組んだか	○話し合ったことを実際に試してみるゲームで，できたこと，まだ不十分なことをまとめるようにする。

(5) 本授業を展開するに当たって

本時は，前時に考えた「サイドラインマンからのパスがシュートに結びつかない原因」を解決していくための具体的方法を，ゲームの場面を取り上げながら見付けていく展開を示した。

現状の授業の中には，「作戦を考えましょう，話し合いましょう」と教師が指示したとしても，「声を出そう」「思い切り動こう」「あきらめないで頑張ろう」といった状況から発展しない例がある。こうした事例は，どのようなゲームを目指し，そのためにどのような動きをさせたいのかが不明瞭な場合が多い。

本授業は，生徒が見付けた原因を主体的に解決しよう，具体的な場面を挙げて対話的に話し合おうとするような「問い」を模索したものである。

E 球技（ゴール型）

中学校 第3学年　バスケットボール

(1) 本時の目標（3/11）

・前時に困難を感じた場面について「守備者を引きつけてゴールから離れるには？」「パスをしたら次のパスを受けるには？」という視点から動きを考えることができるようにする。（思考・判断・表現）
・空間を作りだす動きを考えることに，意欲的に取り組もうすることができるようにする。（態度）

(2) 単元計画

過程	はじめ	なか								まとめ	
分時	1	2	③	4	5	6	7	8	9	10	11
10分	単元の目標と学習の進め方	準備運動・ねらいの確認									まとめのリーグ戦 成果の発表	
20分		空間を作りだす動きを使った3対3ハーフコートゲーム					空間を作りだす動きを生かした3対3オールコートゲーム				
30分		・守備者を引きつけてゴールから離れるには？ ・パスをしたら次のパスを受けるには？		・ボール保持者が進行できる空間を作るには？ ・進行方向から離れるには？			・ハーフコートゲームでの仲間との連携を生かすには？				
40分											
50分		整理運動・評価・反省・振り返り										

(3) 準　備

・移動式ホワイトボード，各チーム用作戦ボード，学習カード，ビブス，タイマー，得点板

(4) 展　開

段階（分）	学習内容・活動	指導上の留意点と評価 留意点：〇　評価：★
つかむ（5）	1　集合，健康観察 2　準備運動	〇生徒の健康状態を確認する。 〇ストレッチ及びボールの扱いに慣れる運動に取り組ませる。

	3 本時のねらい	
	○前時に困難を感じた場面について「守備者を引きつけてゴールから離れるには？」「パスをしたら次のパスを受けるには？」という視点から動きを考えよう。（思考・判断・表現） ○空間を作りだす動きを考えることに，意欲的に取り組もう。	
	4 前時の確認	
	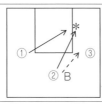 ①②③は攻め，Bはボール	ハーフコート3対3で…… ②が③にパス。②が＊地点に動き①も＊地点に動き，ゴール下に空間が作れないという困難を共有した。
追究する（40）	5 「守備者を引きつけてゴールから離れるには？」「パスをしたら次のパスを受けるには？」という視点からの動きの検討	○前時に共有した困難な場面を，グループでコートを使い，3対3に取り組みながら検討させる。 【主体的】 ○前時に共有した一場面を切り口として，自分たちのグループとして考える具体的な動きを検討することにより，主体的にグループ内の合意を形成できるようにする。 ★空間を作りだす動きを考えることに意欲的に取り組んでいる。【観察】 ★「守備者を引きつけてゴールから離れるには？」「パスをしたら次のパスを受けるには？」という視点から動きを考えている。【観察】
	6 グループの考えを発表	○具体的な動きを根拠とともに発表できるようにする。
	〈予想する反応〉 	・②は，パスしてすぐにパスを受けるつもりでゴール下に走り込むが，＊に留まることなく，守りを引きつけながら左の方に走ってゴールから離れ空間を空ける。 ・①は，②の動きによりゴール下の空間が空くので，そこに走り込んでゴール下でパスを受け，シュートを打つ。
	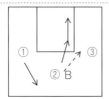	・②のカットインを助けるために，①が自分をマークしている守りを引き寄せゴールから離れるように動く。 ・②は，パスしたらすぐに空いた空間に走り込んでパスを受けシュートを打つ。

	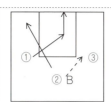	・②は守りを引きつけながら左コーナーへゴールから離れるように動く。 ・ほぼ同時に①は②と交錯するようにゴール前の空間に走り込んでパスを受け,シュートを打つ。
		・②は③にパスしてすぐに走りパスを受ける。 ・③は②にパスしてすぐに走りパスを受けシュートを打つ。 ・①は守りを引きつけながらゴールから離れる。
	7 よりよい方法で実践	【対話的】 ○よりよいと判断する方法で3対3を行う。その際,動き方の問題点と解決方法を議論しながら行うようにする。
まとめる (5)	8 まとめ・反省 ・学習カードの記入 ＊二つの視点で動きを考えたか ＊意欲的に取り組んだか	【深い学び】 ○グループとして,最後に行った「よりよい方法での実践」について,さらに改善するべきこと,さらに考えられる方法などについても,まとめの話合いで話題に出すことにより,本時の学びが次時の学びにつながるようにする。

(5) 本授業を展開するに当たって

　本時は,前時の学習で困難を感じた場面を皆で共有し,「守備者を引きつけてゴールから離れるには？」「パスをしたら次のパスを受けるには？」という視点から動きを考え,よりよい方法で実践していく展開を示した。カットインプレー,パスアンドランなどのプレーには,成功する理由がある。形だけを教え,このように動こうという展開では,言われたとおりに,何も考えずにゲームをすることになってしまうことがよくある。そうではなく,なぜこのように動くと有効なのか,どうしてこのプレーが成功するのかに気付くことができるような学びとしたい。ゴール型球技に共通する「空間を作りだす動き」について,追究することにより,学習は主体的・対話的で深い学びになっていくと考えることができよう。

E 球技（ネット型）

中学校 第2学年	バレーボール

(1) 本時の目標（7/10）

・定位置を確認し，自分にとって動きやすい位置で守備をすることができるようにする。　　　　　　　　　　　　　　　（知識・技能）
・チームの特徴を見付け，その課題解決の方法をチームの仲間と考えることができるようにする。　　　　　　　　　（思考・判断・表現）
・前半の課題について振り返り，意欲的に練習・ゲームに取り組むことができるようにする。　　　　　　　　　　　　　　　　（態度）

(2) 単元計画

	1	2	3	4	5	6	⑦	8	9	10
学習内容	見通しをもつ	知る楽しむ	空いた場所をめぐる攻防							
			落とす vs 落とさない				定位置に戻る vs 戻させない			
10分	オリエンテーション	ドリルゲーム2	ドリルゲーム1−1				ドリルゲーム1−2			
				ドリルゲーム3			ドリルゲーム4			
20分	ドリルゲーム1	メインゲーム1	発問及び内容確認	振り返り	メインゲーム1		発問及び内容確認	メインゲーム2		
30分					タスクゲーム1			タスクゲーム2		
40分	ドリルゲーム2	振り返り	メインゲーム1	メインゲーム1	メインゲーム1		メインゲーム2	メインゲーム2		
50分										

(3) 準 備

・バドミントンコート用ネット及びポール（3セット）
・ネット高調整用アダプター（自作，3セット）
・バレーボール（4号，検定球）
・スマイルボール（5号，日本混合バレーボール協会公式試合球）

・チーム分析用用紙・個人分析用用紙
・付箋（7.5cm×7.5cm）

（4）展　開

段階 （分）	学習内容・活動	指導上の留意点と評価 留意点：○　評価：★
つかむ （7）	1　集合，あいさつ 2　本時のねらい確認	○体育館に来た人から，自分のビブスを着用し，ランニング等を各コートで行わせる。
	ゲーム中の有効な守り方について考えよう	
見付けるⅠ （13）	3　ドリルゲームⅠ－Ⅱ 　　（アタックゲーム：攻防） ・アウトは守備に1点 ・キャッチできたら守備に1点 ・落とせたら攻撃に1点 ・ネットは守備に1点	○より高度な試合展開となるように，守備への意識をもたせるようにする。 ○前時まで行ってきたアタックゲームに守りの動き（キャッチ）を加えたものであることを説明する。
見付けるⅡ （25）	4　ドリルゲームⅣ 　　（パスゲーム：3対3） ・2or3回で返球 ・6m×3m（横長コート） 5　振り返り，課題を考える	○状況判断の選択肢が2対2のゲームより格段に増えるため，先を予測した判断の必要性を伝える。 ○3人の立ち位置について問いかける。
	ボールが相手コートにあるときは，どこで守ればいいでしょう	
	・自己観察結果（どこで守ればいいか）を付箋に書く。 ・チーム内でお互いの付箋を確認する。 ・各チームの意見を確認・共有する。 6　メインゲームⅡをする ・3対3 ・3回以内返球 ・バドミントンコート ・投げ入れサーブ	○自分たちが今までの練習でねらってきた場所について振り返り，まずは攻撃しやすい場所の裏返しの場所について確認させる。 ★自分自身が行ってきた活動を振り返って，記述している。【主体的】 ○お互いの意見を確認する程度に止め，あえてまとめることまでは求めない。 ○順番に指名し，各チームで多かった意見を発表させることを伝える ★チームの意見を相談してまとめ，発表する。【対話的】 ○出された意見を中心に守備について特に有効な動きを意識させるように，ゲーム中に積極的に介入しながら声かけを行う。 ★相手チームの様子を分析しながら，コート内のメンバーに指示する。
まとめ （5）	7　まとめ	○うまくいった点，うまくいかなかった点を簡単に確認する。

(5) 本授業を展開するに当たって

ネット型球技（バレーボール）の特性としての面白さを味わい，夢中になって取り組めるような学習を展開したい。本授業では，単元を通じてラリーが続く中での「ハラハラドキドキ感」を大切にしたい。バレーボールは，ゲームを成立させるための基礎的な技能（パス・サーブ・アタック）の技術的なハードルが非常に高いであろう。そこで，その対策の一つとして，スマイルボールの

スマイルボール

日本混合バレーボール協会公認試合球（5号,重量約240ｇ）を使用した。

また，学習を深めるために，中心的な学習内容である，「空いた場所をめぐる攻防」を核に，前半を「ボールを落とすvs落とさせない」攻防，後半を「定位置に戻るvs戻させない」攻防とし，それぞれ中心発問を軸に，それにつながる補助発問で授業を組み立ててみた。前半と後半のそれぞれ最初の授業で中心発問を投げかけ，付箋に書かせている。そして，単元終了時に改めて同じ中心発問を投げかけ，学習カードに記入させ，比較できるようにした。

資料1の右側の付箋が学習開始時の記述，右側が学習終了時の記述例である。同じ主発問に対する記述の変容をみることができ，最後に自分自身でその変容を確認することで，「どんなことをどのように学んできたのか」を振り返ることができた。また，この学習カードをチームで共有することによって，友達の変容も知ることができ，自分自身の学びと友達の学びを比較できるようになる。

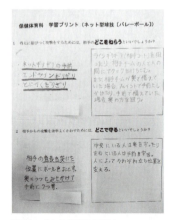

資料1「中心発問と回答」

E　球技（ネット型）

中学校 第3学年　　バレーボール

(1) 本時の目標（4/10）

・自分の役割を確認して，仲間と連携した攻撃を組み立て，「拾う，つなぐ，打つ」といった一連の流れを大切にして攻撃することができるようにする。　　　　　　　　　　　　　　　　（知識・技能）
・相手チームの特徴を見付け，その攻撃に応じた効率のいい守備の方法をチームの仲間と相談し，見付けることができるようにする。

（思考・判断・表現）

・前時までの課題について振り返り，意欲的に練習・ゲームに取り組むことができるようにする。　　　　　　　　　　　　　　（態度）

(2) 単元計画

	1	2	3	④	5	6	7	8	9	10
学習内容	見通しをもつ	知る楽しむ	空いた場所をめぐる攻防							
			落とす vs 落とさない			相手の動きを予測する vs 予測させない				
10分	オリエンテーション		ドリルゲーム1 アンダーサービスゲーム			ドリルゲーム2 アンダーサービスゲーム				
20分	ドリルゲーム1	メインゲーム	発問及び内容確認	タスクゲーム1 アタックゲーム		発問及び内容確認	タスクゲーム2 アタックゲーム			
30分			メインゲーム1			メインゲーム2				
40分	ドリルゲーム2									
50分		振り返り	振り返り			振り返り				

(3) 準備

・バレーボール用ネット及びポール（2セット）
・バレーボール（4号，検定球）

・スマイルボール（5号，日本混合バレーボール協会公式試合球）
・チーム分析用用紙

(4) 展　開

段階 (分)	学習内容・活動	指導上の留意点と評価 留意点：○　評価：★
つかむ ⑩	1　集合，あいさつ 2　本時のねらい確認	○体育館に来た人から，自分のビブスを着用し，ランニング等を行わせる。
	相手の動きに合わせた有効な攻撃の仕方・守り方について考えよう	
	3　ドリルゲーム1 　　（アンダーサービスゲーム） ・エンドライン内から打ってもOK ・〔攻撃〕宣言エリアに打てたら攻撃側に1点 ・〔守備〕レシーブできたら守備側に1点	○意図した所へねらって打てるように意識させる。 ★打ちたい方向へ体を向けている。 ○攻撃側の練習と守備側の練習を両立させるため，意図的な部分は切り離して考えさせる。 ★自分の判断で行動している【主体的】
見付けるⅠ ⑮	4　タスクゲーム1 　　（アタックゲーム） ・4.5m×9m ・男子210cmネット ・女子200cmネット ・アタックが決まれば（相手コートにボールを落とせば1点）。 ・守備側はレシーブし，2人目がキャッチできたら1点。	○アタックヒットの練習を重視させるため，攻撃はスパイクとする。 ○ねらったところへアタックを打つためには，助走の仕方を工夫することの重要性を考えさせる。 ★アタックをねらう位置を相談する【対話的】 ○守備側にはアタッカーの助走の方向からレシーブの位置を考えるように助言する。 ★チームで相談して守備の位置を修正している【対話的】
見付けるⅡ ⑳	5　メインゲーム1 ・9m×9mコート ・4人対4人 ・サーブはアタックラインより後ろならOK ・1球目はキャッチなし ・2球目はキャッチもOK （キャッチする場合は，オーバーハンドの位置，アンダーハンドの位置でキャッチさせる） ・3球目はアタックとする。	○ポジションとその役割を考えさせる。 ★ポジションによる攻撃の仕方の違いを話し合い，学習カードに記入している。【対話的】【深い学び】 ★ボールを直接触らないときの動きを相談し，学習カードに記入している。【対話的】【深い学び】 ○複雑な攻撃を行うためには，レシーブをセッターに確実に返すことが重要であることを助言する。 ○アタックを打ちやすい高さと位置を確認させる。

| (5)まとめ | 6 まとめ | ○よかった点を確認し，次の時間にやってみたいことを簡単に話し合う。 |

(5) 本授業を展開するに当たって

　本単元における核となる学習課題は，「空いた場所をめぐる攻防」であるが，3年生では「役割に応じたボール操作」「連携した動き」をどう捉えるかが重要となってくる。そこで，ボールの操作性を緩和するために，引き続きスマイルボールを使用しながら，「役割に応じたボール操作」と「連携した動き」を表1のように整理した。

表1　中心となる具体的な学習内容

「役割に応じたボール操作」			「連携した動き」
サーバー	ねらったところへアンダーハンドで打つ	攻撃	・複数人が同時に攻撃に参加する。（おとりの動き）・守備のための準備を行う。
レシーバー	セッターの扱いやすい所へ返す		
セッター	アタッカーが打ちやすいところへトスする	守備	・空いた場所を作らないような位置取り（ポジション）
アタッカー	ねらったところへ打つ（落とす）		

　これらの学習内容を習得するために，ドリルゲームやタスクゲームを組み立てていくが，第3時と第7時にそれぞれ単元の前半と後半の主発問（表2）を投げかけ，全ての学習がその主発問への返答に結び付くようにしていくことが大切である。また，授業者の補助発問も全てその主発問を意識し，計画を立てていく。

表2　主発問

前半主発問（第3時）	後半主発問（第7時）
・どこをねらって打つといいですか。	・「いつ」「どんな相手の動き」をみると，守りやすいですか。

E 球技（ベースボール型）

中学校第1学年 ソフトボール

(1) 本時の目標（5/8）

・ソフトボールの技術や行い方について理解し，基本的なバット操作，走塁，ボール操作，状況に応じた守備によって攻防ができるようにする。　　　　　　　　　　　　　　　　　　（知識・技能）
・基本的なバット操作や進塁の方法，進塁を防ぐための守備の方法といった攻防の作戦を見付け，それらを説明することができるようにする。　　　　　　　　　　　　　　　　　（思考・判断・表現）
・フェアプレイを守り，作戦を話し合ったり，ゲーム分析したり，練習を補助したりすることについて，意欲的に取り組もうとすることができるようにする。　　　　　　　　　　　　　　　　　（態度）

(2) 単元計画

過程	はじめ		なか				まとめ	
分時	1	2	3	4	⑤	6	7	8
10分	準備運動・課題の確認							
	ドリル運動の行い方	ドリル運動						
20分						チーム練習を考える	チーム練習	
30分	メインゲームの行い方	タスクゲームの行い方	タスクゲーム					
40分		メインゲーム						
50分	整理運動・学習カードの記入・まとめ							

(3) 準 備

・ベース，バット，グローブ，ソフトボール，ティー台（あるいはコーンとペットボトル），学習カード，ゲーム分析シート

(4) 展　開

段階(分)	学習内容・活動	指導上の留意点と評価 留意点：○　評価：★
はじめ（5）	1　集合，あいさつ，健康観察 2　本時のねらいの確認 チーム全員が協力して，相手の進塁を阻止するためには，各自がどのように動いたらよいか見付けよう。 3　学習の準備 ・ベース，グローブ，バット，ボール，ティー台を各コートへ運びドリルの準備をする。 4　準備運動 ・投・走・打に必要な部位を重点的にストレッチする。	○体調不良の生徒がいないかを確認する。 ○学習のねらいを明確に示す。 ★チームで協力して用具を準備し，ドリルができるようにする（態度）。 ★安全に運動ができるように準備運動する（態度）。
取り組む（10）	5　ドリル練習（技術練習） ・キャッチボール ・ティー台を使ってバッティング 6　タスクゲーム（課題ゲーム） ・得点方法は，1塁1点，2塁2点，3塁3点，本塁4点とする。 ・走者が進塁する先の塁のアウトゾーンに2人が入り，サークル内でキャッチするとアウト。 ・残塁はしない。	○基本的なキャッチ動作とバット操作を指導する。 ○タスクゲームは，兄弟チームで実施する。 ★捕球した生徒以外の生徒がどこへ移動し，どこの塁でアウトにするか指示を出し合わせる（態度）。
発問（2）	7　発問 発問：走者を進塁させないためには，ボールを持っていないすべての守備者は，どのように（どこへ）動けばよいですか。	
考える（3）	8　考えを記入する ・発問を聞き，誰とも相談することなく，1人で，矢印で動きを記し，その理由を書く。 （図：守備配置図、打球、その理由は→）	★学習カードに「発問」の自己の解答を書く（思・判・表）。【主体的】 ★守備者の動きを矢印で，その理由を文字で書き表す（思・判・表）。【主体的】【深い学び】 ○考える（記入）時間（3分）は，誰とも相談することなく，1人で考えさせる。

試す① (10)	9 メインゲーム（試しのゲーム） ・6人対6人でゲームを実施する。 ・内野3人外野3人。 ・走者が先の塁へ進塁している最中（塁間），先の塁のアウトゾーンで守備者がボールキャッチするとアウトになる。 ・ゲーム分析する。	○投手は味方チームが行う。 ○気付いたこと，分かったことは覚えておくように指示する。それを「話合い」のときの自己省察に利用させる。【主体的】
修正する (5)	10 チームで話し合い，意見を出し合う ・一人一人が考えたことを出し合い，意見をまとめる。	★学習カードを基にチーム全員が意見を出す（思・判・表）。【対話的】【深い学び】
試す② (10)	11 メインゲーム ※前半のゲーム（9 メインゲーム）の内外野の守備を入れ替える。	○作戦通りに実施しているか観察する。
まとめ (5)	12 後片付け 13 チームごとに整理運動 14 まとめ・反省 ・自己の動き（守備・打撃）を省察する。 ・チームで気付いたことや修正すべきことを共有する。 15 発表とまとめ	★チームで意見を出し合い，作戦がうまくいっているか，ボールを持たないときの動きがどうあるべきか，意見をまとめる（思・判・表）。【対話的】【深い学び】 ○チームでまとめた「発問」の解答を発表させる。【対話的】

(5) 本授業を展開するに当たって

1・2年生のベースボール型では，基本的なバット操作，走塁，ボール操作，定位置での守備によって，打者はいかにして進塁するか，走者を先の塁に進めるかという状況判断と，一方で，それを阻止する守備の知識・技能等が学習対象になる。チームで協力して走者の進塁を阻止するためには，先回りして塁へボールを送球することが求められ，そのためにベースカバーやバックアップが必要とされる。

本授業では，単元を通じて個の技術をドリル運動で取り上げつつ，守備者の連係の状況判断に関する思考・判断を学習の中核としている。そのため，授業はどこへベースカバーに入り，誰がバックアップに入るかについて，予想，分析，修正する対話的な学習を通じて，ゲームパフォーマンスを振り返り，思考・判断によってより質の高い守備を追究する。主体的自省と仲間との対話的省察を伴うことで深い学びを実現する。

E 球技(ベースボール型)

中学校 第3学年 ソフトボール

(1) 本時の目標(4/8)

・練習やゲーム中の技能を観察する方法を知り,安定したバット操作,打球や守備の状況に応じた走塁,連携した守備,連携した守備のためのボール操作によって攻防が展開できるようにする。(知識・技能)

・攻防で発見した課題を,合理的な解決に向けて運動の取り組み方を工夫したり,作戦などの話合いの場面で,合意形成するための関わり方を見付けたり,仲間に伝えたりすることができるようにする。
(思考・判断・表現)

・作戦などについての話合いに貢献し,互いに練習相手になったり仲間に助言したりして,互いに助け合い教え合うことができるようにする。(態度)

(2) 単元計画

過程	はじめ		なか					まとめ
分時	1	2	3	④	5	6	7	8
10分	準備運動・課題の確認							
	ドリル運動の行い方	ドリル運動						
20分		チーム練習を考える	チーム練習		チーム練習を修正する	チーム練習		
30分	ドリル運動							
	メインゲームの行い方	作戦を考える						
40分		メインゲーム						
		作戦を修正する						
50分		メインゲーム						
	整理運動・学習カードの記入・まとめ							

(3) 準 備

・ベース,バット,グローブ,ソフトボール,学習カード,ゲーム分

析シート
(4) 展 開

段階(分)	学習内容・活動	指導上の留意点と評価 留意点：○　評価：★
はじめ (5)	1　集合，あいさつ，健康観察 2　本時のねらいの確認 チーム全員が協力して，中継プレイやベースカバー等で相手の進塁を阻止するためには，各自がどのように動いたらよいか見付けよう。 3　学習の準備 ・ベース，グローブ，バット，ボールを各コートへ運びドリルの準備をする。 4　準備運動 ・投・走・打に必要な部位を重点的にストレッチする。	○体調不良の生徒がいないかを確認する。 ○学習のねらいを明確に示す。 ★チームで協力して用具を準備し，ドリルができるようにする（態度）。 ★安全に運動ができるように準備運動する（態度）。
取り組む (10)	5　ドリル練習（技術練習） ・キャッチボール ・左右打ち分けバッティング ※投げられたボールを指名した位置（左右）に打ち分ける。打ち分けられたボールを中継プレイで返球する。	○基本的なキャッチ動作と安定したバット操作を指導する。 ○安全にバットやボールを使用するように指示する。
発問 (2)	6　発問 発問：走者の進塁を阻止するためには，だれが，どこに動くとよいですか。	
考える (3)	7　考えを記入する ・発問を聞き，誰とも相談することなく，1人で，矢印で動きを記し，その理由を書く。 ［図：守備配置と打球方向］ その理由は→	★学習カードに「発問」の自己の解答を書く（思・判・表）。【主体的】 ★守備者の動きを矢印で，その理由を文字で書き表す（思・判・表）。【主体的】【深い学び】 ○考える（記入）時間（3分）は，誰とも相談することなく，1人で考えさせる。

	8　チーム練習を行う ・チームの課題に合った練習を行う。 【練習の例】 ※コートの空いている場所に仲間がボールを投げ，走者をどこでアウトにするかを練習する。 ※外野や走者の位置を変えて練習する。 ※相手の守備位置や走者の位置に応じたバッティングを行わせる。	○チームの課題を確認し，適した練習を行っているか見定め，必要な場合は助言する。 ★ボールを操作している生徒以外の生徒が課題に従って動いているか指示を出し合わせる（態度）。
試す①（10）	9　作戦を考える ・ゲーム分析の結果を踏まえて，チームの作戦を考える。 10　メインゲーム ・7人対7人でゲームを実施する。 ・内野4人外野3人。 ・走者が先の塁へ進塁している最中（塁間），先の塁のアウトゾーンで守備者がボールキャッチするとアウトになる。 ・捕球者は，その場から走ったり歩いたりして移動することができない。 ・ゲーム分析する。	★ゲーム分析の結果から，各自で作戦を考えて意見し合い，合意形成をする（思・判・表）。 ○連携した守備を行うための指示や動きをする。【主体的】 ○相手チームの動きをゲーム分析させ，気付いたことをメモしたり，印をつけたりする。【主体的】【深い学び】
修正する（5）	11　チームで話し合い，意見を出し合う ・一人一人が考えたことを出し合い，意見をまとめる。	★学習カードを基にチーム全員が意見を出す（思・判・表）。【対話的】【深い学び】
試す②（10）	12　メインゲーム ※前半ゲームの内外野の守備を入れ替える。	○作戦通りに実施しているか観察する。
まとめ（5）	13　後片付け 14　チームごとに整理運動 15　まとめ・反省 ・チームで気付いたことや修正すべきことを共有する。 16　発表とまとめ	★チームの作戦や練習方法が適しているか，改善点を見付け出し，新しい練習方法を話し合う（思・判・表）。【対話的】【深い学び】

(5)　本授業を展開するに当たって

　3年生では，安定したバット操作と状況に応じた走塁の攻撃と中継プレイやベースカバー等の守備によって攻防を展開する。連携した守備には，チームの意思疎通が必要で，チームに適した練習を重視する。

F 武道

中学校 第1学年　剣　道

(1) 本時の目標（6/9）

・しかけ技や応じ技の基本となる技を用いて攻防することができるようにする。　　　　　　　　　　　　　　　　　　（知識・技能）
・積極的に練習や試合に取り組むことができるようにする。　（態度）

(2) 単元計画

	1	2	3	4	5	⑥	7	8	9
10	◎学習の進め方等を知る・特性や成り立ち・学習計画と安全確認	・あいさつ　・健康観察　・本時の学習内容の確認　・用具の安全確認							
		準備運動	・胴と垂れ，簡易な面を付ける						
20			・対人での基本動作の練習				○課題練習・打突部位は面と胴		
			・簡易な面を付ける					
30		○体さばき・歩み足・送り足	○簡易な竹刀での面打ちと受け方	○簡易な胴打ちと受け方	○面打ち，胴打ちの練習○面―胴打ち，面抜き胴の練習○攻防を交代しての練習		○攻防交代型の試合・攻撃側は面と胴・グループ対抗	
40	○基本動作	○簡易な竹刀での面打ちと受け方	○面打ちの出来映えの判定試合	○面抜き胴の出来映えの判定試合	○攻防交代型の試合の行い方	○攻防交代型の試合・攻撃側は面と胴・グループ内		○学習のまとめ	
	・用具の片付け	・整理運動	・本時の振り返り	・次時の連絡	・あいさつ				

(3) 準　備

・簡易な竹刀，学習カード

(4) 展　開（※本時では「運動への関心・意欲・態度」を評価する）

段階	学習内容・学習活動	指導上の留意点，評価の観点及び方法
導入5分	1　あいさつ，健康観察をする。 2　本時の学習の見通しをもつ。	・授業開始前に簡易な竹刀とゴーグルの点検をする。 ・道場への立礼，座礼，対人への礼を実践できるようにする。

展開38分	3　胴と垂れを付ける。 4　簡易な面を付けて，面打ちと胴打ち，面-胴打ち，面抜き胴の練習をする。 5　攻防を交代しながら自由練習をする。 6　攻防交代型の試合をする。  ・試合後，審判からのアドバイスを基にして，課題を確認する。	○相手に反応させて隙をつくる場面を，映像やGTの示範で複数例示し，構えの崩し方を指導する。 ○相手が面を打とうとして動きだしたときに，胴を打つ姿勢に移動する場面を映像やGTの示範で示し，打つ機会を指導する ○自分が攻めて，相手の構えが崩れるかを確認させながら練習させる。 ○いろいろな技に挑戦したり，構えを崩す練習をしたり積極的に練習や試合に取り組むよう働きかける。 ≪攻防交代型の試合の行い方≫ ・攻撃側は面または胴を，30秒間で3回まで打つことができる。 ・防御側は面抜き胴を打てるが，自分から先に打っていくことはできない。 ・30秒で攻撃と防御を交代し，打突部位を多く打った方を勝ちとする。 ・審判は，試合後に判定した理由やよかった点及び課題などを試合者に伝えるようにさせる。 【運動への関心・意欲・態度】 ◎練習や試合場面で【観察評価】をする。 ★剣道の学習に積極的に取り組もうとしている。
整理7分	7　整理運動と健康観察を行う。 8　本時のまとめをする。 9　次時の課題を確認する。 10　あいさつをする。	・ストレッチを行いながら，健康観察を行う。 ・本時の活動を振り返り，積極的に練習や取り組むことができたか，試合で技を決めることができたかについて，自己評価する。

※展開の中の○印は本時の目標についての指導場面，◎印は評価活動，★は評価内容を示している。

(5) 本授業を展開するに当たって

　武道の特性は対人での攻防にあるので，この特性に触れる楽しさを味わわせたい。しかしながら，これまでの授業実践を振り返ると，「基本動作の習得→技の習得→試合」という順序での指導が多かったのではないだろうか。しかし，生徒は，剣道の試合で学習していない技を

打つことがある。例えば，胴を打とうと見せかけて面を打ったり，相手の竹刀を上から抑えるようにして移動させ面を打ったりする。つまり，打突部位を打つために，隙をつくりだす方法を見付けているのである。そこで，基本の打突（面，胴，小手）の打ち方と受け方を，ある程度打突部位を打てたり受けたりすることができるようになったら，「攻撃」と「防御」を分離して行う「攻防交代型」の試合を取り入れることとした。

　単元の比較的早い段階から，生徒の技能の程度や安全に十分配慮したごく簡易な試合を取り入れ，攻防の楽しさを味わわせることで，武道を好きな生徒を増やすことはもとより，どのように攻めたり守ったりしたらよいかを考えさせたり発表させたりすることで，思考力・判断力・表現力等を高めることもできる。さらに，グループでの学習を通して，今回の改訂で新たに加わった，一人一人の違いに応じた課題や挑戦を認めようとすることなどの学びに向かう力，人間性等も育むことが期待できる。

〈「攻撃」と「防御」を分離して行う試合の意図〉
　筆者は，状況判断を容易にして練習した技を試合で生かすことができるようにするために，球技と同じように「攻撃の仕方」と「防御（反撃）の仕方」を分けて学習する「攻防交代型の試合」という教材を開発した。

　中学校で初めて剣道を学習する生徒の技能の程度を考慮すると，攻めの学習を重視し，「自分の攻め（動き）によって相手が防御の動きを見せたとき」「自分の攻め（動き）によって相手が動いたとき」の二つの機会を捉えて打つことをねらいとしている。その目的を達成できるようにするために，打突部位と攻撃回数を制限することとした。いたずらに打つのではなく，「ねらって打つ」「攻めて打つ」ようにするためである。また，攻撃のときは相手が先に打ってくることはないので，安心して自分や仲間と考えた技を打つことができる。

F 武道

中学校 第3学年　柔　道

(1) 本時の目標（7/9）

・仲間に技術的な課題や解決方法を指摘したり，仲間の指摘を生かしたりすることができるようにする。　　　　　　（思考・判断・表現）

(2) 単元計画

	1	2	3	4	5	6	⑦	8	9
10	◎学習の進め方等を知る ・学習計画と安全確認 ・基本動作	・あいさつ　・健康観察　・本時の学習内容の確認　・用具の安全確認							
		・準備運動　・補助運動　・基本動作と受け身							
20		○投げ技の復習		○既習技の復習		○投げ技の選択練習		
		・崩しと体さばきと受け身	・既習技の復習	○新しい技の習得 ○かかり練習 ○約束練習		○投げ技の約束練習 ○自由練習		○簡単な試合 ・グループ対抗	
30									
40		○固め技の復習		○固め技の自由練習・簡単な試合				○学習のまとめ	
		・用具の片付け　・整理運動　・本時の振り返り　・次時の連絡　・あいさつ							

(3) 準　備

・学習カード

(4) 展　開　（※本時では「運動についての思考・判断・表現」を評価する）

段階	学習内容・活動	指導上の留意点，評価の観点及び方法
導入 (13)	1　あいさつ，健康観察をする。 2　本時の学習の見通しをもつ。 3　準備運動，基本動作と受け身の練習を行う。	○仲間と課題や解決方法を指摘し合いながら練習する学習であることを説明する。 ・自由な動きの中で技をかけることを目標とすることを理解させる。
展開 (30)	4　課題や解決方法を指摘し合いながら，動きの中で技をかける練習をする。 ①既習技の復習をする。	・投げ技，固め技の活動を通して仲間と教え合い活動を行っているか確認する。 ○既習技の復習については，課題解決学習の時間を確保するために，状況

	②練習する技と練習方法を選ぶ。	に応じて技を系統別中から技を選ばせるようにする。 ・段階的な練習方法について提示し，生徒に選択させる。 【段階的な練習】 ①かかり練習→約束練習 ②その場で→決められた動きの中で→自由な動きの中で
	③「受」と「取」で協力し合いながら練習する。	○生徒による安全確保と教え合い活動が活発に行われるようにする。 【運動についての思考・判断・表現】 ◎練習や試合場面で【観察評価】をする。 ★仲間に技術的な課題や解決方法を指摘したり，仲間の指摘を生かしたりしようとしている。
	④自由な動きの中で，技をかけ合う。 5　固め技のごく簡単な試合を行う。	・約束練習を行う際には，活動場所に広さに応じた人数で行うようにし，安全面に配慮する。 ・前時の簡単な試合を振り返り，試合運営上の課題とその解決方法について確認する時間を設定する。
	・グループごとに，役割を決め，簡単な試合を行う。	・活動時間を設定したのちは，各グループで試合を運営させる。
整理 ⑦	6　整理運動と健康観察を行う。 7　本時のまとめをする。 8　次時の課題を確認する。 9　あいさつをする。	・ストレッチを行いながら，健康観察を行う。 ・本時の活動を振り返り，積極的に練習や取り組むことができたか，試合で技を決めることができたかについて，自己評価する。

※展開の中の○印は本時の目標についての指導場面，◎印は評価活動，★は評価内容を示している。

(5) 本授業を展開するに当たって

　武道の特性は対人での攻防にあるので，この特性に触れる楽しさを味わわせたい。柔道授業のこれまでの実践を振り返ると，安全面に配慮するあまり，固め技のみの簡易な試合のみで単元が終了したり，投げ技は技の出来栄えの判定試合で終了したりする実践が多かったのではないだろうか。

　しかし，柔道の醍醐味は投げ技にあり，技が決まったときには大いに達成感を味わうであろう。そこで，立ち技での練習を①「かかり練

習」から「約束練習」へ，②約束練習は「その場で技をかける」から「体さばきなど決められた動きの中で技をかける」，そして「自由な動きの中で技をかける」など段階的に指導することで，十分に安全面に配慮できる。また，パラリンピックの柔道種目が「互いに組み合った状態」から試合を開始するように，この段階では組み合った状態から簡易な試合を開始するようにし，投げ技から固め技には移行しない投げ技のみの試合にするなど行い方を工夫することで，けがや事故を未然に防ぐようにできる。

　単元の比較的早い段階から，生徒の技能の程度や安全に十分配慮した簡易な試合を取り入れ，攻防の楽しさを味わわせることで，武道を好きな生徒を増やすことはもとより，どのように攻めたり守ったりしたらよいかを考えさせたり発表させたりすることで，思考力，判断力，表現力等を高めることもできる。さらに，グループでの学習を通して，今回の改訂で新たに加わった，一人一人の違いに応じた課題や挑戦を認めようとすることなどの学びに向かう力，人間性等も育むことが期待できる。

G　ダンス

中学校 第1学年　様々なダンスの魅力に触れよう

(1) 本時の目標（6/10）

・スポーツのイメージを捉え即興的に表現するとともに，変化のあるひとまとまりの表現をすることができるようにする。（知識・技能）
・スポーツの特徴を見付け，それらを言葉や動きで説明することができるようにする。　　　　　　　　　　　　　　（思考・判断・表現）
・即興表現やグループでの作品創作時に，仲間を支援したり役割を認めたりしながら意欲的に取り組もうとすることができるようにする。　　　　　　　　　　　　　　　　　　　　　　　　　　　　　　　　　　　（態度）

(2) 単元計画

過程	はじめ	なか								まとめ
分時	1	2	3	4	5	⑥	7	8	9	10
内容	オリエンテーション	現代的なリズムのダンス		創作ダンス				フォークダンス		単元のまとめ・ダンス交流会
		ロック	ヒップホップ	しんぶんし	走る−止まる	スポーツ名場面		日本の民謡*1	外国のフォークダンス*2	
10分		ほぐし　ストレッチ								
20分		リズムに乗って全身で自由に弾む		動きに変化を付けた即興的な表現			作品仕上げ	踊りの由来の理解		
30分		変化のある動きの組み合わせ		イメージを捉えた変化のあるひと流れの動き			リハーサル	大枠を捉えて踊る		
40分		発表と鑑賞		発表と鑑賞			作品発表会	難しい踊り方の取り出し練習通し		
50分		整理運動・評価・反省								

＊1：花笠音頭（山形），＊2：オクラホマミキサー・ドードレブスカポルカ

(3) 準備

・本時の学習の流れを提示，音楽，スポーツの写真，黒板，タイトル用紙，マグネット，学習カード

(4) 展 開

段階 (分)	学習内容・活動	指導上の留意点と評価 留意点：○　評価：★
つかむ (10)	1　集合，あいさつ，健康観察 2　本時のねらいの確認 　○スポーツの特徴を捉えて，ひと流れの表現を創ろう 　○自分や仲間の考えたイメージを表現で伝え合おう 3　学習の準備 ・学習の流れ等を確認する。 ・学習カードに記入する。 4　準備運動 ・ほぐしとストレッチ（2人組） ・ミラー（2人組・スポーツの動きを用いて）	○元気よくあいさつを行い，健康状態を確認する。 ○「オリンピックや部活などで知っているスポーツは何かな？」と発問し，ねらいへの興味を抱かせる。 ○本時のねらいに沿った個人のねらいを設定させる。 ○音をかけて活動する。 ○時間・空間・力性が変化するように助言する。
ひろげる (35)	【学習内容】 ・様々なスポーツの特徴を捉えて，主体的な姿勢で即興的に表現すること。 ・スポーツ種目のイメージや表現の仕方を伝えること。 【主体的】 5　様々なスポーツのイメージを膨らませる 　①　写真を見てイメージを膨らませる 　②　次々にスポーツの種目を挙げていく 　③　教師の示範を参考に，動きの広げ方を知る 　④　5～6人組で行うことを知る 〈例〉バスケットボール・サッカー・相撲・バトンリレー・競泳・シンクロナイズドスイミング　等 【主体的】【対話的】 6　グループでスポーツの即興表現を行う（5～6人組） 　①　先頭から順番にスポーツの表現を即興的に行っていく 　②　後ろの班員は真似をしてついていく 　③　①と②を最後の人が先頭になるまで止まらずに繰り返す 　④　全員終わったら，何を表現していたのか先頭から当てていく	○写真を見せ様々なイメージを深めさせる。表現したい種目を決めさせる。 ○ネット型のスポーツであっても移動しながら示範を行い，ダイナミックなイメージを持たせる。 ○スピード感のある音源をかけ，躍動感を引き出す。 ○後ろについていく班員は，先頭が何を表現しているのか思いを巡らしながら真似をしていく。 ○全て終わって先頭が表現したスポー

		ツ種目を当てていくときは、「（名前）さんが（動作や移動）のときに（速い・鋭い・対応・上下など具体的なスポーツ動作の特徴）を表していたから（種目）だと思う」など、スポーツの具体的な特徴に触れられるとより対話的深い学びにつながる。
	【主体的】【対話的】 7　グループ（5〜6人）で一つ選び、ひとまとまりの作品を創作する	○選んだスポーツのひとまとまりを、グループで協力しながら創作させる。
	①　そのイメージの「なか」から創作する ②　「はじめ」と「おわり」を創作する ③　「はじめーなかーおわり」をつなげる	
		○創作する際は、最も表したい場面や動きに着目させ、以下の要素に留意させる。 ・時間の変化：ゆっくり、速く、止まる、時間差を付ける、などで速さを変える。 ・空間の変化：高低を付ける、遠近を付ける。個対群のように人数の組織方法を変える。 ・力性の変化：やわらかく、力強く、やさしくなど変化を付ける。 ・対応：1人の動きをもう1人が受ける（応える）ように動く。 ・協調：2人・3人などが同時に同じように動く。 ・対比：1人が高いときに、もう1人が小さくなるなど、互いを引き立て合うように動く。 ★様々なスポーツの特徴を捉えて、主体的な姿勢で即興的に表現できているか
	【深い学び】 8　見せ合い・助言 ・様々な作品を鑑賞し、特徴の違いに気付く。	○生徒が発表や鑑賞に慣れていない場合は、兄弟チーム同士でその場で見せ合うようにする（発表のためのステージを設けたり、1グループのみが発表したりすると恥ずかしさが増して動きも小さくなってしまうため）。 ○真剣な態度で鑑賞させ、互いの成果

		を認め合えるように支援する。鑑賞する際は，先の要素に着目させ，鑑賞後は具体的な要素を用いて助言し合うとより深い学びにつながる。 ★自分や仲間の考えたイメージを表現して伝え合えたか
まとめる（5）	9　整理運動・後片付け ・ストレッチを行う。 【深い学び】 10　まとめ・反省 ・学習カードの記入 ・本時のねらいについてを中心に振り返る。	学習カードに，ねらいや個人のめあての達成状況について記入させる。

(5) 本授業を展開するに当たって

「A　身近な生活や日常動作」の中からスポーツの表現を取り扱う際には，生徒たちが短時間にその情景をイメージできる種目を教師が予め想定しておくと効果的である。

例えば，オリンピックや生徒たちにとって身近な部活などはイメージが膨らみやすい。特に「5」の【主体的】な活動では，躍動感溢れる種目の写真を掲示し発問を中心に生徒たちの主体的な学習を引き出していく。また，スポーツシーンに相応しいスピード感のある音源を用意しておき，生徒たちが即興的な表現を行う際にタイミングよくかける。

「7」のひとまとまりの作品創作時には，「肯定的な言葉かけ」「出てきたイメージはすぐ動きにする」を約束事として，【対話的】かつ肯定的な雰囲気を大事にしていく。このとき教師は常に体育館中を観察し，活動が停滞しているグループから助言に入り，「どんなイメージを表現したいのか」発問を行っていく。そして，動きを広げるポイント（動きの素材）を助言していくようにする。留意しなければならないのは，教師が助言をしすぎないことである。【主体的】な活動を引き出すために，"動きの芽"を助言することに徹する。

「8」の見せ合いは，予め互いに「そのスポーツのどんな特徴を捉

え表現できているか」「よりよくするためにはどうすればよいか」などの観るポイントを提示してから行うとよい。

　スポーツの表現は，生徒たちのイメージを膨らませやすいだけでなく，多様な動きを広げやすい。しかし，通常のスポーツをしている動作を真似しているだけではパントマイムになってしまう。創作ダンスでは，動きにダイナミズムが生まれるように身体の高低や構成員の位置関係（隊形）を変化させたり，時間差や主役・脇役などの構成を工夫させたりすることにより，豊かな身体表現を引き出したい。

G ダンス

中学校 第3学年 イメージを深めて交流や発表をしよう

(1) 本時の目標（3/10）

- ロックとヒップホップのリズムの特徴を捉えて，変化とまとまりを付けて全身で自由に踊ることができるようにする。（知識・技能）
- リズムの特徴や変化を見付け，それらを言葉や動きで説明することができるようにする。（思考・判断・表現）
- グループ活動時に，仲間を支援したり役割を認めたりしながら意欲的に取り組もうとすることができるようにする。（態度）

(2) 単元計画

過程	はじめ	なか								まとめ
分時	1	2	③	4	5	6	7	8	9	10
内容		共通学習				グループ活動			発表や交流	ダンス交流会・単元のまとめ
		フォークダンス	現代的なリズムのダンス	創作ダンス		三つの中から好きなダンスを選ぶ				
10分	オリエンテーション	ほぐし　ストレッチ								
20分		オスローワルツ	ロック・ヒップホップ	多様な感じ	集まる飛び散る	共通の学習内容を踏まえてグループで活動			発表会の運営・交流・発表の創意工夫	
30分	フォークダンス導入	大枠を捉えて踊る	体幹でリズムを取って踊る	イメージを捉えた変化のあるひと流れの動き						
40分		難しい部分の取り出し練習通し	ダンスの発表と交流	発表と鑑賞		その時間で学んだ内容のまとめ（発表と鑑賞）			最後の練習	
50分		整理運動・評価・反省								

(3) 準　備

- 本時の学習の流れを提示，音楽，黒板，マグネット，学習カード

（4）展　開

段階 (分)	学習内容・活動	指導上の留意点と評価 留意点：○　評価：★
つかむ (10)	1　集合，あいさつ，健康観察 2　本時のねらいの確認 ○ロックとヒップホップの特徴を捉えて，変化とまとまりを付けて踊ろう ○自分や仲間の考えたイメージをダンスで伝え合おう 3　学習の準備 ・学習の流れ等を確認する。 ・学習カードに記入する。 4　準備運動 ・ほぐしとストレッチ（2人）	○元気よく挨拶を行い，健康状態を確認する。 ○「二つのリズム，どんな違いがあるかな？」と発問し，ねらいへの興味を抱かせる。 ○本時のねらいに沿った個人のねらいを設定させると主体的な学びにつながる。 ○音をかけて活動する。
ひろげる (35)	【学習内容】 ・ロックとヒップホップのリズムに乗って自由に踊り，変化とまとまりを付けること。 ・選んだリズムで工夫した動きを伝え合うこと。 【主体的】 5　ロックのリズムに乗って踊る ○座ってリズムに乗る。 ○立って弾んで踊る。 6　ヒップホップのリズムに乗って踊る ○座ってリズムに乗る。 ○立って膝を深く曲げて深いビートに乗って踊る。 7　リズムの選択 【主体的】【対話的】 8　選択したリズムで動きを工夫する ○チームになり，踊りながら動きをつないでいく。 ○短い動きの繰り返しや，対立の動きなどを織り交ぜる。 ○アクセントやまとまりを付けていく。 ○はじめとおわりを付ける。	○教師やリーダーの真似をさせる。 ○ロックの小刻みな縦乗りを意識させ，時々ダイナミックなアクセントを付けさせる。 ○ヒップホップの深いビートと沈み込む動きを意識させ，ポーズなどでリズムを変化させる。 ★リズムの乗り方や特徴を分かり，踊ることができているか ○好きなリズムを選択させ，グループを作らせる。 ○頭で考えさせずに，踊りながら動きをつないでいくように助言する。 ○互いに引き立て合う変化の方法について助言して回る。生徒が選択したリズムの特徴に関して助言するとともに，変化とまとまりを付けながら全身で弾むように助言していく。また，単調なリズムや動きにならないように，以下の要素に留意させる。

		・時間の変化：時間差を付けてストップモーションを入れる等。8ビートから16ビートに変えたり，途中に静止を入れたりするなどしてリズムに変化を付ける。 ・空間の変化：交互に高低を付ける等。 ・対応：1人の動きをもう1人が受ける（応える）ように動く。 ・協調：2人3人，全員等が同じ動きを行う。 ・対比：1人が高いときに，もう1人が低くなるなど，互いを引き立て合うように動く。 ★動きに変化を付けることができているか ★意見を伝え，助言し合っているか
	【深い学び】 9　見せ合い・助言 ○様々なダンスのまとまりを鑑賞し，特徴の違いに気付く。	○真剣な態度で鑑賞させ，互いの成果を認め合えるように支援する。鑑賞する際は，先の要素に着目させる。鑑賞後は具体的な要素を用いて助言し合うとより深い学びにつながる。 ★自分や仲間の創ったダンスで伝え合えたか
まとめる（5）	10　整理運動・後片付け ○ストレッチを行う。 【深い学び】 11　まとめ・反省 ・学習カードの記入 ○本時のねらいについてを中心に振り返る。	○学習カードに，ねらいや個人のめあての達成状況について記入させる。

(5) 本授業を展開するに当たって

　現代的なリズムのダンスの授業は，規定のステップなどを教える習得型の学習ではなく，生徒たちが思うままに生み出す動きをリズムに乗せ，変化とまとまりのあるダンスに仕上げていくことが重要である。足先だけの細かいステップをなぞっては，躍動感のあるリズムに多様な身体運動を融合させていくことができない。リズムに乗る心地よさを生徒たちに体感させるためには，「5」と「6」の場面で教師が手拍子でリズムを取ったり，ケンケンやグーパー，両足ジャンプなどシ

ンプルな動きを示範したりして，身近な動きでダンスができることの安心感を与える。ここでの活動が，この後に続く「8」の【主体的】【対話的】活動の質を決める重要なものとなる。リズムの特徴をより強く体感できるようにするために，ロック・ヒップホップの特徴がよく出た音源を用意しておきたい。

「8」では，規定の難しいダンスステップをチームメイトに教え込もうとしている生徒がいないか巡視していく。既存の振り付けの真似ではなく，自分たちで生み出す創造的な活動であることを繰り返し浸透させていく。一定のまとまりがみえてきたら，そこに変化を加えるよう助言する。例えば，8ビートから16ビートに速くなる動きを途中に入れる，ポーズを入れてリズムを止めてみる，2人で交差してみるなど，動きや隊形の変化が付けられるとなおよい。

「9」の見せ合い・助言では，「リズムの特徴を捉えていたか」「変化とまとまりを付けられていたか」などの観るポイントを提示してから行うとよい。

現代的なリズムのダンスに対する興味・関心がますます高まっており，性別問わずダンスに対する心理的抵抗が少なくなっている。真似ではなく，生徒たちから生まれ出る多様な動きをリズムに融合させていくと，苦手な生徒でもリズムに乗る楽しさを十分に味わえる。そんな授業を目指したい。

H　体育理論

中学校第1学年　運動やスポーツの多様性

(1) 本時の目標（2/3）

・運動やスポーツには，「する，みる，支える，知る」などの多様な関わり方があることを理解できるようにする。　　　　（知識）
・運動やスポーツについて，自分なりの関わり方を見付け，それらを説明できるようにする。　　　　（思考・判断・表現）

(2) 単元計画

時	学習内容・活動	指導上の留意点と評価
1	運動やスポーツの必要性と楽しさ	運動やスポーツはなぜ必要かを理解し，楽しみ方について考えさせる。
②	運動やスポーツへの多様な関わり方	運動やスポーツへの関わり方は多様であることを知り，身近な事例で考えさせる。
3	運動やスポーツの多様な楽しみ方	運動やスポーツの学び方について，独自の技術や戦術，効果的な学び方について理解させる。

(3) 準　備

・教科書，各自の意見を書き込むためのワークシート，資料

(4) 展　開

段階（分）	学習内容・活動	指導上の留意点と評価 留意点：○　評価：★
つかむ（5）	1　運動やスポーツへの関わり方について理解する。	
	質問①：みなさんは運動やスポーツが好きですか。どんな運動やスポーツをどのように楽しんでいますか。	
	・各自が自分の考えをワークシートに記入し，それを基に隣の人と共有する。	○各自の現在のスポーツへの関わりについて考えさせる。 ○まず自分の考えをワークシートに記入し，隣の人と共有する。 ○何人かの生徒に当てて答えさせ，「する」「みる」「支える」「知る」に分けて板書する。
	運動やスポーツには「する・みる・支える・知る」といった多様な関わり方がある。	

予想する (15)	**2 運動やスポーツへの多様な関わり方について考える。**	
	質問②：東京マラソンには約5万人の人が参加します。このうちランナーの数は何人でしょうか。ランナー以外にどんな人がレースに関わっていると思いますか。	
	個人の考えをワークシートに記入する。それを基にグループで話し合う。 (1)ランナーの数は約3万6千人 (2)給水やコースの整備，荷物の仕分けや配布などのボランティアが約1万人。 (3)大会を運営する審判やスタッフ数千人。	○東京マラソンの写真を見せる。まず，教科書を見せずに予想させる。 ○ランナーの数を予測し，挙手させる。①5万人，②4万人，③それ以下 ○ランナー以外にはどんな人が関わっているか，どんな役割があるかを予想させる。 ○個人の考えを記入する時間をとってから，グループで話し合わせる。 ○グループで出てきた答えを代表者に発表させる。答えを板書する。 ○教科書を見て，ランナーとしての参加者以外にどんな役割があるか，ボランティアスタッフのWebサイトなども紹介して説明する。 ★積極的に意見を言ったり，人の意見に対して質問したりしているか。
	大会を運営するには参加者だけでなく，多くの人のサポートが必要であること。サポートすること自体を楽しむ人もいること。	
見つける① (15)	**3 運動やスポーツに関わる楽しみ方や職業について考える。**	
	質問③：東京マラソンを例に，運動やスポーツの楽しみ方を考えてみましょう。また，運動やスポーツに関わる職業にはどんなものがあるでしょうか。	
	◇楽しみ方 (1)「する」楽しみ方：部活動や学校外で，どんなスポーツをしているか。 (2)「みる」楽しみ方：どんなスポーツのどんなチームや選手が好きか，応援しているか。 (3)「支える」楽しみ方：大会のボランティアなどどんな支え方があるか。 (4)「知る」楽しみ方：スポーツのルール，チームや選手の背景など調べることで興味が深まること。	○「する」「みる」「支える」「知る」のそれぞれについて，グループで意見を出し合い，ワークシートにさらに具体的に記入させる。 ○各グループの答えを代表者に発表させる。 ○運動やスポーツに関連する職業について，グループで考えさせ，代表者に発表させる。 ○プロスポーツ選手，プロの審判，プロスポーツの監督，スポーツトレーナー，スポーツインストラクター，スポーツカメラマン，スポーツライター，スポーツエージェント（マネジメント），スポーツ施設管理，スポーツ用品の製造，販売など，様々
	運動やスポーツに関わる職業には，スポーツ選手，保健体育教師，スポーツトレーナー，スポーツ科学研究者など様々なものがあること。	

			な職種があることを，資料を参照しながら説明する。 ★様々な職種について，身の回りのことにあてはめて思考しているか，積極的に発言しているか。
見つける②（10）	4　自分に合った運動やスポーツへの関わり方を見付ける。		
	質問④：現在，みなさんはどんな場面でどのように運動やスポーツと関わっていますか。みなさんの家族はどうですか。また，これからの中学校生活で，学校の内外で，どんな関わり方ができそうですか。またはしてみたいですか。		
	授業の始めに考えた，現在の関わり方に加えて，様々な関わり方にあてはめて各自が考え直してみる。		○家族の運動やスポーツへの関わりを考えることで，年代に応じて関わり方が異なることに気付かせる。 ○それを活かして，今後の中学生活や将来について各自に考えさせる。
まとめる（5）	5　学習内容の確認 ・本時で学習したことを基に「学習のまとめの質問」について考え，記入する。 ・本時のまとめを聞き，次時の学習についての見通しをもつ。		○授業で分かったことや，考えたことを基に「学習のまとめの質問」に答えさせる。 ○本時のまとめを行い，次時の学習の見通しについて話す。

(5) 本授業を展開するに当たって

　授業全体を通して，各自が考え，それを少人数やグループで共有したり，意見を交換したりして授業を進める。身近な事例（本事例では東京マラソンであるが，地域で行われるスポーツイベントなどの例）を使って，自分のこととして考えさせ，人の意見を聞いたり，新しいことを学習したりして自分の考えを深められるようにする。教科書だけでなく，スライドや資料，ワークシートを使って具体的なイメージをもたせる。学習を通して学んだ知識と自分なりの関わり方を見付け自分の将来に活かせるよう，具体的に考えさせる。

H 体育理論

中学校 第3学年　文化としてのスポーツの意義

(1) 本時の目標（2/3）

・オリンピックやパラリンピック及び国際的なスポーツ大会などは国際親善や世界平和に大きな役割を果たしていること，メディアの影響があることについて理解できるようにする。　　　　　　　（知識）

(2) 単元計画

時	学習内容・活動	指導上の留意点と評価
1	現代社会におけるスポーツの文化的意義	我が国のスポーツ振興と，その意義を理解する。
②	国際的なスポーツ大会などの文化的な意義や役割	オリンピックやパラリンピックなどの具体的な事例を基に考える。
3	人々を結び付けるスポーツの文化的な働き	多様な人々がいて，スポーツはそれを結び付ける力があることを学ぶ。

(3) 準　備

・教科書，各自の意見を書き込むためのワークシート

(4) 展　開

段階 (分)	学習内容・活動	指導上の留意点と評価 留意点：○　評価：★
つかむ (5)	1　国際的なスポーツ大会について理解する。 質問①：国際的なスポーツ大会にはどんなものがあるでしょう。 ・隣の人と話し合って，ワークシートに記入する。 国際的なスポーツ大会には，オリンピックやパラリンピック，ワールドカップなどがある。	○各自が知っている国際的なスポーツ大会について確認する（短時間で考えさせ，生徒に発言させる）。 ○オリンピックやパラリンピック，ワールドカップなど様々な国際大会があることを確認する。 ○オリンピック・パラリンピック，ワールドカップの違いについて説明し，理解させる。

第1節　体育分野

	2　国際的なスポーツ大会の意義について考える。	
予想する①（20）	質問②：2020年に東京でオリンピック・パラリンピックが開催されます。このような国際大会が無事に開催され，運営されるためにはどんな条件が必要でしょうか。	
	・個人のワークシートに記入し，それを基に4人程度のグループで話し合う。 ・各グループの代表者が発表し意見を共有する。 〈予想される生徒の反応〉 (1)開催する都市が紛争状態にない（戦争をしていない）こと。 (2)参加する国同士が友好関係にあること。 (3)大会を運営するための十分な資金が確保されていること。	○まず個人のワークシートに記入する時間を取り，グループでの意見交換に移る。 ○答えが出にくい場合は，答えを導くような事例を示す。 例）国際大会をするということは，一つの場所に多くの国から人が集まるということ。（もし～ならどうなる？） ○時間を区切って各グループで出た意見を共有する。 ★積極的に議論に参加しているか，自分の意見を発表できているか。 ○オリンピックの起源を説明する。黒板にキーワードを板書する。
	オリンピックの起源は古代オリンピアで，休戦協定を結んではじめられたこと。スポーツを通して国際交流が盛んになること。	
予想する②（15）	質問③：東京でオリンピック・パラリンピックが開催されると，どんなよいこと，困ったことがあるでしょうか。	
	〈予想される生徒の反応〉 ◇よい点 (1)世界中から集まった人々と交流できる。 (2)世界一のスポーツパフォーマンスを直に見ることができる。 (3)公共の交通機関や施設・競技場などが整備される。 ◇困る点 (1)東京が混雑する。 (2)文化の異なる人が大勢集まることで，犯罪やトラブルが増える。 (3)莫大なお金がかかる。	○まず個人で考える時間を取り，グループでの意見交換に移る。 ○自分の意見を言うだけでなく，質問したり，同じような意見について考えを深めたりできるように指導する。 ○よいことと困ることの両面から考えさせる。意見が出にくいようなら，簡単な事例を示す。 ★意見を言うだけでなく，質問や意見を出しているか。
	文化の異なる人たちと交流するにはお互いを理解する必要があること。そのために自国の文化を知ることも重要であること。	

225

	3　メディアの果たす役割について考える。	
	質問④：私たちが国際大会などのスポーツに触れることができる手段はどんなものだろう。また，スポーツを観てどんな場面で何を感じるだろう。	
	・個人がワークシートに記入し，それを基にグループで話し合う。 ◇スポーツに触れる機会 (1)テレビやインターネット (2)イベントに参加すること ◇スポーツを観て感じること (1)素晴らしいパフォーマンスを見て，賞賛する。 (2)選手の逸話を聞いて，感動する。 (3)努力する姿を見て，自分も頑張ろうと思う。	○各自の考えを基に，グループで考えを共有し，自分と異なる意見を知る。 ○具体的な事例を挙げ，生徒にイメージをもたせる。生徒同士でもイメージを共有できるようにする。 ○生徒の意見が出にくい場合は，いくつかの異なる場面を提示する。 ★積極的に発言し，意見を交換しているか。他者の意見を聞き，自分の意見について考え直しているか。 ○グループごとに発表させ，内容を板書する。 ○板書した内容を分類する。
	スポーツをリアルタイムで見ることができるのはメディアの力が大きいこと。スポーツには人を感動させたり，様々な感情を呼び起こす力があること。	
まとめる（10）	4　1時間の学習内容を確認する ・1時間の学習を基に「学習のまとめの質問」について考え，記入する。 ・本時のまとめを聞き，次時の学習についての見通しをもつ。	○授業で分かったことや，考えたことを基に「学習のまとめの質問」に答えさせる。 ○本時のまとめを行い，次時の学習の見通しについて話す。

(5)　本授業を展開するに当たって

　各自の考えを基にペアや少人数のグループで意見を共有し，人の意見を聞いて自分の考えを見直すなど，考えを深められるよう留意する。オリンピック・パラリンピック，サッカーやラグビーのワールドカップについて，近年行われた大会について具体的に事例を挙げ，生徒のイメージを膨らませ，主体的に考えられるよう配慮する。これまでの事例を参考に，具体的にスポーツの価値について考えさせ，これから日本で開催される国際的スポーツ大会や東京2020開催の意義を理解し，活用できるようにする。

第2節 保健分野

(1) 健康な生活と疾病の予防

中学校 第1学年 　生活習慣と健康（食生活と健康）

(1) 本時の目標

・食生活と健康について，学習したことを事例や自分たちの生活などと比較して，選んだり，説明したりすることができるようにする。
　　　　　　　　　　　　　　　　　　　　　　（思考・判断・表現）
・食事には健康な体をつくるとともにエネルギーを補給する役割があること，健康を保持増進するためには，適切な食事時間，栄養バランスや食事の量に配慮することが必要であることを理解できるようにする。
　　　　　　　　　　　　　　　　　　　　　　　　　　　（知識）

(2) 単元計画

時	学習内容・活動	指導上の留意点と評価 留意点：○　評価：★
1	○運動と健康 1　運動にはどんな効果があるかを出し合う。 ・ブレインストーミング ・運動の効果をまとめる ・発表する（聞く） 2　自分の生活の中に運動をどのように取り入れていったらよいかをまとめる。	○ブレインストーミングを行って，できるだけ多くの意見を出させた後に，効果を班ごとにまとめ，発表させる。 ★（態度） ○体育理論との関連を図りながら指導する。 ★（知識・理解）

②	○食生活と健康 1　食事と健康な体をつくることの関係を知る。 ・事例を基に考える。 2　健康を保持増進するための適切な食事の仕方について考える。 ・事例を基に考える。 ・意見交換をして深める。 ・健康によい食生活についてまとめる。 3　健康によい食生活について考える。 ・事例の問題点を見付ける。 ・アドバイスを考え，発表する。 4　本時の学習を自分の食生活にあてはめる。 ・改善策を工夫する。	○栄養素の不足が健康に影響することを理解させる。 ○取りすぎについても補足説明をする。 ○トップアスリートの食事の事例を基に考えさせる。 ○摂取エネルギーと消費エネルギーの関係や栄養素のバランスについて気付かせる。 ★（知識） ○学んだことを基に事例の問題点を見付けさせる。 ○班で，改善のためのアドバイスを考えさせる。 ★（思考・判断・表現） ○問題点を挙げさせ，改善策を考えさせる。
3	○休養及び睡眠と健康 1　「人間が疲れを感じなかったらどうなるのか」を考える。 ・意見交換 ・休養及び睡眠と健康についてまとめる。 2　効果的な休養や睡眠のとりかたについて考える。 ・自分の疲労回復の方法を発表する。 ・効果的な休養と睡眠について理解する。	○休養や睡眠の必要性を実感させる。 ○疲労の原因や現れ方，蓄積された場合などについて考えさせる。 ★（態度） ○疲労回復や疲労を蓄積しない方法について出し合わせ，効果的な休養と睡眠について理解させる。 ★（知識）
4	○調和のとれた生活 1　現代社会や自分の生活について振り返る。 ・班で振り返る。 ・現代社会の問題点をまとめる。 2　不適切な生活習慣が体に及ぼす影響について考える。	○自分の生活や社会を具体的に振り返らせ，健康に及ぼす影響について考えさせる。 ○運動，食事，休養及び睡眠を中心に振り返らせる。 ★（思考・判断・表現） ○健康は生活習慣と深く関わっていることを確認する。 ★（知識）

(3)　準　備

・ワークシート，事例のプリント

(4) 展 開

段階 (分)	学習内容・活動	指導上の留意点と評価 留意点：○　評価：★
つかむ (6)	**1　食事と健康な体つくりの関係を知る。** ・事例を基に考える。 ・栄養素の過不足と健康の関係から，食生活と健康についても関心をもつ。	○事例の病気の原因について考えさせる。 ○前時の復習をし，運動だけでなく，栄養素の不足も健康に影響することを理解させ，本時の学習への意欲をもたせる。 ○取りすぎについても，資料を示して，説明する。
予想する (36)	**2　適切な食事の仕方について考える。** 質問１：次の食事は，ある人の，ある１日の食事です。どんな人の食事でしょうか。また，どんなことに気が付きましたか。 競泳選手の食事：朝食・昼食・夕食・補食（４回） １日の摂取カロリー 4000キロカロリーの献立を示す ・どんな人の食事か考える。 ・消費エネルギーと摂取エネルギーの関係を知る。 食事には運動によって消費されたエネルギーを補給する役割があること。 【対話的】 ・班ごとに，一般の高校生の食事と比較しながら，班で意見交換する。 ・３年間，食事づくりを行った母親の手記を読む。 毎日，適切な時間に食事をすること，栄養のバランスや食事の量に配慮する必要があること。 **3　健康によい食生活について考える。** 質問２：ある土曜日のＡさん（中学生）の食生活にどんな問題があるでしょうか。また，改善のためにどんなアドバイスをしますか。 Ａさんはバレー部員。起床が遅く，練習に遅刻しそうになり朝食抜きで練習に参加。その後，昼食，間食，夕食はハンバーガーやポテトフライ，ジュースなど。夕食後，塾に行き，夜食でカップ麺とコーラ。	○競泳選手（萩野公介選手）の高校時代の食事であること，一般の高校生の約２倍のカロリー摂取であることを伝える。 ○運動による消費エネルギーと摂取エネルギーの関係を理解させる。 ○１日の献立を見て，気付いたことを班で出し合わせる。 ○栄養素のバランスや食事の時間などに気付かせる。 ○適切な食事の仕方についてまとめる。 ★（知識）【ワークシート】

	・問題点を出し合う。 ・改善のためのアドバイスを考え，発表する。 【深い学び】 ・学んだことを事例にあてはめて考える。	○班で問題点を出し合った後，各自で考えたアドバイスを班内で発表し合わせる。 ★（思考・判断・表現） 【ワークシート】
まとめる（8）	**4　1時間の学習内容を確認する** 【主体的】 ・学んだことを自分の食生活にあてはめ，改善点やこれからの食生活の注意点をまとめる。 ・本時のまとめを聞き，次時の学習についての見通しをもつ。	○授業で分かったことや，考えたことを基に，自分の食生活を振り返らせる。 ★（知識） 【ワークシート】

(5)　本授業を展開するに当たって

　生徒は，運動と同様に，食生活が健康な生活を送ることに影響していることは，これまでの様々な学習や経験の中で感じているであろう。そこで，現実の自分の食生活を振り返り，健康の保持や増進のために，これからの食生活について具体的に考える機会としたい。

　ここでは，事例を通して各自で考えたり，正しい情報に事例や自分の生活をあてはめたりしながら，食生活と健康の関わりを考える学習をすることで，「主体的・対話的で深い学び」に向かえるようにしたい。

(2) 心身の発達と心の健康

中学校 第1学年 ストレスへの対処

(1) 本時の目標（3/3）

・ストレスへの適切な対処について，選んだり，説明したりすることができるようにする。　　　　　　　　　　　　（思考・判断・表現）
・ストレスへの対処にはいろいろな方法があり，その中から自分や周囲の状況に応じた対処の仕方を選ぶことが大切であることを理解できるようにする。　　　　　　　　　　　　　　　　　　（知識・技能）

(2) 単元計画

時	学習内容・活動	指導上の留意点と評価 留意点：○　評価：★
1	○精神と身体の関わり 1　心と体が結び付いていると感じるときは，どんなときか考える。 2　どうしたら心の健康を保てるか意見を出し合う。	○今までの経験を振り返らせ，心と体が互いに影響し合っていることを実感させる。 ★（態度） ○例題を挙げ，登場人物へのアドバイスを考えさせる。 ★（知識）
2	○欲求とその対処 1　例文の登場人物の欲求を書き出し，分類する。 ・具体的に捉える。 2　欲求への対処や欲求が満たされなかったときの対処について意見を出し合う。	○各自で書き出し，分類した後，班で話し合わせる。 ○身近な例題を挙げる。 ○欲求が必ずしも満たされるとは限らないことを理解させる。 ★（思考・判断・表現） ★（知識）
③	ストレスとその対処 1　ストレスを感じるときやそのときの人の体や行動にどんな反応があるか考える。 2　ストレスへの対処の仕方について考える。 ・事例を基に考える。	○中学生がストレスを感じる事柄など，自分や周囲の状況を振り返らせながら考えさせる。 ○事例を挙げ，対処の仕方がその後の心身の負担に影響することを実感として捉えさせる。

| | · 意見交換して深める。
· 発表する（聞く）。
3　ストレスに適切に対処する方法を考える。
· 学んだことを基に，考えを深めたり，意見交換をしたりする。 | ○意見交換の中で考えを深めさせた後で，グループで適切な対処について話し合い，発表させる。
★（思考・判断・表現）
★（知識） |

(3) 準　備

- ワークシート，事例のプリント

(4) 展　開

段階 (分)	学習内容・活動	指導上の留意点と評価 留意点：○　評価：★
つかむ (10)	1　中学生が感じるストレスについて考える。 ・選択肢から選ぶ。 2　ストレスを感じるときや感じたときの体や行動の変化について考える。 ・各自で考える。 ・グループで意見交換し，ワークシートにまとめる。 　ストレスとは，外界からの刺激により心身に負担のかかった状態であること	○自分や仲間の日常生活を振り返らせながら，選択肢から選ばせる。 ○各自で考えさせた後，班で話し合わせる。 ○外からの刺激には，暑さや寒さや騒音，過労や人間関係の不安や挫折感などがあることに気付かせる。 ○ストレス反応には腹痛や不眠，精神の不安定や注意集中困難などがあることに気付かせる。
予想する (32)	3　ストレスへの対処による違いを考える。 質問1：次の朝，A君やチームメイトはどうしたでしょうか。 　A君は野球部に所属しています。公式戦のシード校を決める大切な試合で，A君のエラーで逆転負けしてしまいました。 　その夜，A君は「ぼくのせいだ……。みんな怒っているだろうな……。」などと考えてなかなか眠れませんでした。明日のことを考えるとドキドキして，頭も痛くなってきました。 ・意見を出し合う。 ・意見を比べる。 　過度なストレスは，心身の健康や生命に深刻な影響を与える場合があること	○対処を発表させる。 ○対処の仕方を比較し，対処によっては心身の健康に深刻な影響を与えることに気付かせる。

	4　ストレスへの適切な対処の仕方を考える。	
	質問２：Ｂさんはどのように行動したらよいでしょう。	
	Ｂさんには大好きなアイドルがいます。毎年，何度かライブに行きますが今年は受験生です。家族にも止められているので，進路が決まってから行こうと決めて受験勉強をがんばっていますが，どうしても気になって，勉強に集中できなかったり，イライラしたりすることがあります。	
	・意見を出し合う。 ・意見交換する。 ・班ごとに適切な対処を考え，発表する。 ・適切な対処について理解する。 【深い学び】 ○事例から，複数の対処を挙げ，それらの対処が適切であるか，対処によってどのような影響が心身に現れるかなど，自分の意見を発表したり意見交換を行ったりしながら，グループで最良の方法を決定する。	○Ｂさんの状況を理解させ，意見を出し合わせる。 ○思考が深まるように意見をからませながら，対処の方法について考えさせる。 ○原因となることに対処することや受け止め方を見直すこと，相談すること，気分を変えることなど，多くの方法が出せるように，事例を活用しながら考えさせる。 ○グループごとに適切な対処を考え，発表する。 ★（思考・判断・表現） 【観察・ワークシート】
	ストレスへの対処には，いろいろな方法があり，その中からストレスの原因，自分や周囲の状況に応じた対処の仕方を選ぶことが大切であること	
まとめる（8）	5　１時間の学習内容を確認する ・１時間の学習を基に「学習のまとめの質問」について考え，記入する。 ・本時のまとめを聞き，次時の学習についての見通しをもつ。	○授業で分かったことや，考えたことを基に「学習のまとめの質問」に答えさせる。 ★（知識）【ワークシート】

(5)　本授業を展開するに当たって

　思春期を迎えた中学生期は，自分のことについて話すことに躊躇が出てくる。そこで選択肢や事例を通して考えさせることでより深く意見交換ができるようにしたいと考えた。

　また，特に，「質問２：Ｂさんの事例」では，「ストレスの原因となる事柄に対処すること」「受け止め方を見直すこと」「相談すること」などのストレスへの対処や「リラクゼーションの方法」を思いついた

りしやすい事例とすることで，自分の考えを伝えるなどの意見交換が活発になり主体的に学習に取り組めるようにした。これによって，それぞれが考えた対処の中からよりよい対処を班で見付け出す活動により対話的で深い学びに向かえるようにしたい。

(3) 傷害の防止

| 中学校
第2学年 | 応急手当(実習) |

(1) 本時の目標(5/5)

・応急手当を適切に行うことによって,傷害の悪化を防止することができることについて,理解し,心肺蘇生法ができるようにする。
(知識・技能)

・心肺蘇生法について,自己評価したり,改善したりしたことを,表すことができるようにする。　　　　(思考・判断・表現)

(2) 単元計画

時	学習内容・活動	指導上の留意点と評価 留意点:○　評価:★
1	○交通事故や事前災害などによる傷害の発生要因 ・傷害は人的要因と環境要因などが関わって発生することを話し合う,考える。	○今までの経験を振り返らせて実感させる。 ★(態度) ○例題を挙げ,改善策を考えさせる。 ★(知識)
2	○交通事故などによる傷害の防止 ・人的要因や環境要因に関わる危険の予測を分類する,適切な対策を見付ける。 ・具体的に捉える。	○各自で予測したことを書き出し,分類した後,班で話し合わせる。 ★(思考・判断・表現) ★(知識)
3	○自然災害による傷害の防止 ・自然災害時における傷害は,災害発生時だけでなく,二次災害によっても生じることについて,危険となる原因を見付ける。	○各自で予測したことを書き出し,分類した後,班で話し合わせる。 ★(思考・判断・表現) ★(知識)
4	○応急手当の意義と実際 ・応急手当を行うことによって傷害の悪化を防止できることについて,理解する。	○その場に居合わせた人としての行動と結び付ける。 ○事例を挙げ,できることを考えさせる。 ★(知識)
⑤	○応急手当の実際 ・心肺蘇生法の実習を通して,応急手当の方法,手順などについて身に付ける。	○応急手当の方法,手順などについて,実習を通して身に付けさせる。 ★(知識・技能) ★(思考・判断・表現)

(3) 準　備

・ワークシート，実習用AED，ダミー人形

(4) 展　開

段階 (分)	学習内容・活動	指導上の留意点と評価 留意点：○　評価：★
つかむ (10)	1　その場に居合わせた人が行う応急手当を確認する。 ・前時の学習を思い出す。 2　ダミー人形に触れながら，心肺蘇生の行い方と手順を確認する。 ・各グループで行う。	○前時の学習を振り返らせる。 ★（知識） ○前時の確認をしながら，相互に観察して行わせる。 ○実施者1名，観察者2名，タイムキーパー1名のグループで行わせる。 【対話的】
行う (32)	3　実習を行い，評価，改善する。 〈チェック項目の例〉 (1)　傷病者発見 (2)　呼吸の観察 (3)　胸骨圧迫 (4)　気道確保 (5)　胸骨圧迫と人工呼吸 (6)　AED到着，AEDによる除細動	○最初に全員が実施者を行う。 ○実施していないときの役割を確認する。 ○実施中は，記録をとってもらい，実施が終わってから振り返る。 【深い学び】
まとめる (8)	4　1時間の学習内容を確認する ・実習中の記録について振り返り，記入する。 ・本時のまとめを聞き，次時の学習についての見通しをもつ。	○実習でできたことや，課題となるところの振り返りをさせ，自分でできる改善策を書き出させる。 【深い学び】 ★（思考・判断・表現） 【ワークシート】

(5) 本授業を展開するに当たって

　実習を通して応急手当の技能を身に付けてできるようにするのは，1単位時間では難しい。本時は，前時で学んだ応急手当の意義や方法について，実習で確認することができるようにしたい。そのために観察者を置くことと，その役割を交代して果たすことは，技能の習得を助けるであろう。タイムキーパーを置いているが，時間を短くするあまり確実性が失われることのないように留意したい。応急手当の技能が確実に身に付くようにするには，授業から広がっての活動に取り組む意欲を育てることを意図しておきたい。

⑷ 健康と環境

中学校 第3学年 環境の変化と適応能力

(1) 本時の目標（1/3）

・適応能力の限界について，資料や自分の経験を基に自分の考えをまとめたり，予想したりすることができるようにする。
（思考・判断・表現）

・身体の環境に対する適応能力や至適範囲について理解したことを言ったり書き出したりしている。　（知識）

(2) 単元計画

時	学習内容・活動	指導上の留意点と評価 留意点：○　評価：★
①	○気温に対する適応能力・至適範囲 ・身体には，環境の変化に対応した調節機能があることを理解する。 ・一定の範囲内で環境の変化に適応する能力があることを理解する。 ・体温を一定に保つ身体の適応能力には限界があることを理解する。 ・その限界を超えると健康に重大な影響が見られることから，気象情報の適切な利用が有効であることを理解する。 ・健康と環境に関わる原則や概念を基に，収集した情報を整理したり，習得した知識を個人生活と関連付けたりして，自他の課題を発見する。 ・身体の環境に対する適応能力・至適範囲について，習得した知識を自他の生活に適用したり，課題解決に役立てたりして，熱中症などになるリスクを軽減し，健康を保持増進する方法を見付けることができる。	★身体の環境に対する適応能力や至適範囲について理解したことを言ったり書き出したりできる。（知識） ★適応能力の限界について，資料や自分の経験を基に自分の考えをまとめたり，予想したりしたことを説明することができる。（思考・判断・表現）

2	○温熱条件や明るさの至適範囲 ・温度，湿度，気流の温熱条件には，人間が活動しやすい至適温度があることを理解する。 ・温熱条件の至適範囲は，体温を容易に一定に保つことができる範囲であることを理解する。 ・健康と環境に関わる原則や概念を基に，収集した情報を整理したり，習得した知識を個人生活と関連付けたりして，自他の課題を発見する。	★温熱条件について，資料や自分の経験を基に自分の考えをまとめたり，予想したりしたことを説明することができる。（思考・判断・表現）
3	○温熱条件や明るさの至適範囲 ・明るさについては，視作業を行う際には，物がよく見え，目が疲労しにくい至適範囲があることを理解する。 ・その範囲は，学習や作業などの種類により異なることを理解する。 ・健康と環境に関わる原則や概念を基に，収集した情報を整理したり，習得した知識を個人生活と関連付けたりして，自他の課題を発見する。	★明るさの至適範囲について，資料や自分の経験を基に自分の考えをまとめたり，予想したりしたことを説明することができる。（思考・判断・表現）

(3) 準　備

・ワークシート，熱中症や冬山の遭難などの新聞記事，模造紙

(4) 展　開

段階 (分)	学習内容・活動	指導上の留意点と評価 留意点：○　評価：★
つかむ(10)	1　体の適応能力について理解する。	
	質問１：暑いときや寒いとき，私たちの体にどんな変化が起こる？	
	・どのような変化が起こるか，暑いとき，寒いときの変化を，それぞれ個人でワークシートに記入する。 ・グループで内容を確認し，なぜそのような変化が起きるのかまとめ発表する。	
	適応と適応能力について理解する。	
	・教師の話や教科書から確認する	○小学校での学習との違いを確認する。 ○適応と適応能力の違いを確認する。 ○適応能力は，周りの環境からの影響

予想する (30)	を受けることで高まることを理解する。	
	2 適応能力の限界について理解する。	
	質問2：人には適応能力が備わっているのに，矛盾するように資料のような事故が起こるのはなぜだろうか？	
	・グループごとに，適応能力が備わっているはずなのに，起こってしまった事故の矛盾について考える。 ・グループで話し合われた内容を模造紙にまとめる。 ・グループの考えを，発表する。 ・教師の話や教科書から確認する。	★身体の環境に対する適応能力について理解したことを言ったり書き出したりできる。 ★適応能力の限界について，資料や自分の経験を基に自分の考えをまとめたり，予想したりしたことを説明することができる。
まとめる (10)	質問3：適応能力の限界を超えると，健康に重大な影響が見られることから，どのような対策が有効か考えてみよう。	
	・身近なところから思い出させ，ワークシートに記入させる。 ・ワークシートに記入した内容を発表させる。 ・教師の話や教科書から確認する。	○携帯の熱中症アラームや，天気情報について触れる。

(5) 本授業を展開するに当たって

　気温の変化による身体の変化については，日常の生活の中から容易に想像できると思われる。しかし，なぜそのような変化が起こるのかについては，様々な考えをめぐらせることになるであろう。ここでは，身体の変化一つ一つが，環境の変化に対する調節機能であることを十分に理解させたい。その上で，熱中症や低体温症で命の危険にさらされる例も少なくないことを取り上げる。学習は，グループで対話をする中で，調節機能が働くのは一定の範囲内であることに気付かせ，適応能力には限界があることについて理解させたい。

　適応能力には限界があるものの，普段，身の回りにある気象情報や，情報端末からの注意情報などを有効に利用することで，健康への重大な影響を防ぐ手段につながることについて理解させ，今後の生活の中に生かせるようにさせたい。

第6章

指導に向けて検討すべき事項

第1節 教科等間・学校段階間のつながり

　今次改訂において,教科等間・学校段階間のつながりについては,「何を学ぶか」(教科等を学ぶ意義と,教科等間・学校段階間のつながりを踏まえた教育課程の編成)として取り上げられている。

　中央教育審議会答申によれば,教育課程を軸に学校教育の改善・充実の好循環を生み出す「カリキュラム・マネジメント」の実現(「カリキュラム・マネジメント」の重要性)として次のように示されている。

> 　各学校における「カリキュラム・マネジメント」の確立である。(略)各学校には,学習指導要領等を受け止めつつ,子供たちの姿や地域の実情等を踏まえて,各学校が設定する学校教育目標を実現するために,学習指導要領等に基づき教育課程を編成し,それを実施・評価し改善していくことが求められる。

　いわゆる「カリキュラム・マネジメント」とは,教育課程を実施・評価し改善していくことである。

> 　「社会に開かれた教育課程」の理念のもと,子供たちが未来の創り手となるために求められる資質・能力を育んでいくためには,子供たちが「何ができるようになるか」「何を学ぶか」「どのように学ぶか」など(略)を各学校が組み立て,家庭・地域と連携・協働しながら実施し,目の前の子供たちの姿を踏まえながら

> 不断の見直しを図ることが求められる。今回の改訂は、各学校が学習指導要領等を手掛かりに、この「カリキュラム・マネジメント」を実現し、学校教育の改善・充実の好循環を生み出していくことを目指すものである。
>
> （略）教育課程全体を通した取組を通じて、教科等横断的な視点から教育活動の改善を行っていくことや、学校全体としての取組を通じて、教科等や学年を越えた組織運営の改善を行っていくことが求められる。各学校が編成する教育課程を軸に、教育活動や学校経営などの学校の全体的な在り方をどのように改善していくのかが重要になる。

「カリキュラム・マネジメント」の三つの側面として、①教科等横断的な視点で組織的に配列すること、②PDCAサイクルを確立すること、③教育内容と人的・物的資源の効果的な組み合わせをすることを挙げている。

また、これからの時代に求められる資質・能力を育むためには、各教科等の学習とともに、教科等横断的な視点に立った学習が重要であり、各教科等における学習の充実はもとより、教科等間のつながりを捉えた学習を進める必要があるとしている。そして、教科等の内容について、「カリキュラム・マネジメント」を通じて相互の関連付けや横断を図り、必要な教育内容を組織的に配列し、各教科等の内容と教育課程全体とを往還させるとともに、人材や予算、時間、情報、教育内容といった必要な資源を再配分することが求められるとしている。

資質・能力の育成を目指した教育課程編成と教科等間のつながりに向けて、特別活動や総合的な学習の時間において、子供たちにどのような資質・能力を育むかを明確にし、それを育む上で効果的な学習内容や活動を組み立て、各教科等における学びと関連付けていくことが

不可欠であるとしている。

各教科等に位置する保健体育科としては，他教科とのつながり，小学校や高等学校とのつながりを捉えていくことが重要となろう。この場合，「つながり」とは，各教科等・学校段階間それぞれの内容や時間を確保しつつ，順序性や時期を検討していくことになるであろう。

その上で，教科等横断的な視点に立った学習に取り組むことが求められよう。

●教科等横断的な視点で授業づくりに取り組むために

教科等横断的な視点で授業づくりに取り組む際の試みとして，図のような「授業構成の枠組み」を作成した。この図は，保健体育科における授業を構成するための図である。

【学習内容】【学習活動・方法（評価場面）】【能力（実現状況）】

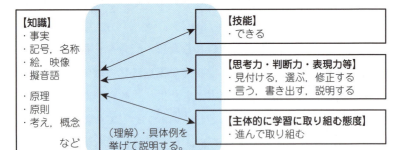

図　授業構成の枠組み（試案）（今関，2017）

大枠で「学習内容」「学習活動・方法（評価場面）」「能力（実現状況）」を設定した。授業は，中央に位置させた網掛けの部分である。

「学習内容」とは，子供が学ぶ対象であり「知識」である。これには，「事実」「記号，名称」「絵，映像」「擬音語」や，「原理」「原則」「考え，概念」といったものが相当する。言わば，能力を含まないものである。

「学習活動・方法（評価場面）」とは，実際の授業展開であり，学ぶ対象の知識に迫りながら，また，身に付ける能力を視野に入れながら，準備された（準備した）活動・方法で学習を進めていく。実際には，50分という縦の流れと単元のまとまりとして何時間完了という単元の横の流れなどがある。授業展開中も能力を身に付けることに迫りながら学習を進めていく。

「能力（実現状況）」とは，授業展開で身に付けることを目指すものである。この中に「技能」を単独で示したのは，次の理由による。それは，資質・能力として「知識・技能」「思考力・判断力・表現力等」「学びに向かう力・人間性等」が三つの柱として示されているが，「知識」は能力を含まないものであり，「技能」は「合理的な練習によって身に付けた状態である」（解説「体育理論」p.193）とされているからである。

また，「知識」を身に付けた状態は，「理解」として整理（中央教育審議会答申p.61脚注：「『知識』には，従来『理解』として整理されてきた内容も含まれるものとする」）されていることから，本図においては「学習活動・方法（評価場面）」の下部に「（理解）・具体例を挙げて説明する」として配置した。そして，学ぶ対象としての「知識」と身に付けた状態としての「技能」を分けて示している。

「能力」を捉える「実現状況」として，「技能」は「できる」を，「思考力・判断力・表現力等」は「見付ける，選ぶ，修正する」「言う，書き出す，説明する」を，「主体的に学習に取り組む態度」は「進んで取り組む」を例示している。

この図を基に，保健体育科の授業を構築したとき，実技の授業であれ，体育理論や保健分野の授業であれ，独自の部分と重なり合う部分とが見えてくるのではないか。それは，重なり合う部分としては「思考力・判断力・表現力等」があるであろう。次に学習活動の過程で重

なり合う部分が考えられる。独自の部分としては，学習内容としての知識が考えられる。別な見方をすれば，学習内容としての知識こそが，保健体育科の体育分野そのもの，保健分野そのものを示すものといえよう。

　教科等横断的な視点で授業づくりをするとき，学習内容としての知識が特定できないまま，または曖昧なまま授業実践に突入すると，何の授業なのかが見えなくなってしまうであろう。例えば，保健と総合的な学習の時間，体育と地域スポーツといった設定で関連をもたせた授業などを構築するときに，授業構成に示した三つの枠組みによる捉えは特に注意して取り組むことが必要となろう。

　教科等間・学校段階間のつながりの視点や教科横断的な視点で，いかにして授業を構築し，実践するかは今後の大きな課題といえよう。

第2節 中学校保健体育科と「社会に開かれた教育課程」

　中教審答申の「はじめに」では,「学校を変化する社会の中に位置付け,学校教育の中核となる教育課程について,よりよい学校教育を通じてよりよい社会を創るという目標を学校と社会とが共有し,それぞれの学校において,必要な教育内容をどのように学び,どのような資質・能力を身に付けられるようにするのかを明確にしながら,社会との連携・協働によりその実現を図っていくという『社会に開かれた教育課程』を目指すべき理念として位置付ける」としている。

　また,これからの学習指導要領等には,「学びの地図」として,「子供たちと教職員に向けて教育内容を定めるという役割のみならず,様々な立場から子供や学校に関わる全ての大人が幅広く共有し活用することによって,生涯にわたる学習とのつながりを見通しながら,子供たちの多様で質の高い学びを引き出すことができるよう,子供たちが身に付ける資質・能力や学ぶ内容など,学校教育における学習の全体像を分かりやすく見渡せる」役割を果たしていくことが期待されているともしている。

　重要な点として,次の三つを挙げている。

---

① 社会や世界の状況を幅広く視野に入れ,よりよい学校教育を通じてよりよい社会を創るという目標を持ち,教育課程を介してその目標を社会と共有していくこと。
② これからの社会を創り出していく子供たちが,社会や世界に向き合い関わり合い,自らの人生を切り拓いていくために求め

られる資質・能力とは何かを，教育課程において明確化し育んでいくこと。
③　教育課程の実施に当たって，地域の人的・物的資源を活用したり，放課後や土曜日等を活用した社会教育との連携を図ったりし，学校教育を学校内に閉じずに，その目指すところを社会と共有・連携しながら実現させること。

中教審答申を踏まえれば，「社会に開かれた教育課程」とするには，次の点に注目して編成することが重要となろう。
①　「よりよい社会を創る」という目標が，教育課程を介して，社会と共有できるような教育課程となっているか。
②　子供たちが，社会や世界に向き合い関わり合い，自らの人生を切り拓いていくために求められる資質・能力とは何かを明確化し育んでいくことができるような教育課程となっているか。
③　学校教育を学校内に閉じずに，社会と共有・連携しながら実現できるような教育課程の実施となっているか。

①と②については，教育課程における各教科の一つとしての保健体育科において，取り上げる内容が社会と共有できるようなものとなっているか，保健体育科で身に付けることを目指す資質・能力は自らの人生を切り拓いていくことができるようなものとなっているかという視点が重要となろう。

中教審答申では，「社会に開かれた教育課程」の実現，学習指導要領等の理念を実現するために必要な方策として，行政や設置者に向けて次のように述べている。

○　「社会に開かれた教育課程」を実現するためには，そのために

> 必要な次期学習指導要領等の姿を描くのみならず，これからの学校教育の在り方に関わる諸改革との連携を図ることや，学習指導要領等の実施に必要な人材や予算，時間，情報，施設・設備といった資源をどのように整えていくかという，条件整備等が必要不可欠であり，その着実な推進を国や教育委員会等の行政や設置者には強く求めたい。

　これらは，行政や学校の設置者に対するものであり，マネジメントでいうところの「人・モノ・金」にかかるものである（「情報」については，学習指導要領と読み替える）。
　また，「社会との連携・協働を通じた学習指導要領等の実施」として次のように述べている。

> （家庭・地域との連携・協働）
> ○　学校がその目的を達成するためには，「社会に開かれた教育課程」の理念のもと，家庭や地域の人々とともに子供を育てていくという視点に立ち，地域と学校の連携・協働の下，幅広い地域住民等（多様な専門人材，高齢者，若者，PTA・青少年団体，企業・NPO等）とともに，地域全体で子供たちの成長を支え，地域を創生する活動（地域学校協働活動）を進めながら，学校内外を通じた子供の生活の充実と活性化を図ることが大切であり，学校，家庭，地域社会がそれぞれ本来の教育機能を発揮し，全体としてバランスのとれた教育が行われることが重要である。
> ○　これまでも学校は，教育活動の計画や実施の場面で，家庭や地域の人々の積極的な協力を得てきたが，今後，一層家庭や地

> 域の人々と目標やビジョンを共有し，家庭生活や社会環境の変化によって家庭の教育機能の低下も指摘される中，家庭の役割や責任を明確にしつつ具体的な連携を強化するとともに，地域と連携・協働して地域と一体となって子供たちを育む，地域とともにある学校への転換を図ることが必要である。
> ○　また，次期学習指導要領等では，キャリア教育の充実や，高等学校における専門的な教育の充実を図る観点から，企業の協力，産業界との関わりがこれまで以上に重要となる。教育課程の理念をどのように共有し，働きかけをしていくかを，具体的に計画していく必要がある。
> ○　加えて，経済的状況に関わらず教育を受けられる機会を整えていくことや，家庭環境や家族の状況の変化等を踏まえた適切な配慮を行っていくことも不可欠である。

　これらは，地域全体で子供たちの成長を支えること，地域だけではなく家庭の役割や責任を明確にしつつ連携を強化すること，産業界と共有し働きかけをしていくこと，教育を受けられる機会を整えていくことなど，社会全体とのつながりを学校がもてるようにすること，地域・家庭・産業界も関わりをもてるようにすることといった，双方向の働きかけを促している。また，経済的状況も含めて，予算措置など行政・設置者による条件整備にも言及している。

　学習指導要領を基準として教育課程を編成し，それを実施していく際に「社会に開かれた教育課程」に迫るためには，どのようなことに留意していけばよいのだろうか。
　一つのキーワードとして「連携」を挙げておきたい。筆者は，「連携」を次に挙げる三つのまとまりで考えている[1]。

はじめは,「一緒に行う」である。「手伝う」のもこれに入るであろう。実際に動く場面では,一緒に行うことを相手に了解してもらえるかどうかであろう。次は,「協力する」である。力を合わせるのだが,それには「役割」と「責任」が常につきまとう。「主体的・対話的で深い学び」をする場合においても,活動場面において,どのように分担するのかなどがポイントになると考えている。最後は,これは究極の連携であろうが「お互いに成長する」である。これは難しい。しかし,目指したいものである。満足感や自己成長の実感に関わるものである。

　ここでいう「連携」は,「社会に開かれた教育課程」に迫るだけではなく,日頃の授業実践・改善においても有用な手掛かりを提供してくれるのではないか。

【注】
1) 今関豊一「学校歯科保健の視点からの教育」一般社団法人日本学校歯科医会『日本学校歯科医会会誌』2016年3月,p.91

中学校学習指導要領
平成29年3月〔抜粋〕

第2章　各教科
第7節　保健体育
第1　目　標
　体育や保健の見方・考え方を働かせ，課題を発見し，合理的な解決に向けた学習過程を通して，心と体を一体として捉え，生涯にわたって心身の健康を保持増進し豊かなスポーツライフを実現するための資質・能力を次のとおり育成することを目指す。
(1)　各種の運動の特性に応じた技能等及び個人生活における健康・安全について理解するとともに，基本的な技能を身に付けるようにする。
(2)　運動や健康についての自他の課題を発見し，合理的な解決に向けて思考し判断するとともに，他者に伝える力を養う。
(3)　生涯にわたって運動に親しむとともに健康の保持増進と体力の向上を目指し，明るく豊かな生活を営む態度を養う。

第2　各学年の目標及び内容
〔体育分野　第1学年及び第2学年〕
1　目　標
(1)　運動の合理的な実践を通して，運動の楽しさや喜びを味わい，運動を豊かに実践することができるようにするため，運動，体力の必要性について理解するとともに，基本的な技能を身に付けるようにする。
(2)　運動についての自己の課題を発見し，合理的な解決に向けて思考し判断するとともに，自己や仲間の考えたことを他者に伝える力を養う。
(3)　運動における競争や協働の経験を通して，公正に取り組む，互いに協力する,自己の役割を果たす，一人一人の違いを認めようとするなどの意欲を育てるとともに，健康・安全に留意し，自己の最善を尽くして運動をする態度を養う。

2　内　容
A　体つくり運動
　体つくり運動について，次の事項を身に付けることができるよう指導する。
(1)　次の運動を通して，体を動かす楽しさや心地よさを味わい，体つくり運動の意義と行い方，体の動きを高める方法などを理解し，目的に適した運動を身に付け，組み合わせること。
　ア　体ほぐしの運動では，手軽な運動を行い，心と体との関係や心身の状態に気付き，仲間と積極的に関わり合うこと。
　イ　体の動きを高める運動では，ねらいに応じて,体の柔らかさ，巧みな動き，力強い動き，動き

を持続する能力を高めるための運動を行うとともに，それらを組み合わせること。
(2) 自己の課題を発見し，合理的な解決に向けて運動の取り組み方を工夫するとともに，自己や仲間の考えたことを他者に伝えること。
(3) 体つくり運動に積極的に取り組むとともに，仲間の学習を援助しようとすること，一人一人の違いに応じた動きなどを認めようとすること，話合いに参加しようとすることなどや，健康・安全に気を配ること。

B 器械運動

器械運動について，次の事項を身に付けることができるよう指導する。
(1) 次の運動について，技ができる楽しさや喜びを味わい，器械運動の特性や成り立ち，技の名称や行い方，その運動に関連して高まる体力などを理解するとともに，技をよりよく行うこと。
　ア　マット運動では，回転系や巧技系の基本的な技を滑らかに行うこと，条件を変えた技や発展技を行うこと及びそれらを組み合わせること。
　イ　鉄棒運動では，支持系や懸垂系の基本的な技を滑らかに行うこと，条件を変えた技や発展技を行うこと及びそれらを組み合わせること。
　ウ　平均台運動では，体操系やバランス系の基本的な技を滑らかに行うこと，条件を変えた技や発展技を行うこと及びそれらを組み合わせること。
　エ　跳び箱運動では，切り返し系や回転系の基本的な技を滑らかに行うこと，条件を変えた技や発展技を行うこと。
(2) 技などの自己の課題を発見し，合理的な解決に向けて運動の取り組み方を工夫するとともに，自己の考えたことを他者に伝えること。
(3) 器械運動に積極的に取り組むとともに，よい演技を認めようとすること，仲間の学習を援助しようとすること，一人一人の違いに応じた課題や挑戦を認めようとすることなどや，健康・安全に気を配ること。

C 陸上競技

陸上競技について，次の事項を身に付けることができるよう指導する。
(1) 次の運動について，記録の向上や競争の楽しさや喜びを味わい，陸上競技の特性や成り立ち，技術の名称や行い方，その運動に関連して高まる体力などを理解するとともに，基本的な動きや効率のよい動きを身に付けること。
　ア　短距離走・リレーでは，滑らかな動きで速く走ることやバトンの受渡しでタイミングを合わせること，長距離走では，ペースを守って走ること，ハードル走では，リズミカルな走りから

滑らかにハードルを越すこと。
　イ　走り幅跳びでは，スピードに乗った助走から素早く踏み切って跳ぶこと，走り高跳びでは，リズミカルな助走から力強く踏み切って大きな動作で跳ぶこと。
(2)　動きなどの自己の課題を発見し，合理的な解決に向けて運動の取り組み方を工夫するとともに，自己の考えたことを他者に伝えること。
(3)　陸上競技に積極的に取り組むとともに，勝敗などを認め，ルールやマナーを守ろうとすること，分担した役割を果たそうとすること，一人一人の違いに応じた課題や挑戦を認めようとすることなどや，健康・安全に気を配ること。

D　水　泳

　水泳について，次の事項を身に付けることができるよう指導する。
(1)　次の運動について，記録の向上や競争の楽しさや喜びを味わい，水泳の特性や成り立ち，技術の名称や行い方，その運動に関連して高まる体力などを理解するとともに，泳法を身に付けること。
　ア　クロールでは，手と足の動き，呼吸のバランスをとり速く泳ぐこと。
　イ　平泳ぎでは，手と足の動き，呼吸のバランスをとり長く泳ぐこと。
　ウ　背泳ぎでは，手と足の動き，呼吸のバランスをとり泳ぐこと。
　エ　バタフライでは，手と足の動き，呼吸のバランスをとり泳ぐこと。
(2)　泳法などの自己の課題を発見し，合理的な解決に向けて運動の取り組み方を工夫するとともに，自己の考えたことを他者に伝えること。
(3)　水泳に積極的に取り組むとともに，勝敗などを認め，ルールやマナーを守ろうとすること，分担した役割を果たそうとすること，一人一人の違いに応じた課題や挑戦を認めようとすることなどや，水泳の事故防止に関する心得を遵守するなど健康・安全に気を配ること。

E　球　技

　球技について，次の事項を身に付けることができるよう指導する。
(1)　次の運動について，勝敗を競う楽しさや喜びを味わい，球技の特性や成り立ち，技術の名称や行い方，その運動に関連して高まる体力などを理解するとともに，基本的な技能や仲間と連携した動きでゲームを展開すること。
　ア　ゴール型では，ボール操作と空間に走り込むなどの動きによってゴール前での攻防をすること。
　イ　ネット型では，ボールや用具の操作と定位置に戻るなどの動きによって空いた場所をめぐる攻防をすること。

資料

ウ ベースボール型では，基本的なバット操作と走塁での攻撃，ボール操作と定位置での守備などによって攻防をすること。
(2) 攻防などの自己の課題を発見し，合理的な解決に向けて運動の取り組み方を工夫するとともに，自己や仲間の考えたことを他者に伝えること。
(3) 球技に積極的に取り組むとともに，フェアなプレイを守ろうとすること，作戦などについての話合いに参加しようとすること，一人一人の違いに応じたプレイなどを認めようとすること，仲間の学習を援助しようとすることなどや，健康・安全に気を配ること。

F 武道

武道について，次の事項を身に付けることができるよう指導する。
(1) 次の運動について，技ができる楽しさや喜びを味わい，武道の特性や成り立ち，伝統的な考え方，技の名称や行い方，その運動に関連して高まる体力などを理解するとともに，基本動作や基本となる技を用いて簡易な攻防を展開すること。
　ア 柔道では，相手の動きに応じた基本動作や基本となる技を用いて，投げたり抑えたりするなどの簡易な攻防をすること。
　イ 剣道では，相手の動きに応じた基本動作や基本となる技を用いて，打ったり受けたりするなどの簡易な攻防をすること。

ウ 相撲では，相手の動きに応じた基本動作や基本となる技を用いて，押したり寄ったりするなどの簡易な攻防をすること。
(2) 攻防などの自己の課題を発見し，合理的な解決に向けて運動の取り組み方を工夫するとともに，自己の考えたことを他者に伝えること。
(3) 武道に積極的に取り組むとともに，相手を尊重し，伝統的な行動の仕方を守ろうとすること，分担した役割を果たそうとすること，一人一人の違いに応じた課題や挑戦を認めようとすることなどや，禁じ技を用いないなど健康・安全に気を配ること。

G ダンス

ダンスについて，次の事項を身に付けることができるよう指導する。
(1) 次の運動について，感じを込めて踊ったりみんなで踊ったりする楽しさや喜びを味わい，ダンスの特性や由来，表現の仕方，その運動に関連して高まる体力などを理解するとともに，イメージを捉えた表現や踊りを通した交流をすること。
　ア 創作ダンスでは，多様なテーマから表したいイメージを捉え，動きに変化を付けて即興的に表現したり，変化のあるひとまとまりの表現にしたりして踊ること。
　イ フォークダンスでは，日本の民踊や外国の踊りから，それら

の踊り方の特徴を捉え，音楽に合わせて特徴的なステップや動きで踊ること。
　ウ　現代的なリズムのダンスでは，リズムの特徴を捉え，変化のある動きを組み合わせて，リズムに乗って全身で踊ること。
(2)　表現などの自己の課題を発見し，合理的な解決に向けて運動の取り組み方を工夫するとともに，自己や仲間の考えたことを他者に伝えること。
(3)　ダンスに積極的に取り組むとともに，仲間の学習を援助しようとすること，交流などの話合いに参加しようとすること，一人一人の違いに応じた表現や役割を認めようとすることなどや，健康・安全に気を配ること。

Ｈ　体育理論
(1)　運動やスポーツが多様であることについて，課題を発見し，その解決を目指した活動を通して，次の事項を身に付けることができるよう指導する。
　ア　運動やスポーツが多様であることについて理解すること。
　　(ｱ)　運動やスポーツは，体を動かしたり健康を維持したりするなどの必要性及び競い合うことや課題を達成することなどの楽しさから生みだされ発展してきたこと。
　　(ｲ)　運動やスポーツには，行うこと，見ること，支えること及び知ることなどの多様な関わり方があること。
　　(ｳ)　世代や機会に応じて，生涯にわたって運動やスポーツを楽しむためには，自己に適した多様な楽しみ方を見付けたり，工夫したりすることが大切であること。
　イ　運動やスポーツが多様であることについて，自己の課題を発見し，よりよい解決に向けて思考し判断するとともに，他者に伝えること。
　ウ　運動やスポーツが多様であることについての学習に積極的に取り組むこと。
(2)　運動やスポーツの意義や効果と学び方や安全な行い方について，課題を発見し，その解決を目指した活動を通して，次の事項を身に付けることができるよう指導する。
　ア　運動やスポーツの意義や効果と学び方や安全な行い方について理解すること。
　　(ｱ)　運動やスポーツは，身体の発達やその機能の維持，体力の向上などの効果や自信の獲得，ストレスの解消などの心理的効果及びルールやマナーについて合意したり，適切な人間関係を築いたりするなどの社会性を高める効果が期待できること。
　　(ｲ)　運動やスポーツには，特有の技術があり，その学び方には，運動の課題を合理的に解

決するための一定の方法があること。
(ウ) 運動やスポーツを行う際は，その特性や目的，発達の段階や体調などを踏まえて運動を選ぶなど，健康・安全に留意する必要があること。
イ 運動やスポーツの意義や効果と学び方や安全な行い方について，自己の課題を発見し，よりよい解決に向けて思考し判断するとともに，他者に伝えること。
ウ 運動やスポーツの意義や効果と学び方や安全な行い方についての学習に積極的に取り組むこと。

〔体育分野　第３学年〕
1　目　標
(1) 運動の合理的な実践を通して，運動の楽しさや喜びを味わい，生涯にわたって運動を豊かに実践することができるようにするため，運動，体力の必要性について理解するとともに，基本的な技能を身に付けるようにする。
(2) 運動についての自己や仲間の課題を発見し，合理的な解決に向けて思考し判断するとともに，自己や仲間の考えたことを他者に伝える力を養う。
(3) 運動における競争や協働の経験を通して，公正に取り組む，互いに協力する，自己の責任を果たす，参画する，一人一人の違いを大切にしようとするなどの意欲を育て

るとともに，健康・安全を確保して，生涯にわたって運動に親しむ態度を養う。

2　内　容
A　体つくり運動
体つくり運動について，次の事項を身に付けることができるよう指導する。
(1) 次の運動を通して，体を動かす楽しさや心地よさを味わい，運動を継続する意義，体の構造，運動の原則などを理解するとともに，健康の保持増進や体力の向上を目指し，目的に適した運動の計画を立て取り組むこと。
ア 体ほぐしの運動では，手軽な運動を行い，心と体は互いに影響し変化することや心身の状態に気付き，仲間と自主的に関わり合うこと。
イ 実生活に生かす運動の計画では，ねらいに応じて，健康の保持増進や調和のとれた体力の向上を図るための運動の計画を立て取り組むこと。
(2) 自己や仲間の課題を発見し，合理的な解決に向けて運動の取り組み方を工夫するとともに，自己や仲間の考えたことを他者に伝えること。
(3) 体つくり運動に自主的に取り組むとともに，互いに助け合い教え合おうとすること，一人一人の違いに応じた動きなどを大切にしようとすること，話合いに貢献しようとすることなどや，健康・安全

を確保すること。

B　器械運動

　器械運動について，次の事項を身に付けることができるよう指導する。

(1) 次の運動について，技ができる楽しさや喜びを味わい，技の名称や行い方，運動観察の方法，体力の高め方などを理解するとともに，自己に適した技で演技すること。

　ア　マット運動では，回転系や巧技系の基本的な技を滑らかに安定して行うこと，条件を変えた技や発展技を行うこと及びそれらを構成し演技すること。

　イ　鉄棒運動では，支持系や懸垂系の基本的な技を滑らかに安定して行うこと，条件を変えた技や発展技を行うこと及びそれらを構成し演技すること。

　ウ　平均台運動では，体操系やバランス系の基本的な技を滑らかに安定して行うこと，条件を変えた技や発展技を行うこと及びそれらを構成し演技すること。

　エ　跳び箱運動では，切り返し系や回転系の基本的な技を滑らかに安定して行うこと，条件を変えた技や発展技を行うこと。

(2) 技などの自己や仲間の課題を発見し，合理的な解決に向けて運動の取り組み方を工夫するとともに，自己の考えたことを他者に伝えること。

(3) 器械運動に自主的に取り組むとともに，よい演技を讃えようとすること，互いに助け合い教え合おうとすること，一人一人の違いに応じた課題や挑戦を大切にしようとすることなどや，健康・安全を確保すること。

C　陸上競技

　陸上競技について，次の事項を身に付けることができるよう指導する。

(1) 次の運動について，記録の向上や競争の楽しさや喜びを味わい，技術の名称や行い方，体力の高め方，運動観察の方法などを理解するとともに，各種目特有の技能を身に付けること。

　ア　短距離走・リレーでは，中間走へのつなぎを滑らかにして速く走ることやバトンの受渡しで次走者のスピードを十分高めること，長距離走では，自己に適したペースを維持して走ること，ハードル走では，スピードを維持した走りからハードルを低く越すこと。

　イ　走り幅跳びでは，スピードに乗った助走から力強く踏み切って跳ぶこと，走り高跳びでは，リズミカルな助走から力強く踏み切り滑らかな空間動作で跳ぶこと。

(2) 動きなどの自己や仲間の課題を発見し，合理的な解決に向けて運動の取り組み方を工夫するとともに，自己の考えたことを他者に伝えること。

(3) 陸上競技に自主的に取り組むとともに，勝敗などを冷静に受け止め，ルールやマナーを大切にしようとすること，自己の責任を果たそうとすること，一人一人の違いに応じた課題や挑戦を大切にしようとすることなどや，健康・安全を確保すること。

D 水 泳
水泳について，次の事項を身に付けることができるよう指導する。
(1) 次の運動について，記録の向上や競争の楽しさや喜びを味わい，技術の名称や行い方，体力の高め方，運動観察の方法などを理解するとともに，効率的に泳ぐこと。
　ア クロールでは，手と足の動き，呼吸のバランスを保ち，安定したペースで長く泳いだり速く泳いだりすること。
　イ 平泳ぎでは，手と足の動き，呼吸のバランスを保ち，安定したペースで長く泳いだり速く泳いだりすること。
　ウ 背泳ぎでは，手と足の動き，呼吸のバランスを保ち，安定したペースで泳ぐこと。
　エ バタフライでは，手と足の動き，呼吸のバランスを保ち，安定したペースで泳ぐこと。
　オ 複数の泳法で泳ぐこと，又はリレーをすること。
(2) 泳法などの自己や仲間の課題を発見し，合理的な解決に向けて運動の取り組み方を工夫するとともに，自己の考えたことを他者に伝えること。
(3) 水泳に自主的に取り組むとともに，勝敗などを冷静に受け止め，ルールやマナーを大切にしようとすること，自己の責任を果たそうとすること，一人一人の違いに応じた課題や挑戦を大切にしようとすることなどや，水泳の事故防止に関する心得を遵守するなど健康・安全を確保すること。

E 球 技
球技について，次の事項を身に付けることができるよう指導する。
(1) 次の運動について，勝敗を競う楽しさや喜びを味わい，技術の名称や行い方，体力の高め方，運動観察の方法などを理解するとともに，作戦に応じた技能で仲間と連携しゲームを展開すること。
　ア ゴール型では，安定したボール操作と空間を作りだすなどの動きによってゴール前への侵入などから攻防をすること。
　イ ネット型では，役割に応じたボール操作や安定した用具の操作と連携した動きによって空いた場所をめぐる攻防をすること。
　ウ ベースボール型では，安定したバット操作と走塁での攻撃，ボール操作と連携した守備などによって攻防をすること。
(2) 攻防などの自己やチームの課題を発見し，合理的な解決に向けて運動の取り組み方を工夫するとともに，自己や仲間の考えたことを

他者に伝えること。
(3) 球技に自主的に取り組むとともに，フェアなプレイを大切にしようとすること，作戦などについての話合いに貢献しようとすること，一人一人の違いに応じたプレイなどを大切にしようとすること，互いに助け合い教え合おうとすることなどや，健康・安全を確保すること。

F 武道
　武道について，次の事項を身に付けることができるよう指導する。
(1) 次の運動について，技を高め勝敗を競う楽しさや喜びを味わい，伝統的な考え方，技の名称や見取り稽古の仕方，体力の高め方などを理解するとともに，基本動作や基本となる技を用いて攻防を展開すること。
　ア　柔道では，相手の動きの変化に応じた基本動作や基本となる技，連絡技を用いて，相手を崩して投げたり，抑えたりするなどの攻防をすること。
　イ　剣道では，相手の動きの変化に応じた基本動作や基本となる技を用いて，相手の構えを崩し，しかけたり応じたりするなどの攻防をすること。
　ウ　相撲では，相手の動きの変化に応じた基本動作や基本となる技を用いて，相手を崩し，投げたりいなしたりするなどの攻防をすること。
(2) 攻防などの自己や仲間の課題を発見し，合理的な解決に向けて運動の取り組み方を工夫するとともに，自己の考えたことを他者に伝えること。
(3) 武道に自主的に取り組むとともに，相手を尊重し，伝統的な行動の仕方を大切にしようとすること，自己の責任を果たそうとすること，一人一人の違いに応じた課題や挑戦を大切にしようとすることなどや，健康・安全を確保すること。

G ダンス
　ダンスについて，次の事項を身に付けることができるよう指導する。
(1) 次の運動について，感じを込めて踊ったり，みんなで自由に踊ったりする楽しさや喜びを味わい，ダンスの名称や用語，踊りの特徴と表現の仕方，交流や発表の仕方，運動観察の方法，体力の高め方などを理解するとともに，イメージを深めた表現や踊りを通した交流や発表をすること。
　ア　創作ダンスでは，表したいテーマにふさわしいイメージを捉え，個や群で，緩急強弱のある動きや空間の使い方で変化を付けて即興的に表現したり，簡単な作品にまとめたりして踊ること。
　イ　フォークダンスでは，日本の民踊や外国の踊りから，それらの踊り方の特徴を捉え，音楽に合わせて特徴的なステップや動きと組み方で踊ること。

ウ　現代的なリズムのダンスでは，リズムの特徴を捉え，変化とまとまりを付けて，リズムに乗って全身で踊ること。
(2)　表現などの自己や仲間の課題を発見し，合理的な解決に向けて運動の取り組み方を工夫するとともに，自己や仲間の考えたことを他者に伝えること。
(3)　ダンスに自主的に取り組むとともに，互いに助け合い教え合おうとすること，作品や発表などの話合いに貢献しようとすること，一人一人の違いに応じた表現や役割を大切にしようとすることなどや，健康・安全を確保すること。

H　体育理論
(1)　文化としてのスポーツの意義について，課題を発見し，その解決を目指した活動を通して，次の事項を身に付けることができるよう指導する。
　　ア　文化としてのスポーツの意義について理解すること。
　　　(ｱ)　スポーツは，文化的な生活を営みよりよく生きていくために重要であること。
　　　(ｲ)　オリンピックやパラリンピック及び国際的なスポーツ大会などは，国際親善や世界平和に大きな役割を果たしていること。
　　　(ｳ)　スポーツは，民族や国，人種や性，障害の違いなどを超えて人々を結び付けていること。

イ　文化としてのスポーツの意義について，自己の課題を発見し，よりよい解決に向けて思考し判断するとともに，他者に伝えること。
ウ　文化としてのスポーツの意義についての学習に自主的に取り組むこと。

〔内容の取扱い〕
(1)　内容の各領域については，次のとおり取り扱うものとする。
　　ア　第1学年及び第2学年においては，「A体つくり運動」から「H体育理論」までについては，全ての生徒に履修させること。その際，「A体つくり運動」及び「H体育理論」については，2学年間にわたって履修させること。
　　イ　第3学年においては，「A体つくり運動」及び「H体育理論」については，全ての生徒に履修させること。「B器械運動」，「C陸上競技」，「D水泳」及び「Gダンス」についてはいずれかから一以上を，「E球技」及び「F武道」についてはいずれか一以上をそれぞれ選択して履修できるようにすること。
(2)　内容の「A体つくり運動」から「H体育理論」までに示す事項については，次のとおり取り扱うものとする。
　　ア　「A体つくり運動」の(1)のアの運動については，「B器械運動」から「Gダンス」までにお

いても関連を図って指導することができるとともに，心の健康など保健分野との関連を図って指導すること。また，「A体つくり運動」の(1)のイの運動については，第1学年及び第2学年においては，動きを持続する能力を高めるための運動に重点を置いて指導することができるが，調和のとれた体力を高めることに留意すること。その際，音楽に合わせて運動をするなどの工夫を図ること。第3学年においては，日常的に取り組める運動例を取り上げるなど指導方法の工夫を図ること。

イ 「B器械運動」の(1)の運動については，第1学年及び第2学年においては，アからエまでの中からアを含む二を選択して履修できるようにすること。第3学年においては，アからエまでの中から選択して履修できるようにすること。

ウ 「C陸上競技」の(1)の運動については，ア及びイに示すそれぞれの運動の中から選択して履修できるようにすること。

エ 「D水泳」の(1)の運動については，第1学年及び第2学年においては，アからエまでの中からア又はイのいずれかを含む二を選択して履修できるようにすること。第3学年においては，アからオまでの中から選択して履修できるようにすること。な

お，学校や地域の実態に応じて，安全を確保するための泳ぎを加えて履修させることができること。また，泳法との関連において水中からのスタート及びターンを取り上げること。なお，水泳の指導については，適切な水泳場の確保が困難な場合にはこれを扱わないことができるが，水泳の事故防止に関する心得については，必ず取り上げること。また，保健分野の応急手当との関連を図ること。

オ 「E球技」の(1)の運動については，第1学年及び第2学年においては，アからウまでを全ての生徒に履修させること。第3学年においては，アからウまでの中から二を選択して履修できるようにすること。また，アについては，バスケットボール，ハンドボール，サッカーの中から，イについては，バレーボール，卓球，テニス，バドミントンの中から，ウについては，ソフトボールを適宜取り上げることとし，学校や地域の実態に応じて，その他の運動についても履修させることができること。なお，ウの実施に当たり，十分な広さの運動場の確保が難しい場合は指導方法を工夫して行うこと。

カ 「F武道」については，柔道，剣道，相撲，空手道，なぎなた，弓道，合気道，少林寺拳法，銃

剣道などを通して，我が国固有の伝統と文化により一層触れることができるようにすること。また，(1)の運動については，アからウまでの中から一を選択して履修できるようにすること。なお，学校や地域の実態に応じて，空手道，なぎなた，弓道，合気道，少林寺拳法，銃剣道などについても履修させることができること。また，武道場などの確保が難しい場合は指導方法を工夫して行うとともに，学習段階や個人差を踏まえ，段階的な指導を行うなど安全を十分に確保すること。

キ 「Gダンス」の(1)の運動については，アからウまでの中から選択して履修できるようにすること。なお，学校や地域の実態に応じて，その他のダンスについても履修させることができること。

ク 第1学年及び第2学年の内容の「H体育理論」については，(1)は第1学年，(2)は第2学年で取り上げること。

(3) 内容の「A体つくり運動」から「Gダンス」までの領域及び運動の選択並びにその指導に当たっては，学校や地域の実態及び生徒の特性等を考慮するものとする。また，第3学年の領域の選択に当たっては，安全を十分に確保した上で，生徒が自由に選択して履修することができるよう配慮すること。その際，指導に当たっては，内容の「B器械運動」から「Gダンス」までの領域については，それぞれの運動の特性に触れるために必要な体力を生徒自ら高めるように留意するものとする。

(4) 自然との関わりの深いスキー，スケートや水辺活動などの指導については，学校や地域の実態に応じて積極的に行うことに留意するものとする。

(5) 集合，整頓，列の増減，方向変換などの行動の仕方を身に付け，能率的で安全な集団としての行動ができるようにするための指導については，内容の「A体つくり運動」から「Gダンス」までの領域において適切に行うものとする。

〔保健分野〕
1 目 標
(1) 個人生活における健康・安全について理解するとともに，基本的な技能を身に付けるようにする。
(2) 健康についての自他の課題を発見し，よりよい解決に向けて思考し判断するとともに，他者に伝える力を養う。
(3) 生涯を通じて心身の健康の保持増進を目指し，明るく豊かな生活を営む態度を養う。

2 内 容
(1) 健康な生活と疾病の予防について，課題を発見し，その解決を目指した活動を通して，次の事項を身に付けることができるよう指導

する。
ア　健康な生活と疾病の予防について理解を深めること。
　(ｱ)　健康は，主体と環境の相互作用の下に成り立っていること。また，疾病は，主体の要因と環境の要因が関わり合って発生すること。
　(ｲ)　健康の保持増進には，年齢，生活環境等に応じた運動，食事，休養及び睡眠の調和のとれた生活を続ける必要があること。
　(ｳ)　生活習慣病などは，運動不足，食事の量や質の偏り，休養や睡眠の不足などの生活習慣の乱れが主な要因となって起こること。また，生活習慣病などの多くは，適切な運動，食事，休養及び睡眠の調和のとれた生活を実践することによって予防できること。
　(ｴ)　喫煙，飲酒，薬物乱用などの行為は，心身に様々な影響を与え，健康を損なう原因となること。また，これらの行為には，個人の心理状態や人間関係，社会環境が影響することから，それぞれの要因に適切に対処する必要があること。
　(ｵ)　感染症は，病原体が主な要因となって発生すること。また，感染症の多くは，発生源をなくすこと，感染経路を遮断すること，主体の抵抗力を高めることによって予防できること。
　(ｶ)　健康の保持増進や疾病の予防のためには，個人や社会の取組が重要であり，保健・医療機関を有効に利用することが必要であること。また，医薬品は，正しく使用すること。
イ　健康な生活と疾病の予防について，課題を発見し，その解決に向けて思考し判断するとともに，それらを表現すること。
(2)　心身の機能の発達と心の健康について，課題を発見し，その解決を目指した活動を通して，次の事項を身に付けることができるよう指導する。
ア　心身の機能の発達と心の健康について理解を深めるとともに，ストレスへの対処をすること。
　(ｱ)　身体には，多くの器官が発育し，それに伴い，様々な機能が発達する時期があること。また，発育・発達の時期やその程度には，個人差があること。
　(ｲ)　思春期には，内分泌の働きによって生殖に関わる機能が成熟すること。また，成熟に伴う変化に対応した適切な行動が必要となること。
　(ｳ)　知的機能，情意機能，社会性などの精神機能は，生活経験などの影響を受けて発達すること。また，思春期におい

ては，自己の認識が深まり，自己形成がなされること。
(エ) 精神と身体は，相互に影響を与え，関わっていること。欲求やストレスは，心身に影響を与えることがあること。また，心の健康を保つには，欲求やストレスに適切に対処する必要があること。
イ 心身の機能の発達と心の健康について，課題を発見し，その解決に向けて思考し判断するとともに，それらを表現すること。
(3) 傷害の防止について，課題を発見し，その解決を目指した活動を通して，次の事項を身に付けることができるよう指導する。
ア 傷害の防止について理解を深めるとともに，応急手当をすること。
(ア) 交通事故や自然災害などによる傷害は，人的要因や環境要因などが関わって発生すること。
(イ) 交通事故などによる傷害の多くは，安全な行動，環境の改善によって防止できること。
(ウ) 自然災害による傷害は，災害発生時だけでなく，二次災害によっても生じること。また，自然災害による傷害の多くは，災害に備えておくこと，安全に避難することによって防止できること。
(エ) 応急手当を適切に行うことによって，傷害の悪化を防止することができること。また，心肺蘇生法などを行うこと。
イ 傷害の防止について，危険の予測やその回避の方法を考え，それらを表現すること。
(4) 健康と環境について，課題を発見し，その解決を目指した活動を通して，次の事項を身に付けることができるよう指導する。
ア 健康と環境について理解を深めること。
(ア) 身体には，環境に対してある程度まで適応能力があること。身体の適応能力を超えた環境は，健康に影響を及ぼすことがあること。また，快適で能率のよい生活を送るための温度，湿度や明るさには一定の範囲があること。
(イ) 飲料水や空気は，健康と密接な関わりがあること。また，飲料水や空気を衛生的に保つには，基準に適合するよう管理する必要があること。
(ウ) 人間の生活によって生じた廃棄物は，環境の保全に十分配慮し，環境を汚染しないように衛生的に処理する必要があること。
イ 健康と環境に関する情報から課題を発見し，その解決に向けて思考し判断するとともに，それらを表現すること。

3 内容の取扱い
(1) 内容の(1)のアの(ア)及び(イ)は第1

学年，(1)のアの(ウ)及び(エ)は第2学年，(1)のアの(オ)及び(カ)は第3学年で取り扱うものとし，(1)のイは全ての学年で取り扱うものとする。内容の(2)は第1学年，(3)は第2学年，(4)は第3学年で取り扱うものとする。

(2) 内容の(1)のアについては，健康の保持増進と疾病の予防に加えて，疾病の回復についても取り扱うものとする。

(3) 内容の(1)のアの(イ)及び(ウ)については，食育の観点も踏まえつつ健康的な生活習慣の形成に結び付くように配慮するとともに，必要に応じて，コンピュータなどの情報機器の使用と健康との関わりについて取り扱うことにも配慮するものとする。また，がんについても取り扱うものとする。

(4) 内容の(1)のアの(エ)については，心身への急性影響及び依存性について取り扱うこと。また，薬物は，覚醒剤や大麻等を取り扱うものとする。

(5) 内容の(1)のアの(オ)については，後天性免疫不全症候群（エイズ）及び性感染症についても取り扱うものとする。

(6) 内容の(2)のアの(ア)については，呼吸器，循環器を中心に取り扱うものとする。

(7) 内容の(2)のアの(イ)については，妊娠や出産が可能となるような成熟が始まるという観点から，受精・妊娠を取り扱うものとし，妊娠の経過は取り扱わないものとする。また，身体の機能の成熟とともに，性衝動が生じたり，異性への関心が高まったりすることなどから，異性の尊重，情報への適切な対処や行動の選択が必要となることについて取り扱うものとする。

(8) 内容の(2)のアの(エ)については，体育分野の内容の「A体つくり運動」の(1)のアの指導との関連を図って指導するものとする。

(9) 内容の(3)のアの(エ)については，包帯法，止血法など傷害時の応急手当も取り扱い，実習を行うものとする。また，効果的な指導を行うため，水泳など体育分野の内容との関連を図るものとする。

(10) 内容の(4)については，地域の実態に即して公害と健康との関係を取り扱うことにも配慮するものとする。また，生態系については，取り扱わないものとする。

(11) 保健分野の指導に際しては，自他の健康に関心をもてるようにし，健康に関する課題を解決する学習活動を取り入れるなどの指導方法の工夫を行うものとする。

第3 指導計画の作成と内容の取扱い

1 指導計画の作成に当たっては，次の事項に配慮するものとする。

(1) 単元など内容や時間のまとまりを見通して，その中で育む資質・能力の育成に向けて，生徒の主体的・対話的で深い学びの実現を図るようにすること。その際，体育

や保健の見方・考え方を働かせながら，運動や健康についての自他の課題を発見し，その合理的な解決のための活動の充実を図ること。また，運動の楽しさや喜びを味わったり，健康の大切さを実感したりすることができるよう留意すること。
(2)　授業時数の配当については，次のとおり扱うこと。
　ア　保健分野の授業時数は，3学年間で48単位時間程度配当すること。
　イ　保健分野の授業時数は，3学年間を通じて適切に配当し，各学年において効果的な学習が行われるよう考慮して配当すること。
　ウ　体育分野の授業時数は，各学年にわたって適切に配当すること。その際，体育分野の内容の「A体つくり運動」については，各学年で7単位時間以上を，「H体育理論」については，各学年で3単位時間以上を配当すること。
　エ　体育分野の内容の「B器械運動」から「Gダンス」までの領域の授業時数は，それらの内容の習熟を図ることができるよう考慮して配当すること。
(3)　障害のある生徒などについては，学習活動を行う場合に生じる困難さに応じた指導内容や指導方法の工夫を計画的，組織的に行うこと。

(4)　第1章総則の第1の2の(2)に示す道徳教育の目標に基づき，道徳科などとの関連を考慮しながら，第3章特別の教科道徳の第2に示す内容について，保健体育科の特質に応じて適切な指導をすること。
2　第2の内容の取扱いについては，次の事項に配慮するものとする。
(1)　体力や技能の程度，性別や障害の有無等に関わらず，運動の多様な楽しみ方を共有することができるよう留意すること。
(2)　言語能力を育成する言語活動を重視し，筋道を立てて練習や作戦について話し合う活動や，個人生活における健康の保持増進や回復について話し合う活動などを通して，コミュニケーション能力や論理的な思考力の育成を促し，自主的な学習活動の充実を図ること。
(3)　第2の内容の指導に当たっては，コンピュータや情報通信ネットワークなどの情報手段を積極的に活用して，各分野の特質に応じた学習活動を行うよう工夫すること。
(4)　体育分野におけるスポーツとの多様な関わり方や保健分野の指導については，具体的な体験を伴う学習の工夫を行うよう留意すること。
(5)　生徒が学習内容を確実に身に付けることができるよう，学校や生徒の実態に応じ，学習内容の習熟

の程度に応じた指導，個別指導との連携を踏まえた教師間の協力的な指導などを工夫改善し，個に応じた指導の充実が図られるよう留意すること。

(6) 第1章総則の第1の2の(3)に示す学校における体育・健康に関する指導の趣旨を生かし，特別活動，運動部の活動などとの関連を図り，日常生活における体育・健康に関する活動が適切かつ継続的に実践できるよう留意すること。なお，体力の測定については，計画的に実施し，運動の指導及び体力の向上に活用するようにすること。

(7) 体育分野と保健分野で示された内容については，相互の関連が図られるよう留意すること。

編者・執筆者一覧

●編者
今関豊一（日本体育大学教授）

●執筆者
石川泰成（埼玉県教育局県立学校部保健体育課主席指導主事）
　　　　　　　　　　　　　　　　　　　1章1〜4節，6章
今関豊一（上掲）　1章2〜4節，3章1・5節，4章2節，5章2節(3)，6章
吉野　聡（茨城大学准教授）　　　2章1・2節，3章1・6節，4章1節
前島　光（横須賀市立神明中学校教頭）　　3章2節A，3節A，5章1節A
吉田初美（埼玉県熊谷市立大幡中学校教諭）
　　　　　　　3章2節B，3節B，4節(1)〜(3)，5章1節B，2節(1)〜(3)
川原貴子（名古屋市立福丘中学校教諭）　3章2節C，3節C，5章1節C
香山　悟（熊本市立東町中学校校長）　　3章2節D，3節D，5章1節D
原　和幸（愛知県常滑市立青海中学校教諭）
　　　　　　　　3章2節Eネット型，3節Eネット型，5章1節Eネット型
伊藤久仁（名古屋市立笹島小学校・笹島中学校校長）
　　　　　　　　3章2節Eゴール型，3節Eゴール型，5章1節Eゴール型
福ヶ迫善彦（流通経済大学教授）
　　　　　　　　3章2節Eベースボール型，3節Eベースボール型，
　　　　　　　　　　　　　　　　　　　5章1節Eベースボール型
柴田一浩（流通経済大学教授）　　　　　3章2節F，3節F，5章1節F
七澤朱音（千葉大学准教授）　　　　　　3章2節G，3節G，5章1節G
宮﨑明世（筑波大学准教授）　　　　　　3章2節H，3節H，5章1節H
澤村忠俊（宮崎県新富町立上新田中学校教諭）　3章4節(4)，5章2節(4)

［掲載順／職名は執筆時現在］

●編著者プロフィール

今関豊一（いまぜき・とよかず）
日本体育大学教授

博士（スポーツ健康科学）。筑波大学大学院修士課程修了。千葉県立高等学校教諭，国立教育政策研究所教育課程研究センター教育課程調査官，併任で文部科学省スポーツ・青少年局企画・体育課教科調査官，学校健康教育課教科調査官，その後，順天堂大学スポーツ健康科学部准教授，国立教育政策研究所教育課程研究センター基礎研究部部長を経て，現在は，日本体育大学大学院教育学研究科及び児童スポーツ教育学部教授。専門は，体育科・保健体育科教育。指導と評価について，現場との協同による実践的な研究や開発に取り組む。主な編著書に，『体育科・保健体育科の指導と評価』（ぎょうせい）などがある。

平成29年改訂

中学校教育課程実践講座
保健体育

2018年2月15日　第1刷発行

編　著　今関豊一

発　行　株式会社ぎょうせい

〒136-8575　東京都江東区新木場1-18-11
電　話　編集　03-6892-6508
　　　　営業　03-6892-6666
フリーコール　0120-953-431
URL：https://gyosei.jp

〈検印省略〉

印刷　ぎょうせいデジタル株式会社
乱丁・落丁本は，送料小社負担にてお取り替えいたします。
©2018　Printed in Japan　禁無断転載・複製
ISBN978-4-324-10324-1（3100535-01-008）［略号：29中課程（保）］